城中村发展的经济分析

CHENGZHONGCUN FAZHAN DE JINGJI FENXI

聂致钢 著

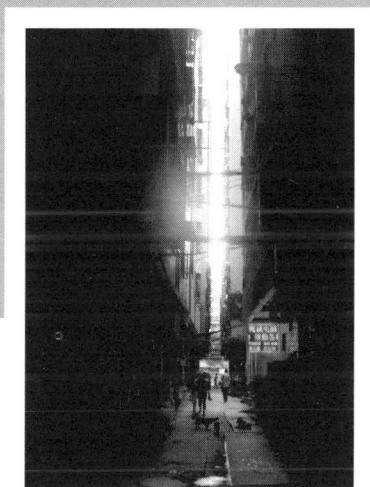

南京大学出版社

序

科研工作基本上可以分为三种类型。第一种是较为基础的描述性工作，即我们所说的解决"是什么"的问题。第二种是解释性的工作，即我们所说的解决"为什么"的问题。第三种是应用型的工作，即我们所说的解决"怎么做"的问题。在科研中三种工作当然是缺一不可，但三者的特性有所不同。

描述性的工作较为基础而且烦琐，这部分工作可以很具体，比如描述人口的特性就是很具体的一件事情，除了描述人口总量之外，还需要将人口分成很多类别，如按性别的分类、按教育程度的分类、按地域的分类等等。同时这部分工作也可以很抽象，比如将人的特性总结成为理性和非理性就是一项比较抽象的工作。但不管是抽象还是具体描述，描述的对象一定是具体的，所以描述性的工作总体来说其目标比较明确，工作的结果也较为确定。

和描述性工作不同，解释性的工作目标虽然明确，但结果是比较难预测的，这是因为解释性的工作需要对事物运转背后的原理进行探讨，而这些原理往往是未知的，所以不同的人基于掌握的信息的不同以及逻辑思维的差异往往会得出不同的解释。这就是说，对于同样的事情会有很多解释,而要将这些统一成一个较为公认的解释可能会是很难的一件事情。

和前两者都不同,应用型的工作其着重点在于解决问题,其前提条件是对事物的描述和解释都已经完成到相当的程度,剩下的只是方法的创新而已。相对来说,描述性的和应用性的产出占科研产出的主流,这一方面是因为描述和应用性工作其本身的工作量较大,另一方面也是因为其成果的特性更能吸引科研人员参与,因为描述性的工作虽然基础而且烦琐,但结果较为确定,而应用性的工作虽然不易(创新不易),但回报可观(离具体问题较近),所以两者都对科研工作者比较有吸引力。而反观解释性工作,虽然具体工作量不大,但思维量大,更重要的是结果不确定,同时回报也不可观(离具体问题较远),所以从事这样的解释性工作的人往往需要格外的坚持。需要提及的是,解释性的工作是横亘于描述和应用之间的瓶颈,是发现新知识的桥梁,内容虽少却很重要,所以我们是应该分配更多的资源去做这类的工作的,这应该可以促进科学的发展。

本书作为一个解释性工作的尝试,对涉及中国的城中村发展的各种事实和规律进行了总结,并将得出的解释作为一种可能的知识分享给各位读者。当然,由于作者水平有限,疏漏之处在所难免,但只要能带给读者启发,这就是好的,应该是一个有益的尝试。需要说明的是,因为本书的内容是由作者的英文论文翻译而来的,所以有些词句难免晦涩,还请读者见谅!

聂致钢

2016 年 10 月

于南京仙林

目 录

表目录

图目录

第一章　研究介绍

第一节　引　　言

我们知道,产权是社会经济系统健康运行的最重要的条件之一。过去的历史一直在不断地证明,在复杂的社会经济系统中,假如其他条件保持一致,那么最初不同的产权设定将很有可能会带来不同的经济结果。顺着这一逻辑,本书着重研究了中国特有的城中村现象,其目标是通过检验不同的初始产权设定是否已给城中村带来差异化的发展来验证产权对于经济活动的重要影响。书中的研究数据来自中国的三个有大量城中村的主要城市,分别是广东省的深圳市和广州市,以及陕西省的西安市。对于这些数据的分析表明,因为缺乏清晰和行之有效的可执行的产权,三个城市的城中村都不约而同地出现了不同于普通小区的脱离规划管制的高密度发展。这些扭曲的发展模式导致了低租金,并随之导致了高频率的重建活动。

本书详细分析了产权缺陷以及与其伴生的交易成本如何对于

这些城中村的发展产生影响,并相应的建立了一套理论框架来将其一般化。整个分析过程可以分成三个主要的部分。第一部分主要是归纳实证分析,即通过对于实证数据的分析,总结城中村发展的几项主要的实证规律。第二部分则依据这些规律和依托产权理论框架,建立了一系列理论体系来解释这些规律。第三部分则是根据这些分析得出的结论,进一步检验部分机制的可靠性,包括协商成本如何影响建筑密度,租值提升对于城中村更新的周期和分布的影响,以及行政成本差异对于不同区域违建活动的影响,并随之延伸推导了一些一般启示。

第二节　研究目标

　　人们在决定其所拥有的土地的用途时一般会理性地追求最优回报,也就是说某片土地的用途应当使得这土地能给予人们最大的经济回报,这是理性主义分析所得出的结论,但Bottomley（1963）在其发表在《土地经济学》杂志（Land Economics）上的一篇经典文章中提到了他发现的一个反常现象,他发现在北非利比亚的Tripolitania省这个地方,似乎人们并没有将他们的土地用于最优用途。他提到,尽管对于这片地区的土壤和气候条件来说,种植杏树是利润最高的选项,但这里的阿拉伯牧民们却往往反其道行之,不种杏树而是用这些土地来放羊。这毫无疑问构成了一种浪费。人们会觉得好奇,会问为什么这些阿拉伯牧民们有更多的钱不去赚呢？难道他们如此的不精明？他们当然不是不精明,而且事实一再证明在涉及自身经济利益的时候似乎谁也不会迟钝,所以这其中必定是有蹊跷的。Bottomley随后解释道,这些牧民之所以这样做,是因为这里的土地是公共土地。他说道,"...the common ownership of land inhibits the Arab tribesmen from making individual improvements since each member feels insufficiently confident that the full return on，say，any trees which he might plant will accrue to him alone"（Bottomley，1963，p.92）。也就是说，Bottomley 的解释是说，这些阿拉伯牧民们之所以放弃了种植杏树，是由于土地的公有性质，因为种植杏树所得到的回报无法私有化，而养羊的回报，却显而易见，一定是可以私有化的。当然，这个解释稍显浅略，因为即便是个人（私人）在公有土地上种植的杏树的果实，也并不一定就必须是见者有份可以自由分享的公有产品，而他人是否能分享到这些果实，往往取决于保护这些果实的成本。这就是说，在野外的树上结的果实，如果你能够很好的守卫它，那么这些果实就是你的，问题在于，守卫这些果实并不容易，成本很高，并不划算，所以这些果实才会看上去像是公有的。事实上，正是保护这些果实的成本过高才导致了土地用途的改变。也就是说，因为杏树长在野外的公共土地上，保护杏树的果实的成本太高，所以和放羊比起来（羊群晚上可以赶回家关起来，所以保护成本低），后者更划算。Bottomley 的分析虽然概略，但其逻辑还是很优雅的，这个逻辑就是，人们需要仔细观察违反常理的现象，因为从这些现象中我们往往可以得出新的知识。

以上的例子其实是有其一般性的[①]。在现实的观察中，如果我们看到两块背靠背紧挨着的居住用地实际的发展结果迥异，那么这背后一定是有故事的，此时人们不免会好奇哪一种结果更加经济以及是什么原因导致了这样的差异化的发展结果？这样的故事可能是个别性质的（individual story），所以得出的解释可能也是个别性质的（ad hoc explanation），这就不具备丰富的理论内涵。但如果这样的情况重复又重复地发生，这就形成了规律（regular pattern），

---

① Tripolitania 的例子也告诉我们说不同的制约条件可以导致不同的结果。这在土地开发过程中也是正确的。而最重要的工作则是将土地发展的制约条件和土地发展的实证模式连接起来，从而使得我们可以找到一般性的解释。

而针对规律的解释则可以带来更一般性的新知识（general knowl-edge），这就会是一个学术上的突破。这样的突破可大可小，但不管大小，能带来新知识总是可喜的，这就是本书的初始研究动机所在。

在中国的城市中，城中村的发展历程和其他项目迥然不同，其经济结果也和其他项目有显著差异，而这些都是在不同的城市不同的位置都重复发生的故事，所以对其进行分析和解释就有带来新知识的可能。在之后的第四章中我们会谈到，城中村的土地利用要更加低效一些。而这个低效率的结果有很大可能性可以归因于城中村的不完善的初始产权设置上。本书提供的数据可用于检验这一点。而之后则可以发展出一些一般和特殊的启示。

因此，本书的目标，总结起来可以这样表述：即分析城中村的发展模式，对这些模式进行分类和总结，并提供一般性的解释。这些模式目前还未被其他研究所概括，当然也就没有被其他理论所解释。而关于产权的一般理论当然可以提供参考，但具体落实到如何通过一系列的成本和收益分析来解释这些具体模式上，在此之前的前期研究还是一片空白①。从这个意义上而言，本书的分析内容是全新的，带来的也可能会是以前没有的新知识，这应该是一件可喜的事情。

第三节　研究方法

和一般的研究所使用的"验真"逻辑不同，本书所采用的方法主要是改良版本的"经验证伪"（Popper，1987）。经验证伪和验真在方法上正好相反，验真是先提出理论然后进行实证分析，是一种演

①　需要指出的是证伪的目的不是为了挑刺，而是为了解释。比如解释那些能否定或者是能支持现有理论的实证观察。这里讨论的一些实证本身是已有理论的反例（悖论）。而要解释它们，就需要找出更好的可被证伪的理论。

绎逻辑,而证伪则是先分析实证然后提出理论,是一种归纳逻辑。验真的逻辑是理论假设先行,之后用实证数据检验该理论假设是否正确,如果数据合乎理论推导,则确定理论正确,如果反之,则说理论不正确。而证伪的逻辑则是先整理实证规律,然后依据规律提出理论,如果理论没有被反例推翻,则确定该理论是可被推翻而未被推翻,因此暂时可以使用。需要注意的是,只有一字之差,但二者的科学性是迥异的,后者要更科学一些。因为从哲学角度来说,实证数据是无法完全穷举的,那么从这个意义上来说所谓的验真其实是不可能完成的任务,也就是说,任何用于验真的数据,其实只是相关数据中的一个或者一部分特例,因此并不能用于证明理论的一般正确性。但反过来,证伪则是可能的,因为对于一个理论命题来说,任何一个单一反例,都有否定该理论的能力。这种单一反例就能推翻理论命题的方法就是 Popper 所提出的绝对证伪论(absolute refutation)。按照 Popper 的话来说,从实证观察中得到的理论命题需要进一步验证,如果能举出反例,那么该命题将被推翻。这种绝对证伪的逻辑从哲学意义上而言当然是无可挑剔的,但在实际应用的时候这种方法却是很难推广,原因可能是因为人们对于世界的认识是有阶段性的,在某个特定阶段人们无法知晓全部信息,所以得出的理论命题总是有局限性的。也就是说,但凡科学理论,多少会遇到一些反例。如果我们严格按照 Popper 的逻辑来进行分析,即一个反例就足以推翻整个理论,那么基本上现存的所有的科学理论都会被反例推翻。这在科学逻辑上来说,其实是完美的,但坏处就是,如此的话,在人们将整个世界弄清楚之前,大家其实是没有任何理论可以用的,也就无法做出任何理论预测,这显然不符合需求。因此在实际生活中,人们需要在一定程度上忍受"错的可能性",也就是说,即便知道这个理论已然被某个反例推翻,但我们仍然还是要被迫去用它。

被推翻的理论为何还能用呢? 从哲学逻辑上怎么才能合理化

这种行为呢？Reichenbach 所提出的概率证伪论（probability refutation）就为此提供了一个可行的答案（Reichenbach，1935）。他提出，尽管我们可以用一个或者一些反例来推翻理论，但被推翻的理论仍然是有意义的。为什么还有意义？因为从一定程度而言，这些被推翻的理论仍然可以被用来对未来做出预测，只是其预测的结果并不是百分百准确而已。换句话说，我们可以认为这些理论未被完全推翻，至少是从一定程度来说未被完全推翻，而所看到的反例可以被看成是一些特殊的例外，也就是因为我们未知情的一些参数的变化导致的结果的某种改变。我们承认，现有的理论并不是完美的，但我们也可以预期，在知晓了所有暗藏的变化因素之后，理论可以被不断修正而反例可能不再是反例，而变成特例。这就是一个科学渐进主义的逻辑。而在现阶段，反例所影响的，主要是预测的准确度，而这个预测的准确度，只要足够高，其实是有现实意义的。从这个意义上来说，证伪变成了一个相对概念，而科学发展就变成了一个不断逼近但始终达不到完全正确的一个渐进的过程，这意味着没有绝对意义上的证伪，只有一定概率的证伪。这也就是说，没有绝对正确的理论，只有相对来说预测更准确的理论，也就是说，如果没有一个更好的理论能够用来解释反例，那么当前的理论应该是预测准确性最高的一个，因此它应当被作为当前最好的理论预测工具来使用。当然，如果之后发现有一个更好的理论可以用来解释反例的存在，那么这个更好的理论当然可以取代原有的老理论，因为它的准确率显然会更好。

参照之前提到的 Bottomley 的例子可以更好地理解以上的论述。在例子里面提到的命题（即公有土地导致土地用途的变更从而导致租值耗散）并不见得完全正确，因为在很多场合我们能看到，即使土地是私有，租值耗散的现象也不能完全避免。此时一个更好的理论可能会是说因为正的交易成本体系导致了租值耗散。这个理论更好因为它更具备一般性，也就是说不仅可以解释正常情况下观察到的事实也可以解释一些例外的情况。

依据以上的分析思路,本书的分析方法可以用下图来表示①:

规律性事实→构成对现有理论的反例→解释→反复证伪→一般化

在这套方法所列出的步骤中,第一步是找出规律性事实来检验已有理论。如果观察到的规律性事实推翻了现有理论,或者还没有现成理论可以解释这些事实,那么我们就有了理论改进的基础。但如果这些规律性事实并没有推翻现有理论,那么我们可以将现有理论标记为可被证伪但未被证伪。这里需要注意的是,理论没有被推翻并不代表理论就被验真了,如同我们之前论述的,一个理论只能被证伪,而不能被验真。同时也需要注意的是,在寻找实证数据的时候,着重点更应该是放在最有可能推翻现有理论的数据上,而不是放在最有可能证明现有理论的数据上,因为对后者的分析能带来新知识的希望很渺茫。

如果已有理论被至少一定程度地推翻,尤其是被规律性的事实所推翻,那么我们可以将这些未能被解释的事实标记为反常例子(有时也可以被称为悖论即 paradox),之后我们就可以提出新的可被证伪的理论来解释这些反例(这些新理论需要能够解释这些反例)。在新理论提出之后,我们可能需要适当地搜集更多的资料来确认该理论的解释力是目前最好的,看新理论是否能轻易被事实推翻。如果被推翻,那么就需要找更好的理论,如果没被推翻,那么这理论就暂时可以用,因为它可能是目前解释这些特定现象的最好的

---

① 基于证伪的哲学理论说的是一个理论是不能被证明(验真)的;它只能是被暂时确认或者推翻。重点在于,要提出一套可以证伪的逻辑体系,之后并不是要去证明它,而是要确认它是可被证伪(指出证伪的条件)而未被证伪的。

理论。也就是说,最后确立的理论应当是在所有可行的理论中,预测准确率最高的一个,它不但应该能解释别的理论能解释的事实,还要能解释别的理论不能解释的事实。当然,除理论本身的逻辑通顺以及难以被推翻之外,我们还可以进一步分析新理论所能带来的一些启发,而这些启发也可以用证伪的方式来检验。而到最后,还可以顺带总结一些一般性定律。

本书中将要提到的规律性悖论主要有四个,列出如下。

第一:城中村的高建筑密度和低租金构成的悖论
第二:城中村建筑的极短的建筑寿命构成的悖论
第三:某些郊区城中村建筑是以正常密度修建的这一悖论
第四:城中村中的违建在时间和类型上的差异的悖论

第一个悖论中提到的是城中村发展过程中出现的高密度低租金的现象。这一现象并不能用传统价格理论来解释,因此构成悖论。使用传统价格理论来分析的话,如果不存在外部性,那么城中村建筑物的密度和租金应当是和周边的非城中村建筑一样的,或者至少应该是相似的①,这是因为出于最大化租值的考虑,资源的使用方式会出现一定的趋同性。这一悖论显然只能用产权的差异来解释,也就是说,城中村和其周边非城中村在产权属性方面存在差异,这会导致建筑方式的差异,从而导致经济结果的差异。

第二个悖论则支持了上述结论。城中村特有的产权问题不仅会带来租值损耗,也会产生村民和政府之间关于租权范围的争议,

---

① 根据理性主义财富最大化的理论,如果其他因素相同,在同一个地点的两个小区应当是在指标设计上相似的,这样才能保证两者获得相似的最大化的土地租金。而观察到的有规律的差异可能是因为外部性或者文化,但外部性可能是更好的解释,因为,和文化不同,外部性是可以被度量的,因此建立在此基础上的理论可以被推翻,尽管还未被推翻。

并在一定程度上降低拆迁的交易成本,强化政府的执行效率。这一切,会使得城中村的建筑以更快的速度被更新,也就是说,这些城中村的建筑的经济寿命会变得非常短,远短于正常值,而这也是我们所观察到的。

当然,仅仅引入产权是不够的,在深圳市沙井观察到的特例说明产权和交易成本是合在一起,共同起作用的。在沙井,即便城中村中的土地权利并没有完全厘清,但其建筑密度却是正常的。这就可以归因于该类土地(保留地)产权的特殊类型(由村集体管理)以及当地特有的地理位置所带来的特殊的市场环境所导致的成本差异。这充分说明,产权是和交易成本以及其他环境参数融合在一起共同对经济结果产生影响的。

第四个悖论则进一步支持了上面提到的"融合性"影响。在进一步整理城中村的各项实证观察之后可以发现,城中村的发展不仅受到产权类型的影响,也受到地理位置和时间的影响。而这些融合在一起建立了一整套决定成本收益的环境,而经济结果则是特定成本收益环境下的特定结果。这就是说,这套"融合性"的成本收益环境才是能够用来解释城中村发展中的种种现象的终极工具。

当然,在短短的一本书中对于所提出的各项理论解释进行充分证伪是不可能的事情,换句话说,充分证伪本身就是不可能完成的事,因为例证是穷举不尽的。但进行一些简单的检查和核对是有益的,所以在第七章用一些数据检查了书中提出的一些基本的成本收益效应①。随后的第八章也提出了三个一般性的命题。

由于研究资源有限,数据的搜集是采用抽样的方式,而抽样是在选定的三个城市进行的。这三个城市分别是广东省的深圳市和广州市以及陕西省的西安市。选择这三个城市的理由是因为这三

---

① 所有的效果都是可以检验的,但这里并没有检验全部,这主要是因为数据的限制。数据的限制使得有些检验无法在此研究的范围内进行。

个城市所面临的城中村问题可能是在全国范围内最显著的。这一结论受到下面的数据的支持。在这项研究进行的过程中,针对中国期刊数据库(www.cnki.net)以城中村作为关键词进行的摘要搜寻返回了 3413 个发表记录,其中 128 个记录包含了"深圳市"这个城市的名字,177 个包含了"广州市"这个城市的名字,还有 60 个包含了"西安市"这个名字。但同期用中国其他主要城市的名字在这 3413 个记录中进行再搜索返回的记录一般都远小于上述三个城市,比如昆明有 47 个记录,上海有 35 个记录,石家庄有 35 个记录。一个特例是北京,使用北京作为搜索词返还了 84 个记录,但仔细分析后发现,北京由于是首都而且市中心有庞大的紫禁城系统的缘故,市区范围基本没有城中村,即使有少量的也很早被拆除了,而它的城中村基本都分布在远郊区。因为本书的研究设计所需的数据应当同时包含郊区以及市区的城中村(用于跨区比较),所以北京的城中村因为缺失市区数据的缘故不符合研究设计的要求,所以并未被包含在此次研究的数据分析当中。

书中用到的数据都是通过网络搜集的。其中城中村的建筑密度的数据是将 Google Satellite 在线的卫星图片通过专门的制图软件(ArcGIS)进行矢量化之后通过计算得出的。住房租金和高度数据是从几个主要的租房网站的租房数据中抽样整理得来的。城市更新数据是通过浏览成千上万的政府特定的官方网站所公布的关于拆迁的网上公告而整理得来的。人口和深圳市的警察编制的数据则是通过统计年鉴以及各种不同的网络资源得来的(之后有详细清单)。这里的数据分析一般是定量的。当然,有时会出现特殊情况,比如当计算确切数值较为困难时,有些比较是通过排序来进行的。例如,计算拆迁过程中的某些执法成本(如需要强制制定并执行一个拆迁补偿价格的执行成本)是很困难的,但我们有理由相信,在其他条件相同的情况下,由于政府对于城中村土地享有一定的权利,那么政府对城中村建筑进行强制拆迁执行所涉及的执行成本,应当会小于对于非城中村建筑强制执行所涉及的执行成本。这就是说,在这种时候我们虽然不知道成本的具体大小,但可以知道该成本对于城中村和非城中村的相对大小的比较结果。

需要一提的是,对于第八章将要讨论到的几个一般性命题,本书的讨论只是浅尝即止。这是因为出于这些命题的一般性,其涉及的内容过于庞大,所以对其进行详细的更多的证伪论证是不包含也不可能包含在本书内容中的。这些内容也不是其他任何单一研究能涵盖的。所以,在本书中只是提出了命题并举了一些有限的案例作为佐证。这当然不是说这些命题是对或者不对,而只是说,到目前为止它们仍然是可被证伪但还未被证伪的,所以它们目前可能还是比其他理论要好的,也许可以辅助人们做出最佳预测。当然,它们的最佳性能保持多久仍然是未知的,因为科学是不断发展的。

第四节 可能的贡献

本书可能有一些特有的贡献。第一、本书提出并用数据确认了城中村发展中的几个规律性的经济模式。城中村是现实世界中少有的位于城市区域但却产权不清晰的例子之一,从这个意义上来说,它们就像活化石一样特殊和稀有①。对于城中村的研究是必要的,这不仅是因为其特殊性和稀有性,更是因为它们的系统性存续预期很短暂,也就是说它们很快就会伴随着城市更新的脚步而一个一个地消失。这个消失过程虽然从整体来看不会很快,但从数据完整性来说是很快的,因为城中村的逐步消失会导致系统性数据的缺失,所以对其进行系统性研究的时间窗口很短暂。比如目前在研究

---

① 在其他发展中国家当然也能观察到不完整和不清晰产权的情况,但我国的城中村的土地是被全国范围的集体产权所限定的土地产权,同时其发展也是受到了我国正在经历的大规模的城市化进程的影响,所以从系统性和尺度来说,城中村中观察到的情况是更有规律和更系统性的,数据量也是更大的,因此更加稀有。

所涉及的三个城市中,城中村还是普遍存在的,因此我们可以进行不同区域的对比研究,但未来几年,当市区的城中村被拆迁完毕之后,这样的对比研究就不再可行,因为市区范围已经不会再有样本。幸运的是,在本次研究进行的时候,城中村的系统性数据还是存在的,所以本次研究的数据很完整,这可以说是一次挽救性研究,因为这些将来很快会消失的系统性数据因为本次研究的缘故被永久保存了。当然这些系统性数据中归纳出的规律性模式也随之被永久保存并被详细分析了,这不得不说是本次研究的一大贡献。如果这次研究没有进行,那么这些数据的系统性可能会永久消失,而这会给学术界带来无可挽回的损失。这就像1993年进行的香港九龙城拆迁一样,学术界一直懊悔的就是没有能在拆迁前对九龙城的特殊产权所导致的经济结果进行足够多的系统的研究,而九龙城的特殊的产权情况也是在消失之后便很难得以再现的。

在这里,我简要标注一下本研究所发现的两个主要的关于城中村发展的规律用来印证:

一)这里的研究数据表明,在不同的土地制度约束下,三个城市(深圳市、广州市、西安市)的建在宅基地上的城中村和邻近的非城中村对比都有更高的建筑密度(100%样本都有更高的密度)、更低的住房租金(100%样本都有更低的租金)以及由前两者所引起的更低的每层的单位面积土地总租金(平均有超过70%的样本符合这一规律)。

二)这里的研究数据也表明,建立在宅基地上的城中村的建筑和非城中村建筑相比通常会有更低的寿命。在三个城市中,非城中村的住宅建筑的平均寿命分别为深圳市的19.8年,广州市的22.5年,以及西安市的28.9年,而城中村的这一数据则分别为深圳市的12.1年,广州市的12.2年,以及西安市的13.8年。

第二、本书发展了一套广义的产权和交易成本的理论框架,这可以用来解释城中村发展中的不同情况。我们知道,城中村的产权是不完整和不清楚的。比如,在家庭联产承包制(Household Contract Responsibility, HCR)的定义中,村民对于宅基地的产权是不完整的,这些土地被限定用于自住,但在事实上村民对这些土地是实际占用了的,所以政府如果要想禁止村民自行建房出租也并不容易。不仅如此,政府对于自住的面积尺寸也缺乏最初的详细定义。比如多大的面积是合乎规定的自住房?法律并没有给出最初的详细说法。所以城中村的一些土地权利定义得很模糊。随着城市化的脚步,当城中村被并入城市而农地被征用之后,村民需要有其他的谋生办法,而建房出租(这可以形象地称之为不种地而种房)则不失为一种简单易行的办法。受限于产权定义和执法成本,政府很难阻止村民违建,因此城中村的违建便成为普遍现象。随之而来的则是建筑设计的扭曲,因为村民之间的高额协商成本以及政府的高额规管成本,在城中村中进行整体协调的建筑设计变得很困难,所以村民都是各自为政,自己建自己的,这导致建筑密度普遍超高。即使村民有心降低密度来优化租值,但彼此的协商不畅以及政府的规管不畅会使这愿望无法实现,所以高建筑密度(过度发展)变成了必然结果。因此,在这套框架的分析之下,城中村的租值耗散几乎是无法阻止的必然现象。

提到建筑寿命,城中村的也较为特殊。在正常情况下,当住宅价格上涨到一定程度的时候,人们会拆除旧建筑并重建一栋更高的用以增加租值,这是很自然和很经济的现象。所以区别于其物理寿命(物理寿命是指一栋建筑从建成到物理性损毁到无法使用所经历的时间),每栋建筑物都有其经济寿命(经济寿命指从建筑建成到因为经济的原因将其拆除重建所经历的时间)。这一现象本身是合理的,是符合理性决策的,其拆迁时点也一般是符合经济最优的原则。但城中村的建筑的经济寿命却往往短过正常值很多,这就看上去很不正常。按照本书提出的框架来分析,这种不正常的现象可能是由三个主要原因引起的。第一、之前提到的租值损耗的问题会导致城中村现有租值偏低,因此拆迁重建所能获得的租值增加值比同等情况下的非城中村更多。第二、在城中村中,村民和政府之间存在由于产权定义不清楚所导致的土地权利争议,所以政府如果主导拆迁重建可能能回收一定的权利收益。第三、城中村的建筑是一户一栋,所以拆迁时的协商成本和非城中村相比较低①。需要特别注意的是,这里研究的导致建筑寿命短的拆迁讲的是由政府来主导的拆迁,这也是近些年实际观察到的情况。虽然最初城中村从平房升级到多层是自行完成的,但目前并没有当时的数据,而且随时间变化,某些成本的绝对值会改变,所以当前的城中村拆迁绝大部分都是由政府主导的。这些成本随时间是这样变化的:第一、从政府的角度看,禁止村民违建的执法成本是随着这些建筑物的高度的升高而不断减小的,这是因为随着建筑物高度的增加,原先的模糊的"自住"定义会变得更为清楚,也就是说,受到社会一般住房标准的制约,一户村民拥有一栋七八层的房子还可以勉强说是自住之用,但如果拥有十几层的房子还说是用于自住就显得过于牵强,所以对于后者的执法成本会较对于前者低。这就是说,法律在禁止由多层违建进一步升级加高成高层违建的时候会变得更加严格。第二、从村民的角度来说,除开增加的法律成本,在将多层违建加高成高层违建的过程中,他们也会遇到更多的技术问题和财务困难。这些原因都会使

① 城中村拆迁改造的协商成本要比非城中村要低,这是因为四个主要原因。第一、在城中村中,单位面积土地上的业主更少,因为城中村是一户一栋的结构。第二、因为城中村密度高环境差,政府有更多借口来拆迁城中村。第三、因为村民没有转让自家住宅的权力,所以外部的机会主义者就无法进入,这在一定程度上降低了拆迁时面对的钉子户的比例。第四、虽然案例不多,但村民也有可能自行组织拆迁,这样的话协商成本会比较小。不同于外部开发商的介入,村民可以通过村民委员会或者村集体企业自行组织拆迁,这样他们自己就是开发商。当然,对于非城中村而言,自行改造也不是不可能,但这样的实际例子很少,可能是因为这样做的组织成本太高。

得这时的成本环境和最初的有所不同。除此之外，如果现在还是由村民来自行拆迁重建，那么先前提到的作为推动拆迁的原因之一的有争议的租值就并不存在，这是因为村民和自己之间不存在租值争议和回收租值的问题。总而言之，以上的种种原因不但表明城中村当前的拆迁问题是必然的，也表明了政府作为拆迁的主体是常见的。因此，各种成本原因导致以政府为主体的城中村拆迁重建加速进行，这可能是解释城中村建筑寿命偏短的问题的关键。

除宅基地之外，之后我们还会看到，这套框架也可以用来解释城中村的农地和保留地（工商业用地）的发展历程。综合来看，本书所讨论的是产权和交易成本这两个主要因素合在一起的综合效果，即研究它们如何合在一起影响城中村发展并带来了城中村土地利用的差异化结果。产权本身并不能解释全部现象，尤其是之后第六章会详细讨论的在深圳市沙井观察到的现象，而在加入交易成本之后，整个分析框架就完整了。事实上，产权本身也可以转换为交易成本，所以这两个概念其实是可以融合在一起的。

第三、本书还澄清了一些概念，比如非生产性成本（non-productive cost）、交易成本（transaction cost）、收入转移（income transfer）、安全收入（securable income）以及制度的作用。这些澄清工作可能会帮助大家更好地将交易成本分析和制度分析融合在一起。这种融合可以帮助大家更好的理解特定的制度性政策的作用以及制度变迁后面的驱动力量。在本书的第八章会提到，利益相关人实际上是在最大化他们的安全收入，而最后的结果可以是收入转移、租值耗散，或两者兼有。特定的制度性政策是用来减少收入转移和租值耗散的，其前提是建立这样的制度的成本足够低。研究也表明，取决于公平合作是否可行，或者公平规管人是否存在，公平的有利于社会的规管制度（法律，规章，或者道德）不管是通过自愿协商还是权力斗争得来，都是必要的，但却都是没有保证的。换句话说，制度可以被优化，也可以被扭曲。但不管如何，从长期来看，尽管路途坎坷,成本高昂,我们有理由相信到最后只有最有效的制度才会幸存,这可能是自然选择的结果。这一分析可能就提供了在传统解释(内生制度变迁)之外用自然竞争和自然选择来解释制度变迁的额外选项。

第五节　研究局限性、政策启示以及研究拓展方向

研究局限性:由于数据获得的局限,在计算某些变量时使用了估算的办法。比如,建筑密度的数据是根据 Google Satellite 图片计算得来的。尽管这是目前计算此类数据的最有效率的办法,但图片采样和数字化的过程总是有一定误差的。当然,这误差对城中村和非城中村同时适用,所以并不会显著影响比较结果。另外,租金的数据是通过租房网站获得的,而网站上贴出的数据可能会和实际交易数据有一定出入。但因为除此之外并不容易找到更好的办法,所以要想消除或者尽量减小误差和偏离,最好的办法就是对多个采样取均值。这也正是研究中常用的办法。但需要指出的是,误差总是存在的,只能是说已经采取了一些措施使得这些误差尽量减小了,同时,这些对于城中村和非城中村同时存在的误差,对于二者比较的结果影响可能会较小,所以是可以容忍的。除这些数据局限外,有些变量,比如之前提到的执法成本,是不容易量化度量的,所以,在某些例子中,本书使用了序列比较法,即通过相对大小来得出比较的结果,这其实是可行的。

政策启示:尽管不是重点,但此次研究也会有一些政策启示。在第四章,一个重要的启示就是城市规划的规管条例可以是一个确认产权的工具,它可以提高效率而不是如同很多人所想象的是在侵犯产权和降低效率。当然,它起正面作用的前提条件是规划规管的成本必须较低,如果成本太高,那么它本身就是一个效率损失。当然,这一结论仍然需要更多的讨论,但就城中村规管而言,本书得出

的结论应该已经足够为施政提供有益参考。

另一个一般化的启示就是关于制度的一般作用。这里的结论是说制度的作用是通过建立一个合适的成本收益环境从而可以从一定程度阻止收入转移和租值耗散。而在第八章提出的三个论断说的就是，如果没有一个合适的成本环境，人们会有机会在最大化他们的净收益的时候侵犯他人的利益（以他人的损失作为自己的收益的成本），从而导致一定程度上的社会价值损耗（他人的损失大于自己的收益）。而制度，不仅包括各种正式制度比如法律，政策，规管，和规范，也包括那些非正规制度如道德、义化，以及宗教，则都应该是在有益社会的前提上来建立，而且建立它们的成本需要足够小才能达成目标。

研究拓展方向：针对城中村进行的研究其所带来的启示不仅涉及城中村，也会涉及很多其他课题。其他可以和城中村相提并论的一些现象包括香港的丁屋，中国大陆和其他国家的公屋，以及很多其他国家的类似的非正规住房，比如贫民窟。还有一些现象虽然和城中村有所不同，但也能从本书的结论中获得一些启示，比如商场规划，零售集聚，甚至是交通规划。对这些现象的研究，其结论当然很有可能是支持这里提出的产权和交易成本的框架，但也有否定这一框架的可能，具体需要分析之后才知道。但不管如何，对这些课题的研究可以进一步拓展本书的成果，这也会是一件值得期待的事情。

第六节 全书结构

本书分为八章。第一章主要讨论的是研究目标、方法以及可能的贡献。全书的结构也在这一章末尾列出。第二章是文献综述，主要回顾了和研究密切相关的新制度经济学的发展，目前已有的涉及城中村的文献，以及其他一些相关的理论。第三章主要是介绍历史和背景知识,包括1)中国的城乡二元土地制度;2)家庭联产承包责任制度;3)农地和宅基地的差异;4)中国最近二十年快速的城市化进程及其对于农村土地的影响;5)城中村形成的一般过程;6)地理位置差异对于城中村的形成的一般影响。

第四章具体讨论了城中村发展中的一个专题。这个专题主要是探讨城中村的土地发展问题。其核心是比较城中村的宅基地的土地使用效率是否要低于非城中村区域。在充分分析了搜集到的实证数据之后,得到的结论是城中村的土地使用效率更低,而随后也提出了一个具体的理论解释。第五章讨论了另一个关于城中村拆迁改造的专题。这个专题主要分析城中村建筑的经济寿命的规律并探讨城中村建筑寿命较短的原因。这些原因被归纳为三个:1)城中村土地使用较为低效;2)产权设置的不清楚;以及3)协商成本的差异。第六章则讨论一个用于拓展理论框架的特殊案例,即深圳市沙井的小产权房的建设。这个特例充分说明在影响经济结果方面产权需要和环境变量共同起作用,所以经济结果不仅取决于产权,也取决于其他环境变量。

第七章则总结了前面章节所观察到的所有现象并进行了分类。这一章横向比较了城中村发展在不同时期的不同类型的土地上的不同经济结果,随后建立了一个广义的一般性框架来解释这些差异。分析结果表明,实际上,经济表象下面隐藏的成本环境[①]才是造成城中村发展的结果多样化的根本原因。第八章则延伸了第七章的成本收益分析并将其总结成为三个一般性的可应用于一般真实世界的理论论断。除此之外,这一章还讨论了制度的一般作用并探讨了制度理论和博弈论的差异和联系。

---

① 成本结构指的是为不同选项设定成本的环境结构。比如,有路沿的道路可以迫使车辆沿着马路行驶,而车辆如果沿马路行驶,成本就会比较低,而如果车辆擦着路沿走或者企图越过它,行驶成本就会比较高。

第二章　文献综述

这一章的文献综述可以分为三个大的类别。第一个类别包含的是关于新制度经济学的基础理论框架和一些有代表性的实证研究。第二类则回顾了目前已有的一些关于城中村的研究。第三类则包含了一些相似理论如博弈论和消费者理论的一部分。

第一节　新制度经济学

经济基本上是一个将各种资源通过一定的组织来转化为产品并产生增值的系统。经济系统无可避免地要涉及交换的过程。和基本忽略外部效应的新古典经济学不同①，新制度经济学（New Institutional Economics，NIE，之后简称为制度经济学）强调的是用制度的办法来解决外部性。传统的新古典经济学，又或者我们常常简称其为价格理论，认为价格和供求是经济分析中最为实质的因

---

① 外部性可以是产权不清晰引起的，也可以是高交易成本引起的。两种原因都会影响交易的顺利进行。

素,其核心是以边际分析为工具,认为价格和供求是经济系统实现自我平衡的基础。价格理论是现实经济世界的理想化和抽象化,所以也可以被称为是抽象经济学。价格理论从数学上看似乎很完美,但这种抽象的代价是价格理论在一定程度上失去了现实解释力。因为其过于理想而忽略了产权以及正的交易成本的影响,在解释很多真实世界现象时就会变得很无能为力。而制度经济学在不排斥价格分析的同时,更多的是侧重分析非价格因素如产权和交易成本对于实际经济结果所带来的影响。因此,制度经济学也可以被称为是现实经济学,因为它可以更好的解释各种真实世界现象。

在罗纳德科斯的经典文章《社会成本问题》(Coase, 1960, The Problem of Social Cost)中,他提到,要让一套价格体系顺畅运行的必要条件有两个:第一、这套体系需要有清晰界定的产权;第二、这套体系的交易成本必须为零。他用清晰的逻辑证明了,如果这两个条件得以满足,人们可以通过自愿交易来使得经济体系在微观层面保持最优性。例如,个体 A 拥有一块价值 1000 美元的土地,而个体 B 可以将土地用于更好的用途从而将土地价值从 1000 增加到 1500 美元,那么个体 B 就会付 1000 美元给 A 从而将土地租下来使用。这样皆大欢喜,而社会的总体福利也会提高 500 美元。同样,如果之后 A 找到了一个更好的用途能进一步增加土地的价值,那么 A 就会违约将土地收回,为了达成这一目标他可能会付给个体 B 1500 美金以消除违约的障碍。

和上述例子相似,科斯的论述使用的是更具体和更复杂的养牛人和种玉米的人的例子。科斯的逻辑虽然很简单,但其启示却很复杂。这里总结两个启示。第一、这意味着说如果没有清晰界定的产权,价格系统会遇到困难,也就是说,会产生价格失灵的情况。价格失灵倒不是科斯首先提出的,而是早有论述。和价格系统失灵相关的一些早期研究多数是例证性的。第一个就是 Knight 在 1924 年提到的公路拥堵的问题。在他的例子中,曾谈到如果公共道路不收任何费用的话就有可能遇到过度使用的问题。也就是说,太多的人会滥用这些道路,其中包括很多不怎么急迫需要使用这些道路的人,对这些人来说,一旦道路收费,他们是不会使用这些道路的。过度使用会使得道路拥堵,到最后会造成所有人都无法使用,这就导致了资源的浪费。和这类似的一个真实的相关案例就是广州市政府在 2010 年在广州市举行的第十六届亚运会之前实行的免费通行计划。在亚运会之前,广州市政府推行了一项惠民计划,即免费公共交通计划,这项计划保障广州市民可以在从限定时间开始直到亚运会之前这一个月内免费乘坐公交和地铁。这项计划的目标是给予广州市民一项出行福利,以奖励他们为筹办亚运会所做出的贡献。该项计划的立意是好的,但其实际的效果却是灾难性的。计划实行一周后就被匆匆取消了,因为在实际执行中发现,由于允许免费乘坐,在计划实行期间基本上所有的公交和地铁线路都变得异常拥堵,人满为患,而这最后导致了整个公共交通系统无法运行。有报纸甚至报道说,在免费的这一周内,很多老年人甚至会选择乘坐地铁从城市的一端跑到另一端,只是为了到一家特定的菜市场去买菜,而原因就仅仅是因为这家菜市场的菜要比其他市场每斤便宜几毛钱。可想而知,假使乘坐地铁要收费,那么这样的情况是绝无可能发生的。

另一个实证研究是 Gordon 在 1954 年提到的公海过度捕鱼的问题。Gordon 提到说由于公海是公共所有的,所以任何渔民都可以随意进入,那么结果就是渔民会蜂拥而入尽量多捕鱼,这样不仅会造成人力过度耗费也会造成渔业资源过度消耗从而导致租值耗散。Hardin(1968)也提到了类似的问题,他说如果一片土地是公共所有,那么大家都会在谋取私人利益的同时尽量让公众承担成本,那么最后土地会被滥用,而土地的租值会被耗散掉。Hardin 的这一结论,总结在他著名的文章《公共地悲剧》(The Tragedy of the Commons)中,讲的就是公共资源因为产权不清会遇到租值损耗的问题。

科斯的论述带来的第二个启示则是说,即便产权是清晰厘定的,零交易成本的条件也很难满足,这会带来很多现实问题。在科斯的另一篇重要的文章《企业的性质》(The Nature of the Firm,1937)中,科斯提到说一个企业存在的目的可能是为了减少交易成本(即将交易成本通过雇佣合约内部化)。这一论断后来被张五常(Cheung,1983)进一步总结并称为企业的合约本质,他提到说企业内部签订用工合约的本质就是为了至少在合约期内减少用工过程中的交易成本。除此之外,根据对于不同合约安排所面临的交易成本的研究,张五常教授也总结出一个结论,也就是说只有交易成本最小的那项安排才会被采用(Cheung,1969,1974,1983)。

和 Pigou 所说的用政府直接收费来解决道路拥堵问题(Pigou,1920)不同,科斯的解决办法更加间接。Pigou 提到说政府可以针对道路使用收取一个最优费用(设定一个费用水平,使得单价和用户人数相乘得到的总费用最大),这样就可以在租值最大化的同时减少用户人数从而解决拥堵的问题。但科斯则认为政府的参与未必是效率最高的办法,因为政府的参与是有成本的。他认为,政府应该把道路的产权赋予私人并保持一个很好的制度环境来减少交易成本,这样的话,不但可以省去政府参与的成本,而且私人会自行协商制定合适的价格使得在租值最大化的同时也可以解决道路拥堵的问题。

当然,科斯并没有草率地认定说政府干预一定就是低效的。相反,他提到(Coase,1991)科斯定理只是说 Pigou 的解决办法在产权清晰和交易成本为零的时候是不必要的。当然,这并不是说,当交易成本为正的时候,政府的干预(比如直接行政干预、规管、征税或补贴)是一定比私人协商低效的["…the Coase Theorem demonstrates that the Pigovian solutions are unnecessary in these circumstances (clear rights and zero transaction cost). Of course, it does not imply, when transaction costs are positive, that government actions （such as government operation, regulation or taxation, including subsidies) could not produce a better result than relying on negotiations between individuals in the market"）。不仅如此，科斯还鼓励大家对真实世界进行充分研究，看看在交易成本为正的时候实际的经济结果究竟是怎样的。和 Pigou 的更为规范性（normative）的办法相比较，科斯的解决办法更加一般化一些，也更加客观。科斯并不否定 Pigou 的方法，他只是说这个问题没有一般性答案，而是要具体情况具体分析。他认为，在很多时候，考虑到政府行政干预的复杂性，也就是说取决于政府运行的方式，政府的行为不一定连续，不一定公正，也不一定正确，那么在这些时候通过法律系统来减小交易成本其效果可能会比政府直接干预更好，因为法律更连续，更公正，也更牢固可靠。所以，除非直接干预有长期的成本优势，通过法律系统来影响经济结果从可持续化的角度来看，可能会更加可取。

需要注意的是，尽管纯粹的科斯定理本身已经为经济结果提供了一个可能的预测方法，但这个定理里提到的这个经济世界是个理想世界，因为其前提条件是产权的清晰界定和零交易成本，所以科斯定理所预测的结果也是理想结果。在现实世界产权的清晰界定和零交易成本这两个前提在很多时候是不满足的，这就留下了两个未回答的重要问题。第一、如何通过实证观察来检验科斯定理提出的两个前提条件的现实影响？第二、由于科斯定理只能用于预测理想的满足其两个前提条件的世界，那么在现实世界中应当如何对科斯定理进行改进使得改进后的方法具备预测真实世界的能力？

这两个问题都很难回答，第一个很难，第二个则更难。要回答第一个问题，先前提到的两个前提条件可以拓展为四个组合。第一个是清晰的产权和零交易成本的组合，第二个是清晰产权和正的交易成本的组合，第三个是不清晰产权和零交易成本的组合，而第四个则是不清晰产权和正的交易成本的组合。如果我们要用实证数据来检验两个前提条件中的一个,那么我们需要控制检验项和对比项的需检验的前提条件有差异,而另一个前提条件则保持一致。比如,如果我们的目标是要检验是否不清晰产权会导致低效,那么要做出公平比较的结论,选定的产权不清晰的样本其交易成本属性需要和与之对比的有清晰产权的样本的交易成本属性相同。而这在现实观察中其实是很难的。

当然,产权和交易成本实际上是紧密联系在一起的,所以我们可以将上述四种组合进行简化。这里可以去掉的是交易成本为零的两个组合,即第一个组合也就是产权清晰但交易成本为零的情况以及第三个组合即不清晰产权和零交易成本的搭配,因为交易成本为零是过于理想化的一种情况。这样简化之后我们的分析就变成说只需要分析产权清晰时交易成本的差别化影响,或者说交易成本相同时产权清晰和不清晰的差别化影响。但这其实也还是很难的事情,因为产权和交易成本往往是互相影响的,二者的影响并不容易分得清楚。

产权是影响交易成本的。不清晰的产权至少会增加执法成本,而执法成本也是交易成本的一种。Knight(1924)、Gordon(1954),以及 Hardin(1968)给出的例子都表明公共财产所面临的执法成本可能是非常大的。但如果这些财产是私人所有,那么尽管执法成本仍然是正的,其强度可能会小得多。反过来说,交易成本也会影响产权的厘定。Barzel(1982 和 1989)展示了度量成本作为交易成本的一种可以影响产权厘定,所以他断言,没有哪个产权是可以完美界定的。他用樱桃店的例子来说明度量成本对于产权厘定的影响。在樱桃店里,店主通常会允许顾客们在决定购买之前适量品尝一些樱桃。然而,要合适的度量顾客们需要品尝多少樱桃才能获得足够的产品信息从而做出购买决策是很难的一件事。正因为如此,顾客们往往会以还没得到足够的产品信息,无法做出决定为由,不断地品尝樱桃,这就会导致过度品尝的问题。这样的结果就是,店主只能是将自己的一部分樱桃的权利放弃给顾客。

除这些外,不同类型的产权也可以影响交易成本。假如我们针对一块特定的土地设计有两类产权,第一类是单一业主拥有这片土地,而第二类是多个业主拥有这片土地。在这两类产权中,权利都是很清晰地界定好的。但当该土地要开发成比如说一个商场之类的大项目时,第二种类型的产权很明显会遭遇更多的交易成本,因为对于第二类产权而言会有更多的协调工作需要做,也就是说协商成本会更高,所以可想而知的是,第二类产权下的经济结果会更加不尽如人意。

除之前提到的公共产权和某些特殊情况之外,还有如 Cheung(1974,1975,1979)提到的租值管控的问题。产权多数时候是厘清的,所以大多数此类的文献检验的主要是产权清晰的情况下交易成本的影响。这里研究的重点主要有两个,一个是如何减小交易成本,另一个是减小交易成本是否会带来效率提升。以科斯的《公司的实质》(The Nature of the Firm,1937)一文为引导,很多的研究都是在分析如何降低交易成本以及其对效率的影响。这样的文献可以分为两大类,第一类是交易成本分析类,第二类则是制度分析类(Menard 和 Shirley,2010)。第一类主要研究的是交易成本削减的微观机制,具体来说他们研究的是公司层面的组织管理以及利益相关人之间的交互。比如,当一个买家和一个卖家决定要进行某项交易时,他们可能会选择交易成本最低的交易安排并且用合约将这种交易方式进行固定。一旦二者的关系被合约固定起来,交易成本就固定成为缔约成本。这样的以合约固定交易成本的模式最先是由张五常(1969)在其关于佃农租地分成的经典文章中提及的。他研究了台湾农业实践中佃农和地主之间的固定工资合约、固定租金合约以及分成合约之间的差异,得出的结论是说各种合约的交易成本不同,而最后双方选择的是交易成本最低的那个合约。之后他又给出了两个例子(1977 和 1983):第一个是讲电影院座位定价的问题,而第二个是讲香港装修行业中的计时合约和计件合约的问题。张五常的文章提到在电影院中,好座位和差座位都标的是同样的价格,原因就是为了降低监管成本。同样,在香港装修行业中,选择计时和计件合约的原因也可以归因于降低监管成本。

Williamson进一步发展了这种观点。他提到一旦市场遇到了交易困难,非市场类型的组织工作就会存在[whenever the market, if used to complete a set of transactions, experiences "frictions", non-market (or quasi-market) forms of economic organization can be said to exist],所以,结论是我们应该将重点放在研究组织制度的效率上(institutional efficiency)。也就是说,重点应该是研究如何通过组织管理来削减交易成本提高效率(Williamson, 1973, p. 336)。这类型的实证研究对于不同产业来说都不一样,比如有些研究的是垂直整合和水平整合,还有些研究的是重复购买和社会资本,但其实质都还是要检验上面提到的削减交易成本可以提高内部效率的问题。

这里需要强调几点备忘。第一、尽管将小型组织整合成大型组织或者组织联盟可以减少交易成本并提高内部效率,这些并不能给其他大型组织之间的外部性问题提供解决方案,除非所有组织都能被整合成一个大的垄断组织,而这不太可能,因为那样的话价格机制就会完全失去生成信号的意义。第二、在整合过程中,尽管交易成本会减小,收益可能也会随之减少。比如,如果某买家持续从同一个卖家手里购买产品,虽然这样可以减少组织之间的协商成本,但产品多样性也会随之减少。同样,如果一个人在找工作的时候只看他的强关系(strong ties, Bian, 1997)里的可选内容,那么,他所面对的工作机会的数量会远小于如果他也看他的弱关系(weak ties, Granovetter, 1973)里的可选内容。第三、整合可能会导致其他方面的成本增加。尽管整合可以提高效率,这种整合本身的成本可能也会很高。不仅如此,因为成本收益的问题,不是所有的组织都可能被整合。如果成本太高，那么这整合就更应该被废止。换句话说，一项整合战略不一定能减少社会成本，而仅仅只是成为某些团体选择成本的工具，因为只有容易整合（easy-to-integrate）的组织才会被整合。从进化的角度来看，这样的战略虽然最后会淘汰未整合的组织从而可能会提高总体效率，但这一进化选择的假设结论还需要更多的实证检验。第四、内部监管的成本会随组织的扩大而增加，所以断言越大越好就可能不一定对。

　　总结起来，上面的讨论说的就是，要确认组织层面的解决方案是否有效率并不容易，至少从社会成本上来说是这样。对于交易中某个特定的利益方来说，一块钱的新增净收益就可以促使他做出整合的决策，但这个决策对于社会的伤害却不容易用单方面的成本计算式来度量。即使我们将所有组织整合成为一个大的机构使得组织层面的成本计算式和社会成本计算式重合，也不能确认效率得到了提升，因为这样的话市场就不再存在而价格机制也会完全消失，对于个人和社会都不是值得的事。除此之外，这样的解决方案在技术上也不总是可行的。更进一步想，这样的分析并不提供足够的用于讨论底层环境的影响的横向信息，而环境的变化可能会使得某些整合方案不再必要。比如，找工作中使用强关系还是弱关系的流行性在中国和美国的差异很大，这就是说，中美法律环境的差异会使得在美国由于更好的环境强关系在美国的作用比在中国要小得多。这就是说，尽管对于在合约和组织层面的整合的分析可以在小范围产生改进，但要想获得更好的社会结果，我们可能需要找更好的方式，尤其是通过制度环境的改进来促使效率提高。

　　从个人决策者的角度看，最小化交易成本也并非是唯一的驱动动机，因为从不同的选项中选择最好的合约安排不仅取决于交易成本也取决于这安排可能带来的收益。回头看电影院票价的例子，将好坏座位分开定价一定是比统一定价带来的收益更多的。否则，就没有人会想要区别定价。但这样做的成本也更高。所以一个战略是否能被采纳取决于可能带来的净收益,即收益减去成本的净值大小。也就是说,收益的增加需要比成本的增加多才划算。这就是说,尽管从逻辑上来说减少成本是符合整体经济的,但个人不一定会愿意做成本减少的工作,尤其是减少他人的成本。除非说每个人的收益回报是固定的,否则一个纯粹的成本减少战略可能是行不通的。也比如说,不像很多文献所强调的,很多时候交易成本可能不是静态的和自然生成的,而是人造的。一个例子就是卖家可能会花费一些时间和精力去故意隐瞒一些价格信息,这样做对他自己来说也是增加成本的,同时也增加了可能的买家的搜索成本。这样买家就更有可能付他更多钱,也就是说他从买家手里的获益也增加了。这个例子就是说个人没有动机去减少社会成本,对于这方面,我们就需要做更多的理论和实证研究,因为个人会主动减少他的并且随之减少社会的总的交易成本这个论断可能不是很有说服力。

制度分析类的主要研究重心在于研究宏观制度或者说底层基础环境的有效性。所有的经济活动都必须是在一个市场环境下发生的,所以交易成本的大小会受到各种环境参数的影响。有些参数是自然决定的或者说是物理性的,但有些却是人造的制度参数。因此,设定一个特定的制度环境,不同利益人所面对的不同选项的成本是可控的,也就是说,减小社会总交易成本是有可能通过制度工具来实现的,所以好的制度可以提高效率。North(1968)在其关于海运的文章中提到更好的制度组织可能是海运行业提高效率的关键因素。他分析了从1600年到1850年的海运生产力提高的数据并发现技术在这段时间内的生产力提升中起的作用是不显著的,显著的是组织制度的改变。他总结到,海盗的减少和经济组织的提升是观察到的海运生产力提升的主要原因[a decline in piracy and an improvement in economic organization account(ed) for most of the productivity change observed (North, 1968, p.1)]。当然,建立这样一个制度的动机仍然是一个值得探讨的问题,因为如果制度环境中的个人和决策者的利益并不是和社会利益存在物理性或者是心理性的正面相关的话,那么他们就需要非常无私才会优先考虑社会利益。

这个关于动机的问题在文献中讨论得很多,这些讨论分别是从利益相关人的角度和规管者的角度进行的。从利益相关人的角度来说,个人也可能会积极地追求更好的制度环境。North(1990)总结说这样的行为可能是受到三个可能的原因驱动的。第一个原因就是成本收益比率(cost-benefit ratio)的变化。Hardin(1982)分析了多个人囚徒困境的问题并得出结论说成本收益比率可能是影响集体行动的重要因素之一。Libecap(1989)的研究也支持这一结论。成本收益比率的重要性在于,如果人们之间的互动是重复性的,那么合作就有可能实现,因为合作的成本和一段时间的回报之和相比较其比率是相对很小的。此外,如果互动是长期的行为,那么那些企图占他人便宜的人就会意识到任何占到的便宜在未来都有可能要偿还的。当然,这样的结论并不一定能适用于所有例子,因为如果长期回报之和增加,那么占便宜的可能收益也是会增加的,这样的话,合作仍然是困难的,除非说投机的成功概率相应的被压缩到很低,这样的话冒风险就不划算了。即便如此,对于想占他人便宜的人来说还是可以选择不计将来,只考虑现在,比如赚一票就走,除非说他被迫只能和这些人做生意而没有其他道路可逃。

North 提到的第二个原因是共享的信仰和道德观念。Taylor(1982,1987)研究了无政府状态的社会秩序问题,他的结论是,即便是没有政府管理,共同的信仰和道德观念也能保持社会的平衡。第三个原因则是利他主义。Margolis(1982)强调人们都有两种类型的效用,一种是来自个人收益的效用,而另一种是来自社会收益的效用。期望中的个人收益驱动他们去破坏好制度的形成,但期望中的社会收益会抑制他们这么做。这种内心的纠结会形成一种平衡从而缓慢的改进社会制度。意识到这些非财富最大化的因素,

North(1990)倡导大家在研究制度形成的时候应当考虑一切而不是一些影响人们行为的因素。他将制度形成的过程描述成为缓慢的和渐进的一种内生过程。

从规管者的角度来说,上述的三个因素仍然是起作用的。一个明智的规管者会考虑长期的收益,也就是说,他会认为靠扭曲制度环境来获取短期利益是不可取的,因为短期的获益可能会远小于长期的累积危害。这里的意思就是说如果不扭曲制度环境,在短期收益上的损失会远小于长期的收益。在极端情况下,就像历史一再告诉我们的,靠扭曲制度来换取短期收益所带来的长期伤害可能是如此之大,以至于整个社会都有可能被一个更有效率的内部力量或者一个更有效率的外部力量所颠覆或者征服。即便是,在可以遇见的将来,这样的累积伤害并不是那么明显,一个明智的规管者与生俱来的社会责任感也会促使他去为他人考虑(这也是利他主义的一种表现)。或者这么做的原因仅仅是因为害怕如果他不为他人着想,别人也会伤害他或者他的家人,因此只有这么做才能问心无愧,获得保全。如果他的信念很坚定,那么他可能会教育他人也这么做,这就会形成共同的信念和道德观念,而这些可以被认为是一些非正式的制度约束。或者其实他也可以设定正式的规管条例来约束大家,从而以统治者或者是强权政府的形式存在。

当然,规管者的公正性其实是无法保障的。文献中常见的围绕规管的作用所进行的争论就反映了这一顾虑。在此领域的相互竞争的两套理论则一直没有达成共识。这两套理论分别是公共利益理论(Public Interest Theory)和私人利益理论(Private Interest Theory,或者称为攫取理论,The Capture Theory)。最初规管是用来维护公共利益的,然而很多观察也发现规管其实也是可以为私人利益服务的,Stigler(1971)把这种现象称之为国会议员维护自己的巢穴(the congressman feathering his own nest)。这类型的实证研究包括 McGee (1958)关于石油行业的分析,Johnson (1958)关于农业补贴的分析，Stigler 和 Friedland（1962）关于电力行业规管的分析，Brozen（1962）关于最低工资的分析，以及 Demsetz（1968）关于公用事业行业的分析，这些研究都指出了其实是存在规管者徇私的可能的。

不管如何，以上的论述表明，公平的规管是很难的，但并不是完全不可能。抛开这些争议先不论，我们可以假定就算无私的公平的规管者不会在所有场合都出现，但至少在某些场合是可能出现的，那么这时的重点就是：公平的规管者一般会选择什么样的制度，而理由又是什么呢[①]？

上面这个问题并没有标准的答案。由于社会经济系统的高度复杂性，制度分析类的文献目前主要依靠的是宏观层面的实证数据而不是微观层面的分析。除此之外，由于在分析中引入了成本收益比率，共同信仰和社会道德观念，以及利他主义这些概念性变量，大家会发现在分析过程中有很多变量和参数变得不容易度量[②]。结果就是，尽管目前的制度分析类的研究在宏观方面非常成功，其弱点也很明显，就是它缺乏可以度量的理论工具和数据材料来阐释微观层面的具体机制，也就是说不容易理清制度在经济活动中具体是怎样起作用的。

上面的文献和争论说明要回答科斯提出的第一个问题已经很不容易（即两个前提条件的影响），而回答第二个问题则更加困难（第二个问题是如何建立一个有效的分析框架用来分析真实世界的经济运行）。要回答第二个问题，首先要再次澄清一个核心概念：动

---

① North 和其他制度分析派的学者们都没有回答这个问题。他们强调的都只是说制度诸如法律以及规范、道德，规管等是缓慢和渐进地形成的，但他们并没有讨论何种法律、规范、道德或者规管是可以用来促进社会发展的，同时也没有解释原因。

② 信仰、社会道德和利他主义都很难度量。长期的成本收益比率可以度量，但控制时长为多长却是未知的。除此之外，很难度量一个社会中多少比例的人会受到这些因素的影响以及影响程度有多大。如果有些人容易合作，而其他的不容易，那么合作到底是可行还是不可行？

机。新古典经济学之所以能被广泛接受,可能就是因为它提出了一个清楚而又简单的理性人动机,这个动机就是个人财富的最大化。在动机很清晰的时候,只需要加上一些假定条件,人们就可以很容易地进行分析和建立模型。当然,这些模型是否符合真实世界的实践还需进一步讨论。新制度经济学到目前为止提出的动机还不是很清晰。如同之前提到的,制度经济学家们提出一个动机就是减小交易成本。但减小交易成本的动机仍然不是很让人信服,问题在于,人们为什么要减少交易成本,尤其是有些交易成本的减少可能会使得自身的净收益也相应地减少? 用下面的例子我们可以很轻易地推翻减小交易成本这个动机。如果某人可以花费 10 元钱来获取价值为 100 元的公共资源,那么很自然的结果就是他会花费更多的 10 元去获取更多的 100 元,他付出的成本当然是交易成本的一种,那么他这么做就会增加交易成本。而如果他的动机是减少交易成本,那么他应该是减少花费从而获得更少,但这又怎么可能? 在真实世界中,谁会选择后面这个选项呢? 在这个例子中,人们必然是愿意花费更多从而获取更多,所以减少交易成本这个动机是值得商榷的①。

当然减少交易成本这个动机在宏观制度分析中是可行的。一个企业的所有者会最大化自己的收益,而这个收益和他企业的收益往往是重合的。所以他有动机去减少内部交易成本从而提高企业的经济表现,因为这个内部交易成本在多数情况下是由他自己承担的。如果我们把企业换成是国家,结论也是相似的,但前提条件是这个国家的领导者们其个人利益是和国家利益紧密联系在一起的,其个人成本也是和国家成本紧密联系在一起的。当然,在这里还是

① 之前谈到,North(1990)列出了三个可以促进大家主动减少交易成本的因素,他提到的被减少的交易成本甚至包括他人承担的成本。但是这些因素多大程度上可以影响最终结果,从微观角度,并没有定论。

没能有效地澄清个人动机,而只能依据制度的宏观表现来反向推导个人动机和企业或是国家的效率的吻合性。这有点像是循环论证,因为我们还是没能将研究内容拆分开来从而清晰地剖析个人动机如何影响制度表现。

Barzel(1989)提到如果实现一个权利的保护成本过高,权利的所有者会选择放弃权利从而使得这项资源变为公有。这种预测可能是可行的,因为它提到了如何预测人们的行为。虽然这一预测也不是很完整,因为一方面,这个无法保护自我权利的人其实也有两个额外的选项:第一是等待时机夺回失去的权利,第二就是直接毁掉这个资源,尤其是当毁掉资源所花费的成本很小的时候。所以总结起来,与其将资源放弃给他人,更可能的结果就是暂时放弃资源,但积蓄力量等待时机进行报复,这样的话当然会浪费很多资源在将来的抢夺上,又或者还可能是将资源直接毁掉,这样的话当然也会浪费资源,而且除非他人能抢先获得,否则的话连同这资源可以在将来带来的收益都一同毁掉了,损失更大。但不管是哪种结果,资源都不会落在公共领域。类似的是,所谓的资源也可以是交易过程中产生的收入或者剩余,如果是这样那么第一个选项就可以解读为在未来的交换中实行报复,而第二个选项就可以解读为取消当前的交易,那么交易可能产生的收入或者剩余就不会再产生了。

而另一方面,因为 Barzel 提到的所谓公共领域其实指的是所有人都能进入的领域,那么这基本上就排除了无法保护的资源或者收入只能被一个或者少数利益相关人接触的情况了。而后面的情况却往往是导致高额保护成本产生的原因。如果是这种情况的话,所谓的高额保护成本就不是一个自然产生的成本,而是人造成本,其大小取决于你和谁在做生意。这时候如果保护不利,那么无法保护的资源或者收入就不会进入公共领域,而是直接转入了相关利益相关人的手中。所以总结起来,尽管 Barzel 的预测给了我们很有用的线索,但过于简化,就缺乏了对于各种情况的综合和一般性的考虑。因此,如果需要解释诸如毁灭资源、报复,或者收入转移这样的现实观察的话,Barzel的框架可能还需要一些改进。

举例说明,如果某人愿意花 10 元钱去买一个盒饭吃,而吃完后他会有 2 块钱的消费者剩余。那么如果保护这消费者剩余的成本高过 2 块钱,比如饭店收一个 3 块钱的固定台位费的话,那么这个人可能就不会在这吃饭了。这消费者剩余就消失了。当然,如果他这次实在是很饿,不愿意去找别的饭馆,那么他可能将就会吃这一次,而等待时机在未来再把失去的赚回来,比如他可以在饭店促销的时候大肆品尝免费食物。除此之外,如果考虑到概率,不同的利益相关人可能会对保护成本做出不同的估计,所以因为过度估计而导致过度反应往往也很难避免。但不管如何,对于上述的例子中的各种情况,消费者剩余都要么是被毁掉,要么是被转移到他人手中,要么就是暂时转移而将来再转移回去,总而言之都不会落入人人都可以接触的公共领域中。

对于一般规则,Barzel(1989)的说法可能已经很接近真相了。他提到说人们会倾向于最大化他们的权利的净经济利益(the net value of economic rights)。这一动机无疑是对的。但是 Barzel 并没有更进一步分析当很多人一起互动时,当所有人都在最大化自己的净利益时,那么结局的一般规律是什么? 很清楚的一点结论是,很多悲剧性的结果是不能简单地用交易成本最小化这个很乐观的规则来解释的。

以上部分简要地回顾了新制度经济学的一些理论假设和相关证据。因为经济系统的高度复杂性,我们很可能需要更多的实证证据来支持这些理论分析,同时也可能还需要做一些概念澄清的工作。这些也是本书之后要详细讨论的内容。

第二节 关于城中村的文献的回顾

关于城中村的文献其范围其实很广泛,但大部分的研究都是中文文献。我们可以将这些文献大致分为两类。第一类从社会学问题出发,研究单个城中村的案例并将其作为一个微缩的小社会来对待。第二类则更强调经济分析,主要分析经济成本和经济收益。第一类包括研究城中村新型社会关系的文献(蓝宇蕴,2003),研究临时移民以城中村作为临时住房的文献(Wang,2009,2010 以及 Chan,Yao,Zhao,2003),以及研究社会团体和住房差异的文献(He,Liu,Wu,Webster,2010)。这类文献的主要结论是说城中村是一个特殊的小社会,而其作用是为很大范围内的城市贫民提供了经济适用房(affordable housing),所以是解决城市低收入人群住房问题的一个很好的工具。这就是说,基于这个好处,城中村的存在对于社会来说是有益的。然而问题在于,这类型的文献往往是基于一个基本假定来进行分析从而得出结论(比如认为解决低收入人群居住有经济上的好处,而城中村可以解决低收入人群住房,所以城中村有利于经济),但这个假定是否成立则可能只是一个规范性的设定,所以其结论是否科学就有待商榷。具体来说,这些文献往往展示了城中村在社会学方面的好的一面(the bright side),隐含的意思是政府应该容忍城中村的存在和其违建的泛滥,因为这个社会学方面的好处可以带来经济的好处,比如能帮助维持经济的低成本的增长(He,Liu,Wu,and Webster,2010)。但即便城中村能带来一些好处是客观存在的,这样的分析也还是不能提供足够的证据来支持最后的政策结论,这是因为,要得出政策结论我们不仅需要分析其好的一面,也需要分析其不好的一面(the dark side)。也就是说,在完整分析好处和坏处之前就下结论是不合适的。详细说来,这些成本和收益的分析可以划为几个不同的层面。在城中村的层面,当然是有直接收益(租值表现)和直接成本。在城市层面,会有间接成本和间接收益,也就是说城中村对于城市的影响。经济适用房的问题可以划入城市层面的分析,而且这个问题可能是由很多原因引起的。城中村当然可以间接地帮助解决经济适用房的问题,但除非我们能通过完整的成本收益分析断定这是解决该问题的最好方案,否则过早的结论可能就未必合适。而在缺乏完整分析之前就下结论很有可能会使得这些研究变成规范性研究,因为用生成或者保留一个问题用来解决另一个问题可能会涉及道德判断,这对人们找出最终解决方案可能会不利。不管如何,这里并非是要下武断的结论,否定城中村的存在可能会给城市带来的间接的好处,而只是强调,我们的分析不应该是政策驱动的以解决问题为目标的,而应该是事实驱动的以发现规律为目标的。要得出最后的政策结论不是容易的事情,需要更完善和更仔细的评估。

第二类包括一篇关于制度变迁的分析(李俊夫和孟昊,2004),一篇公共利益分析(王月辉和任兆昌,2009),一篇城中村改造的分析(梁春阁和蔡克光,2009),一篇产权分析(姜崇洲和王彤,2002),以及一篇一般经济分析(周新宏,2007)等。这类文献探讨城中村的经济收益和成本,但却多数不是定量分析只是一般化的讨论。和本研究最相似的是古日新和邹东(2002)的研究,其他的论文可能都只能算是单个案例分析,因为他们并没有企图寻找系统性规律。古日新和邹东计算了广州市一些城中村能收到的总的租值并将其和周边非城中村进行了比较。这些比较的结论是对于每一对城中村和非城中村,城中村的效率更低(因为其总租值更低,这可能是因为租值耗散的缘故)。他们俩的问题在于,所比较的只是总租值而不是每层楼的租值。由于城中村的楼层一般来说更少,只比较总租值显然会得出城中村租值较低的结论,而这就忽略了历史带来的建筑设计的原因(用于对比的建筑的修建年代不同,所以楼层是有多有少的)。

以上的文献回顾表明，更为详细的城中村的成本和收益分析是需要的，因为现有文献对其分析还较为不足。要填补这一不足，本书的一部分内容强调的是城中村层面的成本和收益的经济分析，要分析的是城中村对于土地价值的提取能力和其相邻非城中村的社区相比是更好还是更坏。只有在搞清楚这些之后，对城中村的间接成本收益的评估才会有对比基础。

第三节　博弈论和消费者理论

博弈论最早出自 Hotelling（1929）的双头竞争模型。在一个标准的双头竞争模型中，有一个线性的市场，其中有两个同样的卖家。根据数学计算，最有效率的划分市场份额的办法就是将市场分为两个等额的部分而将两个卖家分别放在各自部分的中点。然而，这个结果是不稳定的，如果其中一个卖家认为如果他移动到整个市场的中点位置会控制更多的市场份额（根据数学计算这确实是事实）的话，他就会移动到市场中点去侵占他人的市场份额。如果他这样做的话，那么另一个卖家就别无他法，也只能跟从，即也移动到市场中点。最后的结果就是两个卖家都会移动到市场中点去，这会形成集聚，此时两家都还是只能分到一半的市场份额，但这样的结果经济效率更低，因为数学计算会告诉我们，和先前的各自占据己方中点的布局对比，双方都占据市场中点的布局会使得更多的资源被浪费在交通上。

很多的学者接受了这样的关于低效均衡的想法。一个著名的例子是囚徒的困境（Flood，1952）。在囚徒的困境中，两个囚徒被同时逮捕并被隔离开单独审讯。尽管对于两人来说，同时拒绝认罪是最好的选择，但因为害怕另一人会抢先认罪导致自己受到更严厉的惩罚，最后两人都会争先认罪。这样的均衡对于两个囚徒来说当然是低效均衡，而这被称之为纳什均衡（Nash，1951）。

博弈论在经济分析中很流行,主要原因可能是因为简单。只要设定一个博弈环境并定义好行为和行为的结果,那么博弈中的玩家就会在考虑他人的反应之后选择自己最好的行为。但尽管博弈在分类的技术上很复杂,其实质还是在分析如何解决外部性,换句话说,博弈分析的实质是如何解决个人理性和集体理性的冲突。博弈论在经济分类上有一定用处,但它其实不是一种理论,因为博弈论缺乏一般性,它所做的主要是分类,而不是归因。博弈的本质动因还是成本和收益分析,从这个意义上来说,博弈论只是一种类型化包装。我们对于经济结果的分析还是应该集中在分析成本和收益上,而不是简单地划分博弈类型来建立定式。万变不离其宗,定式是划分不完的,也是僵化的,只有一般性的成本收益分析才是适合所有案例的终极办法。

以上的论述当然不是在否定博弈论,这里说的不是博弈论无用,而是缺乏必要性。既然可以用制度理论的成本收益进行分析,那么就可以跳过博弈这个包装,直奔主题。North(1990,p.22)也提到博弈论并不是一个提供分析底层交易成本以及这些成本如何随制度结构变化而变化的理论([Game theory] does not provide us with a theory of the underlying costs of transacting and how those costs are altered by different institutional structures)。这就是说,如果博弈的框架可以用更为一般化的制度理论来涵盖的话,它就变得不再必要[①]。而且将复杂真实世界抽象成各种虚拟种类也不符合实际。所以其实没有博弈论的话,现实世界可以被更加直接地解释,这无疑是一种进步。而能够解释更多一般化现实的理论,显然比博弈论更有效,因为它能覆盖更大的范围,适应更多的情况。

---

① 这也是为何这里会讨论博弈论但在实际分析中却不用它的原因。在第八章,这个问题会被再次讨论,届时会提到,只要产权和交易成本理论在不加入博弈论时具备不变或者更好的解释力,博弈论就显得冗余。

　　除博弈论之外,还有一个领域的研究可以为这里的研究提供一定启发。这就是消费者理论的一部分。消费者理论中的需求第三定律,说的就是当价格叠加上一个额外的费用时,消费者会选择要么消费更好的产品,要么消费更多的产品。这其实是一个很一般化的结论。前者的提出者是 Alchian 和 Allen(1964),而后者的提出者是 Umbeck (1980)。Umbeck 延伸了 Alchian 和 Allen 的分析,他提出两点。第一、额外的费用必须是没有经济价值的;第二、消费者可以选择购买更好的质量或者更多的数量。这些研究看起来像是新古典类型,但其实不是。这里提到的额外的费用是用来获取消费者剩余的,是一种消费者需要支付以促成交易的费用。而消费者的应对可以看成是一种时间上的生产改变,其目的是为了保护他们将来的消费者剩余。如果这费用太高,他们也可以选择不买,如果这样,那就是一种合约的改变,而这会导致租值耗散 ①。不管是哪一种结果,消费者都会想办法阻止商家自由地攫取自己的消费者剩余的。可以看到,这里的额外的费用其实是一种非生产性成本,所以这些分析其实是可以合并到制度分析的框架内的。

---

　　①　关于生产改变和合约改变的概念,可以参照张五常 1974 年的文章(Cheung, 1974)。

第三章　城中村问题的由来

城中村其实是我国大陆才有的特殊现象。它们实际上是在快速城市化过程中由传统村落转化而成的特殊城市区域。但同时它们的制度属性、土地发展模式以及社会人口属性等却又都和传统城市有着显著差异。这些独特的半城市半农村区域在中文中常常被称之为"城中村"，意思就是坐落在城市中的村庄。

本章会简要地介绍城中村的历史沿革，土地属性，它们如何从传统村庄转化而来，以及它们的区位差异。之后也会有一个关于它们的发展的简要的分析。但因为对于城中村的发展在之后的第四章到第七章会有更详细的分析，所以本章的分析主要是简单描述性的。

第一节　我国土地二元制的简单描述

我国的土地制度具有城乡二元性。也就是说农村的土地制度和城市的土地制度有所不同。农村土地是属于集体所有，虽然从实质上这也是一种国有制度，但这种国有的具体组织较为复杂和间接。具体来说，在十一届三中全会之后中央政府推动了农村土地改革，而改革的方向就是通过家庭联产承包责任制（Household Contract Responsibility System，HCR）来赋予农民土地使用权。这可以帮助解决农村生产激励的问题。HCR 系统规定农村土地按照人口平均分配给该村的每个农民。农民获得的不是平均分配的产品，而是土地承包的权利，也就是说除开他们每年需要给政府缴纳固定数量的粮食或者等额的农产品作为承包的租金之外，他们可以享有土地产出的剩余部分，这对于农民来说是一个很好的制度激励。这套系统的本质基本上是相当于一个固定租值租地合约，但特殊之处在于其合约期限很长。最初的第一个签约期是 15 年，之后可以再续约，而每次续约会再续 30 到 50 年。合约的条件主要是限制土地用途和转让，也就是说，农民获得的土地必须是按照指定用途使用，也不允许再转让给他人，同时政府保留了土地征用权，规定政府在一定的特殊条件下有权力提前结束合约并征收土地。

　　和农村土地不同，我国的城市土地的管理形式较为简单和直接。1982 年我国颁布的新宪法规定了我国城市土地定义为国有，也就是说国家拥有土地的永久所有权和决定权。但在实际土地利用的过程中，政策制定者们意识到，经济发展需要私人部门的参与，而私人部门要参与经济发展则需要使用土地，所以为了促进市场经济的发展，国有土地应当被允许在一定程度上转让给私人用户并允许私人之间再次转让土地。而要实现这一目标同时又不伤害宪法规定的国有土地所有制的一个较为妥善的办法之一就是将土地使用权和国有的永久所有权分开，在保留国有土地所有权的同时允许私人获得一定年限的私人使用权。这样的话，土地和建于土地之上的建筑就可以转让，这会有利于市场经济。1987 年在深圳市举行了第一次这样的土地使用权出让，之后这一形式便普及全国。具体来说，国有土地使用权在转让时都会设定较长的使用年限，一般是住宅 70 年而工商业用途是 40 到 50 年。

总结起来可以看到,我国的农村土地和城市土地的产权虽然从本质上来说都是国有,但具体组织形式有所不同。我国农村土地所实行的集体土地所有制规定农民在家庭联产承包制的框架下获得土地使用权。农民可以将分配给自己的土地用于指定用途,比如用于建房自住,用于农业生产,还有少量可用于工商业。但这些土地是不能转让的,除了转让给国家(即国家征收)之外,农村土地是不能转让给他人的。设定转让限制不仅意味着从法律意义上而言农民无权出让土地,同时也意味着农民并没有出租土地和土地上建的房屋的权利。当然,在很多情况下,出租土地和房屋其实是很难监管的,现行的一些条例也放松了对于出租土地的限制。而我国的城市土地,在 1982 年的宪法定义下,采用的是可转让使用权的国有产权,即政府可以通过所有权使用权分离的机制将一定年限的土地使用权通过招拍挂的方式转让给私人或者组织。

这里讨论的城中村虽然是受到农村集体土地所有制的约束,但是其实体却位于城市内,并且和不同制度下的城市土地处在同一个市场环境中。这种制度反差对于经济结果和土地发展的影响是深刻的和戏剧性的。下面的部分会简要描述城中村的土地发展模式,而在之后的第四到第七章则会对这些发展模式有详细分析。

第二节　我国农村的农地和宅基地的差别

我国的农村土地是集体所有,但可以分为两种主要类型,分别是农地和宅基地(需要注意的是,本书中提到的农村土地指的是农村里集体所有制涵盖的所有的土地之和,而农地则特指用于农业生产的土地,即耕地,两者是不同的)。两种土地都不能转让,但两者关于土地使用的制度制约条件不同。农地只能用于农业生产,而宅基地只能用于自建房屋用于自住之用。

集体土地所有制下每户农民都可以拥有人均 1 亩左右(约 667 平米)的农地,但宅基地的面积就小得多。在深圳市,每户农民可以拥有最大 100 平米的宅基地。这些数字随着区位变化而变化,具体取决于人口密度和实际地形。海滩、湿地以及水域都是列为农地范围的。山地则依据具体情况的差异可以被划为农地也可以被划为宅基地。考虑到人口的增加,有一定比例的贫瘠的农地如路边地或者山边地等都可以被预留下来用于未来的建房之用。而如果要将这些预留的土地转换为宅基地使用则需要村委会以上的政府机构批准。而同时需要获取宅基地的农户也需要提供确实有需求的证据。比如,如果因为儿女成年结婚而需要分户,那么要获批宅基地,农户需要递交结婚证明。除了为未来建房预留的土地之外,农地的一部分也可以被保留用作农村工商业使用(乡镇企业用途)。所有这些保留的土地包括工商业用途和用于未来建房的土地(三类合并简称为 ICF)都可以被称为保留地,这个第三类型其实是属于农地的一个子类型,但为了分析的便利在本书中会将其独立出来讨论。

从产权的角度来看,农地,或者其子类型保留地的产权都是界定得很清楚的,所以监管成本就会相对比较低。对于农地,农民只能将其用于农业生产,或者保留了作为 ICF 之用。对于这些用途进行监管其实并不困难,比如政府很容易就能看到一块土地是否是被用于农业生产。要征用这些土地也不困难,政府理论上只需要支付农民农地的农业损失(青苗补偿等),或者保留地的工商业损失就好。当然,在实际操作中,还会有一个协商成本,但这分摊到单位面积土地上也不会太高,比如要征用一亩农地,政府只需要和一户农民协商,而要征用一片保留地,政府只需要和村委会协商。很显然,对于同等面积的土地,越少人参与单位面积土地上分摊的协商成本就会越低,所以对于这些土地的征用比起宅基地来说就会相对容易一些。

而宅基地的权利界定就没有那么清晰了，同时征用成本也会较高。在集体土地制下，宅基地的自住的定义是很模糊的，很不容易度量。一个小房子当然是用于自住，但一个大房子其实也勉强可以被称为是自住。这就是说，自住和非自住的边界在技术上定义得并不清楚，政府最初并没有规定多大面积是自住而多大面积不是，所以之后要强制执行某个边界的成本就会较高。同时对宅基地的监管也比较困难，虽然农户没有出租住房的权利，但如果一个农户将家里多余的房间租出去，政府在实践中也是很难阻止的。即使政府试图去阻止，农户完全可以说家里的租客是他家的朋友或者远房亲戚，而宅基地的相关法律并不禁止也不可能禁止农户请朋友或者亲戚到家里来住。再加上如果所有农户都这么做的话，那么政府试图阻止这一行为的执法成本将会高到无法承受。

不仅如此，在实际的城市化过程中，当农地被政府征用之后，农户会失去主要谋生手段。此时除非政府能给这些失地农民提供相应的工作机会（而这成本会很高），农民失去谋生手段就会导致社会不稳定（这也是一种社会成本）。而如果失地农户能通过出租多余房间来谋生的话，政府就不需要维稳也不需要为农民的生计问题而劳神。所以从政府的角度来看，要完全禁止农民出租宅基地上的房屋成本和代价都太高，不是一个好的选项。而除了高额执法成本之外，要征用宅基地也不容易。要想征用宅基地，政府需要付给农户至少等同于其房产的价值的补偿，而这不仅包括房屋价值，也包括之前分配给他们的用于自住的土地价值。不仅如此，和农地对比，宅基地征用的协商成本也较高，这不仅是因为对于农户手中的宅基地的估值双方会有争议，而且也因为对于同样的土地面积，和农地以及保留地对比，宅基地所牵涉的农户也更多。

第三节 城市化以及其对农村土地的影响

如果一个村庄位于农村,那么宅基地的产权问题其实并不是一个大的顾虑,因为农村土地的租值很低,很难形成问题。但是如果这个村庄位于大城市附近,尤其是一个正在经历快速城市化扩张的大城市,就迟早会是一个问题,因为村庄会被并入城市。比如,深圳市在 1970 年代的时候还是香港北部边界的一个小县城,而这个小县城的周围则是很多的农村村庄。但自从政府将深圳市定位为经济特区之后,从香港和其他地区的投资蜂拥而入,这就导致这县城周边的大量的小村庄被城市吞并,也就是我们通常说的城市化。这些村庄的农地很早就被政府征用并转化为国有用于城市开发,但由于征用宅基地较为困难,绝大部分的村庄的宅基地,包括上面建的房屋,都在最初的时候未被征用。

如果将深圳市的城市建成区比喻成是一片海洋,那么这些城中村就可以被看成是水位上升后海中保留的岛屿,这些岛屿显得非常地与众不同。因为农地都被征用了,这些村庄就只剩下了宅基地和少量的保留地,这使得它们看起来很突兀,倒不是因为它们位于城市里,而是因为它们看似村庄,但却没有农地可用。从法律意义上来说它们还是村庄,因为这些宅基地虽然是特例,但还是属于集体土地系统的一部分。而正是因为这个双重特征(位于城市市场环境下,但却受制于集体土地所有制)赋予它们的特殊性使得城中村经常成为学术研究的课题。

第四节 城中村的形成过程

如果城中村保持其农村风貌和低密度的建筑结构,那么它们就只是历史遗迹而已。但事实是,出于经济利益的原因(这些村庄位于城市市场环境下），村里的农户们是不会允许这现象（即原貌）存在的。在过去的二十年里，这些城中村中的原本一到两层的旧房子绝大部分都被村民拆除了，村民会代之以更高的建筑以获取更多的租金。尽管它们的发展模式和城市国有土地上的建筑迥然不同，但城中村基本是和其所处的城市共同发展的。旧的村庄，在发展成高密度之前，仍然可以被看成是传统村庄的遗迹，但一旦开发成了高密度区域，这些村庄就从传统村庄演变成了我们所说的学术意义上的"城中村"，而具备了学术研究的价值。

在这里我们可以正式将稍后要具体讨论的城中村定义为那些被吞并进城市的村庄，这些村庄之前是建在农村宅基地上的，目前仍受制于农村集体土地所有制，但却已经在物理上和经济上属于高密度城市建成区的一部分的那些村庄。作为对比，城市中的非城中村区域则是指那些之前就划为国有土地的区域，或者那些之前是农地但现在被征用为国有土地的区域。这些非城中村区域的土地，一般是通过公开拍卖的方式，从政府手里转让给私人或组织的，政府保留永久性的土地所有权，而私人获得土地的一定时期的使用权以及土地上建建筑的所有权。

下图较为形象地展示了城中村形成的过程（图 3.1 城中村形成的简史）。在最初阶段（the rural stage），城中村只是城市郊区和其他村庄无差别的传统村庄。在这些村庄里，村民的房屋通常只是一到两层，而村庄周围是被农地环绕的。在早期阶段（the early stage，也可以称之为演变期，the transforming stage），由于快速城市化的影响，郊区被并入了城市建成区。农地被政府征用并变为国有。政府之后将这些国有土地卖给私人或者组织，他们随后会开发住宅或者商业楼宇。此时受到影响的村庄开始变得和传统村庄不同，因为它们失去了农地，变得很突兀。村民开始将村屋升级为多层建筑用于收租，而这些村庄就变得拥挤起来。在城中村阶段（the urban village stage），这些村庄会建满了高密度的建筑，因而从外观上类似于城市建成区,所以可以被特指为城中村。除了集体产权之外,这些城中村和传统村庄在绝大部分方面都已经不同了。

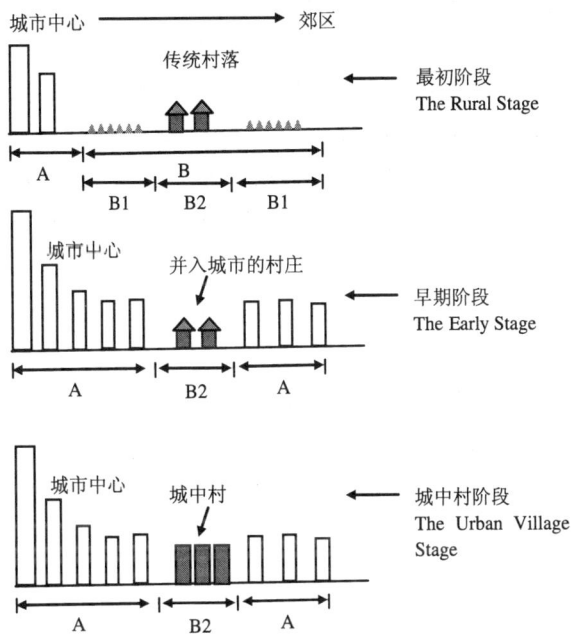

图 3.1　城中村的形成简史

A: 国有土地　B: 农村土地　B1: 农地（耕地）B2: 农村宅基地

第五节　区位差异的影响

上面讲到的是标准的演变过程,在实践中,区位差异会导致过程差异。这是因为区位差异造成土地市场差异,从而导致消费者、村民、开发商以及政府行为的差异。在一个正常的市场,消费者需要买房,开发商看到这需求于是从政府手里买土地然后建房出售,而政府则负责从农民手里征用土地用于发展。在一个远郊的区域,消费者的购房欲望会较小，因为他们要考虑到每天去市区上班的交通时间，尤其是在之前私人汽车在我国还没有普及的时候。这样的话开发商就不会购买远郊的土地，而政府也就不会急着征用土地，那么远郊的村民就会有机会保留一部分农地，或者说应该是农地中的保留地。然而，这并不是说这些地方就没有住房需求。我国的大城市的远郊区域通常都是建了很多工厂，而在那些工厂打工的工人中有很多都是农村过来的临时移民，他们缺少稳定收入和本地户口，因此往往不符合购房贷款的资质要求。尽管如此，这些人还是需要住房的，这样的需求就只能通过别的形式来满足。远郊的村民看到了这一点，所以他们中的很多人会将自己的宅基地上的住房拆除并升级改造用来出租。更甚的是，有些远郊的村委会会将手里的保留地也开发成小区用来出租或者出售，而这些小区的住房往往是没有法律产权的（没有房产证）。在第六章会详细讨论这些区位差异导致的特殊的结果。而具体用来讨论的案例是深圳市沙井的城中村。

第四章　城中村发展的密度问题

第一节　介　　绍

在第三章中已经提到过,在我国最近这些年的快速的城市化过程中,城市里的国有土地可以通过招拍挂程序被转让给开发商,这是一个将所有权和使用权分离的过程。赢得拍卖的开发商可以获得一定年限的土地使用权,而用这土地开发的物业则可以在这产权框架内被出售给私人。这就是说,这个系统使得国有土地可以被买卖。1987 年在深圳市举行了第一次这样的土地拍卖,在那之后这一方式被全国各地所广泛采用。

在 1989 年之后,开发土地的权力被下放到地方政府,所以土地收入就变成了地方财政的一个重要内容。1994 年开始实行的分税制改革给了中央政府更大的税收的权力,而地方政府的税收权就相应被削弱了。这种事权财权不平衡的机制势必使得地方政府感到财政压力,所以在分税制下地方政府会迫切地寻求税收以外的财源。作为拿走税收大头给予的补偿,税制改革在削弱地方税权的同时赋予了地方政府大比例的土地收入权。这就使得地方政府对于土地拍卖倍加青睐。

实际的分配比例是这样的。地方政府可以将土地通过招拍挂方式出售给开发商或者企业，开发商或者企业会付给地方政府相当于拍卖价的土地出让金，地方政府可以留存土地出让金的大约70％，而其余30％则需要上交给中央和高一级政府。关于税收的分配则正好相反，地方政府只能留存税收的小部分，而中央政府则获得剩下的大部分。由于地方上的事权主要由地方政府承担，比如修建基础设施和其他的一些行政开支，地方政府在税收分配比例大幅缩减的情况下就必须更多地依赖土地收入。

张五常（Cheung，2009）认为地方政府竞争机制是我国经济在过去20多年高速增长的最重要的制度动力之一。而随着经济发展而来的是我国的城市化比例从1980年代的20％增长到了2009年的46％。到2011年，我国的城市人口大约为6.47亿（United Nations，2011）。与此同时，随着经济增长，居民收入也获得了很大的提高，这推动了住房需求，也就相应地推动了土地价格的上涨，为了获得更多的土地来用于发展，城市就会不断地兼并周边农村。

正是在这个大背景下，我国城市的房地产出租和出售的价格都水涨船高，这就使得那些被并入城市但还保留集体土地所有制的村庄也试图从住房市场的火爆中分得一杯羹。结果就是，尽管被并入城市的村庄其绝大部分的农地都已被征收为国有，村民们仍然会利用手里剩下的土地（主要是宅基地）来做土地开发。这一章的主要内容就是讨论这种开发及其效率问题。

第二节　城中村的产权

当城市兼并周边的农村时，一般来说农地都会被国家征用并通过招拍挂程序转让给开发商或者企业，剩下的一般只是宅基地。通常来说,国家征收农地时,有可能会返还农民一部分土地作为补偿,这部分补偿加上原本剩下的宅基地就构成了我们所说的城中村的土地基础。土地的一部分会留在村集体,而剩下的都是在农户之间平均分配的,或者说,宅基地原本就已经是分配给每户的,是给村民用来自建房屋居住的。这些宅基地其实本质上还是公共土地,是一种村集体为主导,农户按规定占用的集体土地。这种集体产权是一种不完整的产权设定,因为村民虽然可以免费占用土地,但他们其实并不拥有这些土地也不拥有转让的权利。他们也许可以在这土地上修一栋大房子,这大房子可以被认为是属于他们的产业,但他们却不能将这产业转让给他人,因为房子下面的土地权利是受限的。村委会有权力决定土地在村内的分配,但他们也没有权力转让任何一片土地给村外的其他人。这是因为国家保留了这些土地的转让权。正因为村民手里缺少转让权,这样的产权还有一个形象的名字被称为是"小产权"。

目前还是不清楚为何这样一种有问题的产权设置,即使在这些村庄被完全城市化之后还存在。因为从理论上来说,当地方政府征收农地时,他们完全可以将宅基地的完整产权作为补偿的一部分赋予村民(也就是将产权合法化),当然如果这土地的价值很高,村民也许需要付给政府一部分土地费用才能获得完整产权,这是另话。政府没有将这些宅基地合法化的原因可能是因为政府害怕这样做会引发示范效应,这就是说集体土地权是全国性的法律设定,如果可以不通过征收和招拍挂流程直接将权利赋予村民的话,那么这样的做法可能会引发全国性的仿效,甚至最后可能和宪法冲突①。为了避免出现难以预料的风险以及因为各地仿效可能引发的多米诺

---

① 根据国家层面的土地法,农村土地被定义为集体所有,而根据法律唯一可以赋予集体土地完整使用权的办法就是政府将其征收然后再在公开土地市场拍卖。直接将完整的土地使用权赋予村民按照法律来说是不合法的。

骨牌效应从而危及整个集体土地产权系统,地方官员们往往在制定策略时会倾向于采取保守战略,也就是尽量少做改动也就会少很多麻烦。除此之外,如果评估的土地价值过高,村民们往往也不会愿意补地价给政府,同时他们也没有这么多资金付给政府,这同样会导致产权合法化无法进行。

"自住"这个定义是很模棱两可的。从一开始,政府对于村民用于自住的自建房屋的最大尺寸就没有很清晰的限定。尽管之后很多城市都出台了关于尺寸标准的规定,但这些规定的约束力有限,因为当这些规定出台的时候,很多村屋其实早都已建成了,而这些建好的房屋其尺寸往往是远超标准的。正是因为后出的规定是马后炮的缘故,在合法自住和不合法自住的边界原本就很模糊的前提下,这些规定会引起很多争议,所以执行起来也会很困难。

不管如何,城中村的产权是有问题的。当这样的有问题的产权设置和城中村的分散产权(即每户一栋自住房)相结合,经济效率的低下是很容易预期的。香港的九龙城寨就是类似的一个例子。也是因为产权设置的问题,九龙城寨产生了过度发展的问题,并引发了很多外部负效应。九龙城寨在 1993 年已经被拆除,所以我们无从得知到底其效率低到什么程度,能看到的只是学术界的一些评论,这些评论提到九龙城寨的问题,但也仅仅只是提到九龙城寨的过度建设源自其不清楚的管辖权导致的有问题的产权制度(lie principally with the uncertainty in institutional jurisdiction and resultant ill-defined property rights, Webster and Lai, 2003 p.52)。虽然我们无法评估九龙城寨的过度发展的实际效率,但城中村中的有问题的产权其实给了我们一个难得的机会,使得我们可以通过比较城中村的发展和周边有完整产权的受到城市规划规管的非城中村的发展来检验产权设置对于效率的影响。当然,这并不是说我国的非城中村的建筑的产权就完全没有问题,但如同之前讨论过的,城市土地受到城市规划管制,而且通常是以大块土地的形式通过招拍挂程序转让给开发商,而开发商获得一定年限的土地使用权后会统一规划统一开发,所以从这个意义上来说,非城中村在开发过程中遇到的产权问题应该会远小于城中村开发所遇到的。

第三节 基本计算公式

要比较城中村和非城中村的效率,我们需要引入一些基本计算方法。这里的分析从单位建筑面积的租金函数开始。单位建筑面积的租金函数是一条向右下倾斜的曲线(图 4.1)。这条曲线的意思是说,当高度固定的时候,横轴代表的建筑密度的上升会导致纵轴代表的单位建筑面积租金减少。所谓建筑密度指的是建筑覆盖比率,即一块土地上盖建筑的平面面积占土地面积的比率,用 x 表示。这里的单位建筑面积租金用 p 来表示。折算到每一层的单位土地开发成本可以用 $C = c^* x + r$ 来表示,其中 c 是单位建筑面积建筑成本,r 是折算到每层的单位土地的应付租金。折算到每一层的收益可以用 $f(x) = p(x)^* x$ 来表示,其中 $p(x)$ 就是单位建筑面积租金函数。涉及金额的变量都可以用当地货币来计量。不难看出,要最大化每层的利润,开发商可以选择一个最优的建筑密度 x^* 使得每层的总单位土地租金最大化(应付租金 r 和开发商的利润之

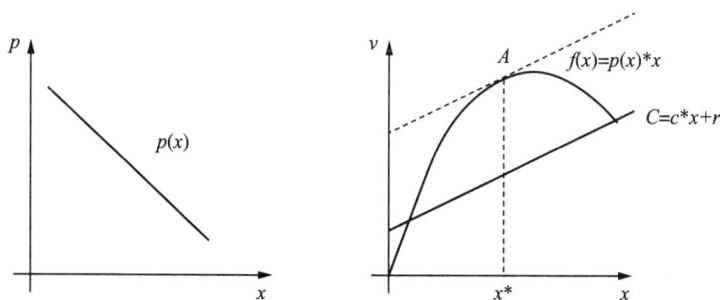

图 4.1 基本函数(其中 v 代表的是以当地货币计量的价值)

和,注意应付租金的变化其实不影响 x^*)。从图中可以看出, x^* 应该是在成本线的平行线和收益线相切时取最优,也就是图中的 A 点,因为此时成本线和收益线之间的距离最大。

　　如果通过规划标准来控制建筑密度的话,那么如果这标准正好将 x 值设为 x^* ,租值会达到最优。但如果 x 值设得过高或者过低就都会导致租值损耗①。这就是说,如果开发的项目是一个非城中村的正规小区,那么取决于实际规划的建筑密度,其效率会是小于或者等于最优值的(Rnon≤Optimal,其中 Rnon 是这个非城中村可能收到的单位土地租金)。如果一个城中村其建筑的平均高度和周围某个非城中村小区的高度差不多,那么我们就可以用这套计算方法来比较二者的效率②。如果 Ruv＜Rnon≤Optimal (Ruv 是城中村可以收到的单位土地面积租金),那么我们可以断言城中村产生了租值损耗。而如果 Ruv＞Rnon,那么我们就无法判断是否 Ruv＜Optimal,也就是说无法判断是否城中村产生了租值损耗,而只能是说城中村的效率比非城中村高,而出现这种情况的原因可能是因为规划失误,也有可能因为未预测到的市场变化导致了非城中村也出现了租值损耗。如果结果是 Ruv＞Rnon,我们可能需要进一步检验,但如果出现得很频繁的是第一种情况(也就是 Ruv＜Rnon≤Optimal),那么进一步的检验也并不是必须的,因为从概率上来讲,如果很大比率的城中村都出现了更多的租值耗散,那么对于我们的比较来说,已经足够可以得出一些有用的启示了。

---

　　① 最优建筑密度 x^* 指的是可以最大化整个土地租金的密度值。规管部门设置的建筑密度值可以是最优的,但也并不总是这样。不管是哪一种,通过实际数据的对比可以帮助分析城中村是否过度建设的。

　　② 因为高度可以影响 $p(x)$,所以在选择样本的时候需要将高度控制为基本一致,这样 $p(x)$ 函数就可以对于城中村和非城中村来说都是固定的,这样才可以公平的比较。

第四节 观察到的数据模式

要检验上述的说法,在分析实证数据的时候需要用到下面这些变量。这些变量是单位建筑面积月租金(p)、建筑密度(x),以及建筑楼层(n)。每单位面积的月土地租金就等于 p^*x^*n。在分析中,建筑密度的数据是通过 Google Satellite 下载的图像计算得来的。住房租金的数据则是从一些租房网站上搜集得来的(这些网站包括 www.58.com,www.fundon.com,www.ganji.com,以及 www.baixing.com)。

下面的卫星图片(图 4.2)展示了在实际分析中如何计算建筑密度。图像取自深圳市的一个样本点,这个样本点位于深圳市中心。在图像中,左边的部分是一个叫做岗厦的城中村。右边则是附近的一个非城中村小区,这个小区叫做深大花园。岗厦村和深大花园在地理位置上紧邻,而且楼高相似,所以两者就构成了一对完美的比较样本。小区的边界和建筑物的轮廓是用画图软件 ArcGIS 依据卫星图像勾勒出来的①。这些勾勒出来的多边形的面积可以用该软件计算出来。所以岗厦村的建筑密度就可以用村里的所有建筑轮廓的多边形面积之和除以这个小区的边界多边形的面积②。同样,深大花园的建筑密度就等于该小区所有建筑物轮廓多边形的面积之和除以该小区边界多边形的面积。用同样的办法可以计算出其他所有样本点的城中村和非城中村的建筑密度。

---

① 因为城中村是非正规小区,所以并没有官方地图来帮助计算其建筑密度值。在数字化的过程中,这里只是选择村的一部分作为样本区域来计算的。选择样本区域的依据是该区域的卫星图片必须有清晰可见的边界。受到数据可得性的限制而且需要保持计算的一致性,这里用的办法目前可能是能想到的用于以同样的误差同时计算城中村和非城中村的建筑密度的最合适的办法。

② 因为这些土地是宅基地,所以这里绝大部分的建筑都是住宅建筑。

图 4.2　一个展示了城中村建筑(左边边界部分)以及其邻近的非城中村小区建筑(右边边界部分)的卫星图片样本

　　住房租金的数据是通过在线取样的方法计算得来的。取样工作进行的具体时间是从 2011 年 8 月到 9 月。在我国的城市里,在租房市场活跃的寻求租房的人群一般是比较稳定的。除了春节期间会有波动之外,一般的月份波动不大,因此取样的时间除非是在农历春节期间,否则对结果能带来的偏差影响应该都是比较小的。而且和国外不同,我国大学的学生绝大部分都是居住在学校里的,即居住在学校提供的宿舍里,所以寒暑期学生的减少应当也对于社会租房市场影响不大。而按照我国大学的学期制度,毕业的学生会在 7 月初进入租房市场,这和这里的取样时间并不冲突。从这个意义上来说,这里搜集到的数据应当是能代表租房市场的一般情况的。

这里计算的各个样本点的租金数据取的是平均值,所以就可以消除内部装修带来的一些偏差。取均值也可以减小广告价格和实际价格之间的差异,因为前者可能高于(考虑到还价的因素)或者低于实际价格(为了吸引潜在客户)①。当然,取均值并不能完全消除这些差异,而仅仅只是在可行的情况下将它们最小化。实际操作的时候,在每个村或者是非城中村小区都选取了大约 10 个租金样本。依据这些样本可以通过加权计算出平均单位建筑面积的租金②。

在具体研究中总计在深圳市搜集了 878 个有效租金样本,在广州市搜集了 469 个租金样本,在西安市搜集了 394 个租金样本。如同之前提到的,之所以选择这三个城市主要是因为它们在城中村发展方面有一定代表性。

要进行有效的比较,在选择样本的时候,非城中村小区的建筑高度和结构还需要和城中村相似。城中村的建筑高度是由政府政策③、村民的财政能力,以及实际的收益曲线决定的。尽管并没有确切的法规来限制高度,但如果村民建得太高,远超出了政府的底线,那么地方政府是有可能干预并阻止建设的。当然,这种干预的有效性还很难预测。但考虑到执法的困难,绝大部分的城中村建筑的高度都是会超出政府的预期的。与此同时,由于不完整产权无法被用做抵押,所以银行一般是不会借钱给村民建房的,这就是说村民必须从自己的储蓄中拿钱来建设,这也构成了一个约束条件使得村民

---

①　即使有误差,比如一个 10% 的误差,但因为这误差是同时发生在针对城中村和非城中村的计算上的,所以对于比较结果来说可能影响不大。

②　在调整小户型和大户型的比例的时候用到了权重。考虑到市场上的实际比例,这里用到的公式是这样的:该小区的单位面积住房租金＝0.2×小于等于 50 平米的小户型的平均单位面积住房租金＋0.8×大于 50 平米的大户型的平均单位面积住房租金。

③　对于村民来说,建房之前并没有事先清晰规定好的高度限制。农村住宅最大的可建高度的法律定义来自于"自住"这个模糊定义,这个定义本身并没有给出清晰的高度标准。非城中村的建筑受到城市规划的管制,必须遵守规划标准,这些标准可以随区位和时间变化而变化。

不容易建出太多高层建筑。建筑物高度当然也是受制于实际收益曲线的,当建筑密度不变的时候,最大可以建设的经济楼层是有限的。在城中村中,由于建筑密度通常更高,那么可以建设的最大高度会比正常稍低。综合这几个因素,在过去,高层建筑在城中村并不多见。当然,现在有些较为富裕的村民会建出超过 20 层的楼房,但绝大多数城中村的建筑都还是一些砖混结构的没有电梯的多层建筑。

实际观察到的情况是,深圳市的城中村建筑的高度普遍在 7 到 8 层,广州市的主要是 4 到 5 层,而西安市的则主要是 3 到 4 层。受到这个事实的约束,所以在选择非城中村对比项时,也需要控制高度,即选择高度低于 7 到 8 层的小区,而且建筑结构也需要和城中村建筑相匹配,具体来说就是需要是砖混结构的没有电梯的建筑。在样本中,有一些非城中村小区的建筑高度略高于城中村,尤其是广州市和西安市的,但因为我们比较的并不是总租值,而是折算到每层楼的土地租值,所以只要这些楼宇仍然是没有电梯的砖混结构,楼层略高是可以接受的。楼层略高会稍微降低这些非城中村每层楼的租值[1],但因为这里要论证的假说是非城中村的租值更高,所以只要比较的结果仍然是正,也就是说在考虑了楼层略高带来的减值之后,非城中村的每层租值仍然是高于城中村的,那么这结果就仍然是支持我们的假说的,因为这说明如果没有楼层略高所带来的减值效果的话,非城中村的效率会比城中村更高。

因为要控制高度和结构[2],满足条件的非城中村小区的数量会

---

[1]　楼层更多会增加整体密度,这会降低整体的单位面积租金。而没有电梯的话,5楼以上的楼层的租金可能会比低楼层的更便宜。

[2]　对于建筑物质量来说,选中用来比较的非城中村的样本一般来说都比城中村的建筑更旧的。考虑到建筑行业的技术进步,这就是说城中村中的建筑的质量至少不会比那些非城中村的老建筑的质量更差。不仅如此,因为城中村的建筑并非是临时建筑(如果不被征收的话,村民可以在这些建筑里永久居住)而且也不是用来出售的(用作自住而不是出售的话就没必要偷工减料),所以即便没有监管,这些建筑的质量都不会很差,而且在很多时候这些建筑的质量甚至要好过非城中村的。第七章的图 7.8 和 7.9 也支持这个说法。

大大减少。据此选择的样本点也就会较少。在选好的每个样本点会有一个城中村以及1到2个可以对比的非城中村小区。在这1到2个非城中村中精选1个用来比对并不是很困难的事情,因为这取决于位置并且受制于数据的获取难度。具体说来,在深圳市一共选取了46个满足条件的城中村样本点,每个样本点有一个城中村,而城中村附近都有符合条件的非城中村比对小区。类似的,这样的样本点在广州市选取了26个,在西安市选取了24个。所以一共有96个样本点(每个样本点有一个城中村和一个非城中村形成一对比对样本[①]被选中参与分析。这些样本点代表了这三个城市中几乎所有满足分析条件的样本对。而这些数据,对于全国的情况来说都是很具有代表性的。

下面的表格总结了在这三个城市中的分析结果(表4.1)。

表4.1 三个城市的比较结果汇总

城市名称	样本点数目	单位土地面积租金低于相邻的非城中村的城中村数量		建筑密度比相邻的非城中村小区要高的城中村的占比
		数量	占比	
深圳市	46	31	67%	100%
广州市	26	20	77%	100%
西安市	24	19	79%	100%

下面的表格(表4.2到4.4)列出了所有样本点的单位建筑面积租金、建筑密度以及单位土地面积租金(左边为城中村的数据而右边为和该城中村比对的非城中村小区的数据)这些变量值。表格中的rpuha表示的是单位建筑面积租金,sc表示的是建筑密度,rpula表示的是每一层的单位土地面积的租金,rpula等于rpuha*sc。表

---

① 其他每对样本都和图4.2里展示的相似。即使有差别,这对于城中村和非城中村来说也是公平的随机采样,所以一般来说不会对比较结果带来明显偏差。

中标注着"比较"的一列登记的是比较的结果,如果表中某一行的城中村的 rpula 更小,则在这一列的该行登记为 Δ①。这里需要注意的是在计算 rpula 的时候,理论上是需要减去建筑成本的,但因为单位建筑面积建筑成本未知,所以在这里的计算中并没有加入建筑成本这一变量。但因为城中村的建筑密度明显更高,所以只要两种类型建筑的单位建筑成本相差不大②而且建筑密度的差异很大,那么可以预期的是城中村的单位土地面积的建筑成本是更高的。也就是说,即使我们考虑从 rpula 中减去建筑成本,表中标注 Δ 的样本点只会更多而不会减少,因为更高的单位土地面积建筑成本只会更加减少城中村的净租值。所以这就是说在分析的时候可以先不考虑建筑成本,在比较结果出来之后再考虑是否需要加入建筑成本作为考量。而最后的结果表明,即使不考虑密度导致的成本增加,在深圳市也有超过 67% 的城中村的效率低过它们周围的非城中村小区。这个数字在广州市是 77%,而在西安市是 79%。这就是说,考虑建筑成本只会加强而不会削弱这里的结论。

对于没有登记为 Δ 的那些样本点(深圳市有 33%,广州市有 23%,而西安市有 21%),一个可能的原因是因为规划标准定的偏低。没有登记为 Δ 的非城中村样本的平均建筑密度为深圳市的 0.31,广州市的 0.315,以及西安市的 0.29。这些数据基本符合国家针对城市多层建筑的规划标准(0.25 到 0.3)。比如这个标准在深圳市是 0.25(深圳市规划和国土委员会 Land and Planning Council,1997,2004,and 2007)。但是登记为 Δ 的非城中村小区的平均建

---

① 表中的租值是四舍五入的值。比较结果时则是依据的四舍五入之前的实际 rpula 值。

② 高度可能会影响单位面积的建筑成本,但因为对于两类样本来说高度基本上是控制到差不多的,所以高度的影响已经被降到了最低。除此之外,城中村的单位建筑成本也会略低,但因为是处在同一个市场,所以建筑成本的差异应当不会有一倍之多。考虑到建筑密度的差别以倍计,那么即使单位建筑成本有差异,在乘以建筑密度之后这差异也会基本抵消。

深圳市

表 4.2　深圳市的 46 个城中村样本和其邻近的非城中村小区的对比

城中村名称	序号	rpuha	sc	rpula	非城中村名称	rpuha	sc	rpula	比较
黄贝岭村	1	20	0.58	12	景贝北小区	31	0.24	8	
坳下村	2	19	0.54	10	鹏兴花园	36	0.35	13	△
水库新村	3	25	0.45	11	东湖丽苑	37	0.41	15	△
布心村	4	21	0.51	11	布心花园	29	0.29	9	
湖贝新村	5	25	0.59	15	新风花园	36	0.40	14	
向西村	6	27	0.63	17	文星花园	44	0.40	18	△
水贝村	7	17	0.63	11	贝丽花园	38	0.40	15	△
木棉岭村	8	15	0.57	9	理想家园	34	0.44	15	△
大芬村	9	16	0.51	8	茂业城	24	0.41	10	△
田心村/笋岗村	10	23	0.59	14	金丽花园	32	0.41	13	
蔡屋围村	11	26	0.56	14	松园南小区	37	0.37	14	
蔡屋围新十坊	12	32	0.60	19	滨苑小区	41	0.32	13	
巴登村/埔尾新村	13	18	0.58	10	滨江新村	41	0.24	10	△
下水径新村	15	11	0.56	6	又一村花园	23	0.31	7	△
沙埔头村	16	28	0.57	16	爱华小区	50	0.40	20	△

续　表

城中村名称	序号	rpuha	sc	rpula	非城中村名称	rpuha	sc	rpula	比较
赤尾村/福田村	17	33	0.69	22	福滨新村	41	0.32	13	
田面村	18	34	0.58	20	富荔花园	43	0.38	16	
岗厦东村	19	27	0.50	14	深大花园	43	0.23	10	
上梅林村	20	22	0.55	12	梅林四村	34	0.32	11	
新洲村/石厦村	21	26	0.49	13	新洲花园	39	0.25	10	
沙尾村/沙尾东村	22	24	0.53	13	好景蒙园	34	0.31	11	
河背村/梅富村	23	17	0.56	10	锦林新居	37	0.40	15	△
白石洲村	24	25	0.55	14	世界花园	40	0.40	16	△
新屋村	25	17	0.53	9	龙都花园	42	0.26	11	△
湾厦村	26	20	0.52	11	湾夏花园	32	0.34	11	△
后海村	27	22	0.49	11	招商名仕花园	44	0.29	13	△
北头村①	28	25	0.38	9	南新苑	36	0.27	10	△

① 在2012年8月,作者实地考察了北头村以检查该村的不寻常的低建筑密度。现场分析得出的结论就是,可能是因为这个村的一些农户经济比较拮据,所以他们的一些房子只有1到2层楼高,这在卫星图片上很难确认。实际中的考察结果是这里建筑密度要更高。但不管理解即使考察如何,这个特例进来也不会对总体的分析结果有显著的影响。这个例子也不能被理解为这是村民合作的典范。

续 表

城中村名称	序号	rpuha	sc	rpula	非城中村名称	rpuha	sc	rpula	比较
南水/水湾村	29	24	0.59	14	南水小区	35	0.30	11	△
兴华路村	30	16	0.46	7	富恰花园	24	0.35	8	△
乐群村/共乐村	31	11	0.57	6	双龙花园	28	0.35	10	△
宝乐新村	32	15	0.47	7	蟠龙居	32	0.33	11	△
盐田新一村	33	18	0.60	11	碧海湾花园	34	0.25	9	
万家萌路	34	16	0.54	8	丽莎花都	30	0.31	9	△
建安一路	35	13	0.51	7	富东花园	25	0.31	8	△
民治路	37	12	0.56	7	榕苑	27	0.31	8	△
东泉新村	38	11	0.50	5	世纪春城一期	31	0.28	9	△
松仔园村	39	8	0.54	4	日出印象	31	0.27	8	△
华富村	40	11	0.45	5	华垦苑	24	0.30	7	△
弓村	41	11	0.48	5	世纪华庭	29	0.25	7	△
三联弓村	42	7	0.52	4	美丽365	31	0.31	10	△
大和路	43	13	0.59	7	中航格澜郡一期	35	0.24	8	△
五和大道1	44	13	0.57	7	星光之约	25	0.35	9	△

城中村名称	序号	rpuha	sc	rpula	非城中村名称	rpuha	sc	rpula	比较
五和大道2	45	10	0.53	5	家和花园	33	0.44	15	△
坂雪岗村	46	12	0.51	6	中海日辉台	38	0.26	10	△
龙翔大道	48	9	0.57	5	园景花园	18	0.22	4	
吓岗二村	49	9	0.50	4	鹏达花园	18	0.35	6	△

表 4.3 广州市的 26 个城中村样本和其邻近的非城中村小区的对比

广州市

城中村名称	序号	rpuha	sc	rpula	非城中村名称	rpuha	sc	rpula	比较
东沙街新爵村	1	13	0.58	7	金宇花园	22	0.29	6	
沙涌村	2	14	0.69	10	鹤建里小区	20	0.4	8	
黄竹岐罗村	3	14	0.5	7	逸彩庭园	32	0.28	9	△
茶滘村	4	16	0.58	9	合兴苑	27	0.25	7	
瑞康村	5	11	0.59	7	穗发花园	45	0.41	18	△
鹅掌坦村	6	16	0.59	9	金德苑	24	0.33	8	
螺涌村	7	14	0.57	8	锦翠苑	27	0.44	12	△
同德村	8	11	0.58	7	积德花园	24	0.43	10	△

续　表

城中村名称	序号	rpuha	sc	rpula	非城中村名称	rpuha	sc	rpula	比较
三元里村	9	16	0.57	9	和润花园	39	0.5	19	△
石牌村	10	15	0.55	8	暨南花园	36	0.4	15	△
棠下村	11	14	0.54	8	骏景花园	35	0.34	12	△
天河村	12	29	0.61	18	天河街小区	40	0.39	16	
景泰社区	13	16	0.55	9	云苑新村	30	0.35	11	△
康乐新村	14	14	0.52	7	雅怡居	29	0.45	13	△
程界西村	15	18	0.54	10	东和花园	29	0.48	14	△
珠江村	16	11	0.52	6	荔园小区	22	0.34	8	△
车陂村	17	18	0.56	10	金东花园	20	0.53	11	△
大塘村	18	14	0.55	8	聚德花苑	31	0.23	7	
沥滘村	19	16	0.56	9	南洲花苑	30	0.42	13	△
洛溪村	20	16	0.61	9	海天花园洛湖居	31	0.51	16	△
沙湾涌口村	21	10	0.62	6	星河湾一期	29	0.33	9	△
里仁洞村	22	12	0.67	8	锦绣香江紫荆园	26	0.35	9	△
小罗塘村	23	9	0.61	6	祈福新村蝶舞轩	25	0.36	9	△

续　表

城中村名称	序号	rpuha	sc	rpula	非城中村名称	rpuha	sc	rpula	比较
京溪村	24	15	0.63	9	恒骏花园	36	0.45	16	△
蟹山村	25	13	0.57	7	云东小区	27	0.47	13	△
集贤庄	26	13	0.63	8	依云小镇	28	0.41	11	△

表 4.4　西安市的 24 个城中村样本和其邻近的非城中村小区的对比

西安市

城中村名称	序号	rpuha	sc	rpula	非城中村名称	rpuha	sc	rpula	比较
瓦胡同村	1	10	0.57	5	曲江假日新家园	25	0.36	9	△
潘家庄村	2	11	0.6	7	世东星城	18	0.32	6	
丁白村	4	12	0.54	7	紫薇花园	22	0.37	8	△
王家村	5	11	0.61	6	青龙小区	23	0.45	10	△
延兴门村	6	9	0.53	5	千户社区	18	0.37	7	△
韩森寨村	7	12	0.64	8	韩森寨二十八街	17	0.37	6	
枣园苏村	8	6	0.51	3	鹿塬温泉小区	12	0.4	5	△
卞家村	9	5	0.59	3	唐都医院家属楼	12	0.36	4	△
和平村	10	6	0.6	4	西围新嘉园	14	0.42	6	△

续 表

城中村名称	序号	rpuha	sc	rpula	非城中村名称	rpuha	sc	rpula	比较
郭家村	11	5	0.67	4	蓝箭小区	14	0.4	6	△
十里铺西村	12	10	0.64	7	百家花园	15	0.26	4	
井上村	13	10	0.65	7	长安易居	16	0.44	7	△
新房村	14	7	0.59	4	新房绿色花园	12	0.43	5	△
长乐坡村	15	10	0.61	6	荣德棕桐湾	19	0.2	4	
等驾坡村	16	8	0.69	5	阳光小区	16	0.33	5	△
唐家村	17	9	0.66	6	西京社区	22	0.29	6	△
枣园村	18	9	0.75	6	枣园小区	18	0.27	5	
蒋家湾村米家崖村	19	5	0.7	3	华清园	14	0.27	4	△
长里村	20	6	0.67	4	付村花园	16	0.55	9	△
东三爻堡村	21	12	0.57	7	三兴园	19	0.43	8	△
茅坡村	22	4	0.67	3	智慧城	16	0.31	5	△
八里村	23	17	0.54	9	东八里小区	24	0.43	10	△
甘家寨村	24	12	0.59	7	枫叶新家园	21	0.35	7	△
杨家村	25	11	0.51	5	明德花园	21	0.34	7	△

筑密度要更高一点：在深圳市为 0.33，在广州市为 0.412，而在西安市为 0.384。这表明规划标准定得太低（低于最优值 x^*）也会过时，从而导致扭曲。当然，具体来说这些规划标准是否真的偏低仍然有待进一步研究，这并不是本研究分析的范围。

第五节　理论讨论

上面的数据分析表明从统计显著性而言，至少在研究进行的这段时间，城中村的租值耗散要大过它们的非城中村对比项。如同下面图 4.3 所展示的，左边表示的是 Ruv＜Rnon＝Optimal 的情况，而右边表示的是 Ruv＜Rnon＜Optimal 的情况。在这两种情况里，Ruv 都小于 Rnon 而且城中村的建筑密度都高于最优密度 x^*（城中村的建筑密度高于非城中村，所以标注在图中时城中村一定是在非城中村的右边），这就是说城中村的密度过高（一定是超过最优建筑密度的过度发展），而这是一种资源配比的扭曲，意味着更多的租值被损耗掉。

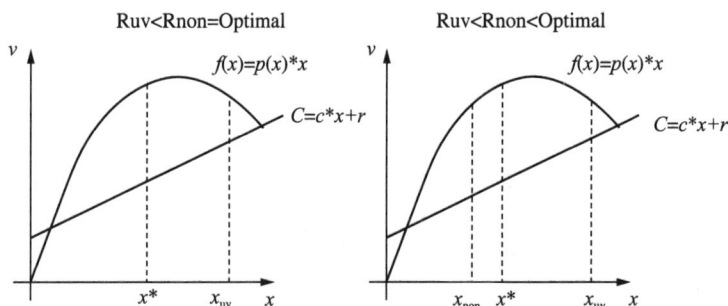

图 4.3　最优建筑密度以及观察到的城中村和非城中村的样本的实际建筑密度的两种可能标示

传统的新古典理论并不能单独解释上述的观察。如果不考虑其他因素的话，新古典经济学推导出来的开发强度应当是相差无几,也就是说在城中村和非城中村中应该是无差别的,都应该是保持在最优点。然而这样的预测和这里观察到的规律性的现象是矛盾的。要合理解释这一现象,就需要求助于新制度经济学。新制度经济学最初是用来解释外部效应的,从新制度经济学的视角看,负外部效应就是说个人利益的最大化对他人造成了负面影响。张五常提到(Cheung,1974),这样的外部性可以发生在互相竞争的各方,随之而来的是导致租值损耗的生产变化。这样的例子包括Gordon(1954)提到的过度捕鱼的问题,Hardin(1968)提到的公共地的悲剧,以及 Knight(1924)提到的道路拥挤的问题。同时这样的外部性也可以发生在缔订合约的双方,而随之而来的就是生产变化或者合约变化,比如他提到的香港未成熟的重建的例子就是合约变化,而香港市区老旧化(urban decay)的例子就是生产变化(Cheung,1975,1979)。在所有这些例子中,个人最大化自身利益的同时会对他人造成伤害,而反过来说伤害他人换回的是个人的收益。如果对他人造成的伤害无须己方承担责任,也就是说缺少排他性业主对此伤害进行定价并索赔的话,那么就会产生非排他性收入(non-exclusive income),即受伤害一方奉献的收入,这样的话所有人都会争先恐后地去追逐这样的收入,从而用社会成本来最大化自身的利益。最后的结果就有两种可能,要么是扭曲资源配比(生产变化),又或者是导致交易取消、中断或者重设(合约变化)。

科斯(1960)提出了一个通过自愿交易解决上述外部性的可能性方案。在他的提议中,如果产权都能清晰厘定而且交易成本为零的话,竞争或者签订合约的双方都可以通过自愿交易来解决外部性并维持经济系统的最优。这个结果和谁拥有产权其实无关,因为不管谁拥有产权都不会影响最后的资源配置结果。科斯的提议后来被称为不变定理(the invariant theorem)。之所以被称之为不变定理就是说不同的产权配置会带来不变的最优结果。这个定理让大家认识到产权法和产权的重要性。不仅如此,它也启发大家说,如果交易成本不是零，那么最优结果可能就很难通过自愿交易来维持。这就让大家也意识到规管性法律的可能的作用以及其重要性。在科斯举出的牛群和玉米种植的例子中，如果不变的边界受到交易成本的影响，比如受到协商成本的影响，又或者是受到当其中一人破坏他人的产权时受害者要举证并要求强制执行赔偿令的成本的影响，那么此时一个外部规管者就可以重设二者的边界到最优点，同时规定合适的赔偿以及赔偿的方向（由侵犯者赔给受害者）。如果这样的外部判断可以在不断实践中总结成为经验的话，那么赔偿的额度甚至都可以标准化下来并作为规管性法律固定下来，此时这样的规管性法律就可以看成是通向最优效率的一条快捷通道。同时在很多场合下，由于影响是相互的，所以赔偿也是相互的和对等的，所以能有效抵消掉（赔偿是等额的同时赔偿的方向是双向的），那么这个时候作为规管性法律就无须具体设定赔偿额度和方向，而只需要强制性设定边界标准即可了。

这其实并不是要下武断的结论，也不是要给出放之四海皆准的解决办法，因为这样的规管看似简单，但其是否真的能提高效率还要取决于很多因素，比如实际的协商和自行执法的强制执行成本，法律执行成本，以及设定规管的成本等。在牛群和玉米的例子中，自行执法的强制执行成本，比如建一个篱笆的成本，其实并不高，这方法就可以反过来通过一个警示机制来降低协商成本。这样的话最优的边界可能就无须规管，可以通过自愿交换又或者直接执行的方式（取决于哪一种成本更低）来实现。所以这个时候，规管就显得多余了。而对于其他很多情况，如果设定规管的成本很小，那么设定规管就可能是比其他方式都更为有效。

前面分析的城中村的例子为上述的讨论提供了一个真实世界的诠释。如果没有外部性的话，那么由收益曲线和成本曲线共同决定的最优建筑密度必然对于所有村民来说都是成立的。但当有外部性时（比如一个村民的建筑密度的增加不仅会降低他自己建筑的单位建筑面积租金水平也会降低整个小区的单位建筑面积租金水平)，个人的利己行为就会对他人造成租值下降，但是这个行为却对自己的总租金造成提升(因为自己的可收租面积增加了)。这就是说因为他人的损失并不计入个人的收益公式，所以个人的收益曲线会上升，也就是说此时个人的最优建筑密度要高于原先的整体的最优标准 x^*。

如果所有的产权都是清晰厘定的而且交易成本为零，那么这样的外部性是可以通过自愿交易来解决的。比方说既然所有人都有权利增加他自己的土地上的建筑密度，那么如果其中一个人增加了建筑密度，那么其他人就会付他一个补偿让他不要增加密度。因为其他人需要付出的这个费用是比其他人的总损失要小的，所以这个交易的结果当然是可以有效地提升总体的效率。同时因为所有人都有同样的权利，那么当其中一个人付钱给他人时，他也同时可以从他人那里收钱。而且这个付钱和收钱的过程是完全相互的并且是等额的(付出的等于收到的)，所以其实付钱和收钱就可以抵消互免。进一步来分析，如果该城中村有 N 户人，假如要使得其中某一户不要增加密度，所有受到影响的村户需要一共付给他 10 元钱，那么受到影响的这 $(N-1)$ 户人家每户需要付出的就是 $10/(N-1)$ 元钱。因为权利是对等的，别人也可以通过声称要增加密度来收钱，所以收到之前这 10 元钱的这个村户也需要付给其他 $(N-1)$ 户村户每户 $10/(N-1)$ 元钱，也就是说他一共要付出 $[10/(N-1)]\times(N-1)=10$ 元钱。这样的话他在收到 10 元钱的同时又付出 10 元钱，这就等于他不收钱也不付钱。这样的一个可以互免的交易的最后的结果就是谁也不需要付给谁钱，而最后的约定就是一个密度协议，而这个协议会将所有村户的建筑密度都限制到最优密度 x^*。

但现实往往不像上面讨论的那样理想，因为有两个因素可以妨碍这样的密度协议的形成。第一个就是集体行动的问题。即便城中村的村民拥有权利的转让权，高昂的协商成本也会阻止密度协议的形成,使得大家无法通过自愿交易来达成协议,除非说这里所有土地的所有者是同一个人,如果这样的话协商成本就被内部化了。而如果协商成本不能内部化的话,即使有清晰的产权,协商成本也可能会非常高昂,阻碍协议的达成①。考虑到每个村庄的村户数目都很多,所以信息不畅通的情况肯定是存在的,这会增加协商成本。而且一个村有这么多户人的话就一定会有一些人是机会主义者。机会主义者会采取投机行动,这不仅是因为他们看到别人阻止自己投机需要付出高额的执法成本,也可能是因为认知能力和经济能力的异质性(这说的是投机者认为别人可能没意识到自己的投机会给他带来损失,又或者其实他意识到了但是没有经济能力来应对)。这就是说,通过自行协商来达成惠及所有人的密度协议是很难的一件事情。这也就意味着,这里的协商成本相对来说无穷大。除自行协商外,将协商成本内部化也是曾经的一个选项,但却仅仅只是选项而已。如同在介绍部分提及的,一个村可能会有几百户人家,对于特定的时点来说(早期阶段),对于政府和开发商来说要直接征用所有的土地都是很困难的,因为组织协商成本太高了。对于一个有上百户人家的典型村庄来说,要让所有人都同时在政府提出的一个征地协议上签字是一项很大的任务。而且在我国城市化的早期,更多的情况是政府给出的征地补偿水平比起村民自建房出租的收益来说实在是太低没有吸引力。而且在那时候,对于开发商来说,征收村民的宅基地是很不划算的机会成本很高的一个选择,因为在那时还有很多更便宜的空地(比如农地)可以供开发之用。

根据 Alchian-Allen 定理(Umbeck,1980),对于某个交易附加

---

① 这里有两个原因。第一、如果某人可以占他人便宜而其他人要阻止他的执行成本很高,那么别人就很难阻止这个人的行为,除非说这个人是个利他主义者,而他是利他主义者的概率很小。第二、即使其他人可以采取特定的行动通过还击使得这个人无法占他人便宜(当然要实现这一点大家都需要付出一定的成本),但如同之前在城中村的例子中讨论过的,总是会有机会主义者想要碰运气。

一个显著的进入费用,要么会导致交易取消,要么就会导致交易行为发生改变。在城中村的例子中,村民之间的高昂组织协商成本和接受政府补偿方案获得的收益比较起来往往太高,因此,内部化协商就很难实现。

第二个问题是法律方面的。自行协商在产权清晰的时候尚且困难,当产权不清晰的时候就更困难了。当某个村民增加自己的建筑密度时,他的实质目的就是企图享用他人的开放空间而不付任何费用。如果法律能够惩罚他并勒令他付费的话,那么他当然会减少自己的建筑密度回到最优点,这是因为这惩罚的额度可能会大过他通过额外建设所能获得的收益。在正常情况下,抓住这样的机会主义者并将他诉之于法庭的成本虽然很高,但还是可以计算的。但在城中村的例子中,情况就比较特殊。在城中村中,村民并没有转让收益的权利,他们只拥有对于宅基地来说用于自住的那部分权利。出租的收益理论上应当是属于国家的。当然,因为监管比较困难,所以村民们往往可以悄悄地出租房屋以获利,而政府也很难监督和惩罚他们。但如果他们企图去法院起诉他人并要求他人补偿他们的出租收益的话,法院却是万万不可能支持的。除非说自住的限制可以完全去掉,而转让出租收益的权利能够被赋予给村民(出租的收益比自住的要高),否则法院不可能支持村民的诉求。所以,即使是诉诸法律都是不可能的。在这种情况下,如果某个村民侵犯了其他村民的权利,即便是执法者也找不到合适的法律来援引。正常的法制情况下用到的诸如法院勒令侵占者付出一个大于他的增加密度所能获得的收益的费用给受害者从而使得侵占者约束自己的行为的办法在这里并不适用,因为受害者本身并没有接受这赔偿的权利。而也正是因为自住这个模糊的定义,即便法院企图将补偿款(侵犯者需要付给受害者的补偿)分割,其中一部分用于补偿村民自住的损失而另一部分用来补偿国家也是行不通的,因为根本没有法律来支持这种分割和量化分割的比例。所以这就是说,要想在城中村通过法律诉讼来协调密度的执法成本很高。在这样的环境下，自行协商的成本甚至会放大，因为更多的人会因为法律约束的缺失而被同化成为机会主义者。

当规管者试图依靠制定一个规管条例来降低成本，保护权利并降低密度的时候也会遇到同样的问题。一项规管条例只有在权利很清楚的时候才是合法的和具备可执行性的功能。当产权不完整也不清晰的时候，规划条例很难被制定也很难被执行，这也就是说规管成本是很高的。

总结起来，要让村民们说服自己的邻居使他们相信应该减小建筑密度从而提高整体租值的成本是很高的。像这样的建立在不完整产权的自行协商的一个协议即便在一开始就存在，之后也是很难维持的。要将所有产权内部化，或者通过诉诸法律来解决矛盾，或者通过规划规管来解决问题的成本也很高。所以结果就是，一旦某一户打破了均衡选择增加密度损人利己，那么其他所有人都会别无选择而只能跟从。当然也会存在某些村民为了生活得更舒适，执着地不愿意增加建筑密度的情况，但考虑到他们这样做需要放弃给别人的高额租值，这种心理上的不愿意变为实际行动的机会很小。同时，即便村民在增加密度之前能够预计到别人也会做同样的事情所以最后的结果一定会是双输，但投机心理以及投机可能的获利的诱惑也会驱使他们继续增加密度。最后，密度协议的坍塌是必然的事，而所有的村民都会尽量增加自己的建筑密度，而无视可能带来的整体租值损失以及还有可能发生的政府针对过度建设的惩罚。这样的结果就是每栋建筑和相邻建筑之间的公共空间就会变得很小，整个城中村会形成低价值的过度建设的建成环境。(图 4.4)展示的就是最后形成的实际结果的一个城中村样本，图中可以看到建筑与建筑之间的公共空间被压缩成了一条缝，而小区的建成环境变得很差。尽管这样的结果堪称悲剧，但这个结果却已然是在给定条件下，所有可能的社会安排中代价最小的一个了。

图 4.4　深圳市的一个城中村中建筑与建筑之间的很小的公共空间的示范(照片由作者实地拍摄)

　　这个结果可以理解为和囚徒的困境类似(Flood，1958)的一种情况。在囚徒的困境中，所有人都选择损人利己，但最后，所有人都是既损人也损己。这种"你跳，我也跳"的均衡，也就是通常说的纳什均衡(Nash，1951)，当然是效率很低的。实际上，纳什均衡只是外部性无法解决的一个特例，说的是因为犯罪信息的产权不清加上罪犯被隔离之后相互联络的交易成本很高所带来的戏剧性结果。详细说来，因为在囚徒困境中，罪犯被隔离审讯，所以他们之间无法通过协商和交易来达成不认罪的协议，同时即使罪犯在犯案前可能有口头协议,但这个协议从心理上来说也是不牢靠的存在变卦的可能。这就是说,依靠协商来达成牢靠协议的成本很高。在这里关于犯罪的信息的权属是不清楚的,谁也不知道应该归属于哪一个罪犯,而且保留这样的信息从法律意义上来说也是非法的,那么罪犯当然不可能去通过诉讼来控诉别人泄露自己的犯罪信息,同时显而易见也不可能有合法的规管去限制别的罪犯泄露信息。此时要想串供成功,唯一的希望就是依靠黑帮家法,而黑帮家法可能就是一种另类的产权厘定和规管。如果没有黑帮家法的话,纳什均衡预测的所有罪犯都招供的情况是很难以避免的,因为这是所有选项中成本最低的。当然,在这里暂时不会详细讨论如何将博弈论纳入新制度经济学的框架,这只是说,尽管情形类似,但新制度经济学的解释比博弈论的解释更具体更清晰,也就是说在这里用不完整产权来解释遇到的法规和规管失灵的情况,内部化难以实现的情况,以及通过自行协商来建立和维持一个低密度协议很难的情况(维持成本很高),就已经具备足够的解释力了。

对于这里提到的这个问题,是否还有其他的解释?看起来到目前为止还没有已公开发表的其他解释,但不可否认的是,平行理论(平行理论指的是针对同一事实同样也具备一定解释力的其他理论)是必然存在的,所以需要进行适当地分析。一个较为简单的平行解释是说城中村的租值损耗是由环境差和管理差导致的,这个解释从一定意义上来说是道理的。但这个解释从逻辑上来说可能是不如本章的解释通顺,因为不管是环境还是管理都可以看成是高建筑密度和低租金的结果,而不是原因。城中村的高建筑密度会降低土地租金,而同时会增加人口密度。这就给了村民人均更少的资源来进行维护。同时,低租金也吸引了低收入移民或者城市贫民入住,这些人负担不起额外的维护也不会去负担额外的维护。所以结果就是在城中村维护一个好的生活环境并不容易。

另一个解释是说,村民建房屋更多是为了获得更多的政府补偿,尤其是在即将有拆迁改造的时候。这个解释假定政府是非理性的,这有违事实,因为政府实际上很精明。拆迁补偿是和租值直接挂钩的,所以任何增加自己的建筑密度的行为都会降低整体的补偿价格。当然如果别人不增加密度,那么这个增加密度的人自然会获得更多补偿,但如果别人也增加密度,那么个人增加密度所获的补偿应该是更少而不是更多。实际上这和收租是一个道理,别人也都很精明,你如果增加密度企图获得更多补偿,那么别人也都会相应地增加密度,但是最后没有人会得到更多补偿,因为政府是理性的。当然,可能在某些特殊的情况下政府或者开发商会偶尔有非理性行为,使得村民得逞,但在绝大多数情况,政府或者开发商都是理性的。所以其实这个企图获得更多补偿的解释在调整了针对政府的理性假定之后和这里之前提到的企图获得更多租金的解释实际上是同一套逻辑,并不矛盾。

　　还有一种解释,说的是低租金是城中村建筑属于非法出租的结果,但这个解释在理性主义的逻辑上是行不通的。非法性当然会增加风险降低价格。但考虑到高密度住房和低密度住房并不在同一个市场竞争,而城中村的住户多是农村来的移民或者是城市贫民(He et al,. 2010),他们并不可能去租住正式的低密度住宅,所以村民没有必要给予他们额外的折扣,仅仅是为了吸引他们入住。而且,租房是一个长期交易,交易期少则几个月多则几年,所以普通黑市中的低价快销然后就跑路的思路也是不适用的。而且,因为城中村违建出租的情况实在太普遍,政府出于成本考虑根本难以查处,所以村民出租房屋的违法成本实际上是很低的,那么他们也就完全不需要给予租户折扣价。还有一个延伸的解释说的是为了避免和低密度非城中村小区直接竞争,村民们会故意加大密度专门服务低收入阶层这个市场,这就避免了在和非城中村小区竞争时的价格战的可能失利。但这个解释也是行不通的,因为这样做是一项失败的长期战略,因为在拆迁的时候村民会面临更少的补偿,所以这不符合村民的长期利益。

第六节　结　　论

这一章的开始简单回顾了我国的城中村的背景和其土地产权制度。之后列出数据表明这些城中村通常具备建筑密度更高而出租的租金却偏低的特征。在本章里列出的深圳市的 46 个，广州市的 26 个，以及西安市的 24 个城中村样本中，大部分的城中村都可以说是过度发展的。过度发展的代价就是单位土地的租值较低，这就形成了租值损耗。在讨论了其他可能的解释之后，这里给出的最佳解释是说产权的缺陷，交易成本以及可能的高收益和低概率的惩罚可能是决定村民是否会选择违法并过度建设的主要原因。

更进一步的研究可以在具体讨论拆迁改造的数据时进行。这章的分析应该已经足够帮助我们理解城中村高密度低租金的原因。我们可以看到，在给定的不完整产权的条件下，过度发展已然是各种选项中的最佳，也是最后的必然结果。对于规划规管的作用，这里可以肯定的是，假如合适的规划规管可以毫无成本地在城中村中施行（当然这其实是不可能的），那么这必然会提高城中村的土地利用效率，而这里讨论过的悲剧的结果也就可以避免成为必然。

当然，规划规管也是有成本的，所以对于那些有完整产权的非城中村小区来说，设置一定的规划管制是否是效率最高的选项仍然需要进一步研究，因为在数据里也确实发现可能有规划失误的情况。但是不可否认的是，虽然其效果有时候会差强人意，但规划的初衷可能还是为了在当自行协商和法律诉讼成本过高的时候通过建立一个低成本的环境来保障效率的。我们也不能否认，在很多情况下规划规管也确实是具备以低成本保障高效率的可能性的，因为大规模的协商和自行执法在很多时候都很困难，而且法律诉讼和执行在很多时候其成本也确实是太高。

科斯在其关于社会成本的经典文章中提到（1960，p.10—11），同样的，没有理由认为在某些场合规划规管不会带来经济效率的提升，而要想得到确切的答案，我们需要对于不同的处理方式的具体结果进行详细的比较和调查才能得知（"...equally there is no reason why, on occasion, such governmental administrative regulation should not lead to an improvement in economic efficiency..." and "This...has to come from a detailed investigation of the actual results of handling the problem in different ways"）。

实际上，我们有理由相信，受到最初的制度环境的制约以及具体要研究的问题的属性的影响，任何选项，包括自行协商、法律强制执行、产权内部化成单一产权、规划管制，又或者这里展现的悲剧性的结果，只要是成本最低，都可以是特定情况下的最佳选项。从这个意义上来说，这里提到的城中村和非城中村的对比研究可能确实作为一个特殊的真实世界的案例阐释了科斯上述的想法。

第五章　城中村改造的经济分析

第一节　介　　绍

　　在之前的第四章提到,在国内的城中村建设过程中会出现过度建设的情况,而过度建设会导致明显的土地租值损耗。同时之前也提到是由于不完整和不清楚的产权、交易成本,以及相应的缺乏有效的建设规管综合在一起造成了这样的悲剧性的结果。通过比较从三个主要城市(深圳市、广州市、西安市)搜集到的 96 对样本,第四章里的发现就是和非城中村小区相比较,平均下来有 72% 的城中村样本是过度建设的,这是一种建了更多,反而收到的租更少的特殊结果。依据制度经济学的理论,过度发展的问题可以被归类为一种在有问题的制度环境下产生的生产变化(资源组合的扭曲)。这种变化很自然会带来一系列的随之而来的变化,比如接下来要讨论的合约变化,出现合约变化的原因是先期的发展结果会使得拆迁改造的条件变量相应地产生改变,而这就是这一章将要讨论的主要问题。

从建成一个建筑小区到拆迁这个建筑小区的全周期内,会出现各种情况,比如设计会变得过时,市场环境会变化,或者简单的就是建筑会老化。这些情况都可能会导致租值出现相对地降低,对于这些降低我们可以称之为自然损耗。这就是说一个小区会有一个经济寿命,当小区提取土地租值的能力降低到一定程度的时候这个小区就会被拆迁,取而代之的则是一个新的小区,而这个新的小区的提取土地租值的能力会更强。这是一种经济选择的结果。这个经济寿命可能会比小区的物理寿命要低,因为很多时候在建筑物还能用的时候其设计就可能已经非常过时了。这就像是你买了台iphone手机,手机的物理寿命有 5 年,也就是说正常使用的话 5 年都不会坏,但当手机还没有用坏的时候苹果公司就出了新款,于是你很可能就会换用新款而不再用老款了,此时老款的使用寿命对于你来说就很短,会远短过其物理寿命。

本章里所做的一个实证研究表明城中村建筑的预期经济寿命要比非城中村建筑显著地短。这个研究分析了深圳市的 16 个非城中村小区、广州市的 14 个,以及西安市的 10 个。得出的结论是在各个城市这些非城中村建筑的平均经济寿命为 19.8,22.5,以及 28.9 年。这里的非城中村建筑的拆迁资料是通过政府网站找到的,其来源是三地政府所发布的拆迁公告。而同时研究也在线调查了深圳市的 1054 个城中村住房出租样本,广州市的 138 个,以及西安市的 122 个。根据从租房网站上贴出的上述样本的出租信息的总楼层就可以换算估计得出城中村建筑的建成时间从而进一步计算出城中村建筑的年龄。这些调查和计算表明,同样是在这三个城市里,城中村建筑则要新得多,分别为 12.1,12.2,以及 14 年。但根据政府通告可以得知,很多这些新建筑早已经被列入更新改造项目而拆除,而剩下的也大部分已被列入拆迁改造计划。这就是说,这些城中村的建筑的预期寿命要比非城中村的建筑短得多。这毫无疑问是一个需要解释的规律性现象。

这个现象可以和第四章分析的租值耗散的问题联系起来解读。第四章提到城中村的有缺陷的制度环境会导致过度开发,因此造成了城中村中土地的租值损耗。租值损耗可以导致拆迁条件更容易被满足,因为拆迁后的新建筑和原建筑的租差会比正常的要大。除此之外,这章的后面部分还将会提到,产权不完整导致的政府村民之间的互动会产生收入转移效应,而且城中村拆迁改造的协商成本要比正常低,这些都会导致拆迁城中村比较有利可图。所有上面提到的原因合在一起,就是本章将要分析的城中村建筑过早地被拆迁改造的制度归因。

第二节　观察到的数据

在近几年里,在全国范围内有城中村的城市中,各地的地方政府都规划和开展了很多城中村改造项目。在深圳市,政府的计划是在 5 到 10 年内改造更新 100 个城中村。深圳市在 2006 年公布的城中村改造 5 年计划中列出了 1150 万平米的城中村建筑作为全面拆除的对象(深圳市人大,2006)。同时这个计划还将 3370 万平米的城中村建筑列入了政府主导的改造和环境提升计划。而 2006 年的详细年度计划中还将 40 个城中村列入要完全拆除的范围,这个计划同时又将 73 个城中村列入了更新和环境提升的范围(深圳市国土和规划委员会,2006)。而之后在 2007 年,政府出台的一个补充计划又新增了 45 个城中村进入完全拆除的范围。这个补充计划还同时新增了 70 个城中村进入更新和环境改造的范围(深圳市国土和规划委员会,2007)。这个详细计划和补充计划加总总共列出了需要完全拆除的城中村有 85 个(大约占深圳市城中村总数的25%),同时列出的需要更新及环境提升的城中村有 143 个(大约占深圳市城中村总数的一半左右)。到 2011 年,实施的结果是政府已经拆除了大约 18 个城中村。下表(表 5.1)就列出了这 18 个城中村以及它们拆除的具体年份。

表 5.1 从 2006 年到 2011 年深圳市拆除的城中村

名　　称	行政区	拆迁年份
莲塘旧村	罗湖区	2007
田贝村	罗湖区	2006
黄贝岭旧村	罗湖区	2011
西岭下南村	罗湖区	2010
湖贝旧村	罗湖区	2011
岗厦西村	福田区	2009
下沙村	福田区	2009
田厦新村	南山区	2006
桂庙新村	南山区	2006
大冲村	南山区	2010
南光村	南山区	2007
水湾村	南山区	2009
暗径东村	盐田区	2007
上渔村	盐田区	2008
上合旧村	宝安区	2007
郭吓村	宝安区	2008
罗瑞合旧村一期	龙岗区	2010
回龙埔旧村一期	龙岗区	2009

在广州市,一个类似的计划将 52 个城中村(大约占广州市 139 个城中村的 37%)列入了完全拆除的范围(广州市人大,2009),这

个计划同时注明被列入计划的 52 个城中村中的 14 个需要在 2012 年之前拆除。下面的表格(表 5.2)列出了这 14 个城中村以及它们的具体拆除年份。

表 5.2　到 2012 年为止广州市拆除的城中村

名　称	行政区	拆迁年份
杨箕村	越秀区	2011
琶洲村	海珠区	2011
沥滘村	海珠区	2012
红卫村	海珠区	2011
花地村	荔湾区	2008
东漖村	荔湾区	2011
猎德村	天河区	2007
冼村	天河区	2012
林和村	天河区	2010
小新塘村	天河区	2011
棠下村	白云区	2010
横沙村	黄浦区	2011
文冲村	黄浦区	2012
暹岗村	萝岗区	2009

西安市的情况也差不多。在西安市,被列入政府的城中村第一阶段改造任务的城中村有 83 个,这大约占该市总共 326 个城中村的 25%(西安市人大,2009)。而到 2011 年,实际拆除的城中村有 36 个。下表(表 5.3)列出了这 36 个城中村以及它们的具体拆迁年份。

表 5.3 到 2011 年为止西安市拆除的城中村

名　称	行政区	拆迁年份
枣园刘村	灞桥区	2010
穆将王村	灞桥区	2010
边家村	碑林区	2009
金花落村	碑林区	2009
旅馆村鲁家村	碑林区	2009
草场坡村	碑林区	2008
南郭村	碑林区	2008
永宁村	碑林区	2008
南关村	碑林区	2008
祭台村	碑林区	2009
白家口村	莲湖区	2009
大土门村	莲湖区	2009
郭家口村	莲湖区	2009
建新村	莲湖区	2009
五一村	莲湖区	2009
杨家围墙村	莲湖区	2009
陈家寨村	莲湖区	2008
丰禾村	莲湖区	2010
解家村	莲湖区	2010
二府庄村	莲湖区	2011
中堡子村	莲湖区	2010
新小寨村	曲江新区	2009
瓦胡同村	曲江新区	2011

名　称	行政区	拆迁年份
方家村	未央区	2009
浮沱村	未央区	2009
大白杨村	未央区	2011
北张家庄村	新城区	2009
胡家庙二村	新城区	2009
石家街村	新城区	2010
八府庄村	新城区	2008
后村	雁塔区	2009
齐王村	雁塔区	2009
延兴门北村	雁塔区	2010
西姜村	雁塔区	2010
响塘村	雁塔区	2010

　　每个城市的政府都列出了城中村改造的原因，一个常用的说辞是城中村的环境太差。这是表面上的原因，而实际上一个没有列出的隐含的原因可能就是这些城市在近些年的城市化进程太快，导致土地稀缺，土地的供应无法跟上需求的上涨所以需要从旧城改造中获取土地资源。基于后面这个原因，政府往往需要考虑拆除旧的低矮的小区，建设新的高层建筑以满足需求的增加。不管是哪个原因，这些其实都指向同一个判断，就是说城中村在土地利用方面的效率较低，跟不上城市需求的变化，因此需要改变。这其实是自然现象，因为在住房需求的上涨和建筑老化的双重压力下，旧建筑在产生租值方面必然变得低效，旧小区的环境也必然变得更差，所以拆旧建新似乎也是天经地义。出奇的是，在同样的市场环境里，被大力推动拆除的城中村建筑却不是城市里最老的建筑（和其他非城

中村建筑对比),因为它们的大多数都建成不超过 20 年。而与此同时,城市里很多更老的非城中村建筑,环境其实也不见得有多好,却不在任何更新改造的计划当中。经验告诉我们,除非是列入保护范围的古迹,否则越老的建筑,应当是越优先拆除,但这里的事实就是,城中村的建筑明明普遍更年轻,但却早早地被列入了改造计划,同时很多非城中村建筑明明更老旧,却未被列入任何改造计划中,这其实是一件奇怪的事情。

在对上述现象进行解释之前,第一步当然是对上述事实进行进一步确认。这从实证上来说其实并不容易。首先要澄清的一点是,要比较建筑寿命,我们需要控制单位土地面积上的建筑物的尺寸。这主要是因为要重建一个小区,我们需要拆除现有的结构并做出补偿,也就是说,单位土地上的建筑物的尺寸越大,预计更新后的租差就需要越大才能弥补拆迁损失。而租差越大就意味着在同样的市场下要等待更久(等待市场需求上升到门槛值),所以该建筑物的拆迁计划就会越推迟,也就是说该建筑的预计建筑寿命就会越长[1]。这意味着,只有控制用来比较的两种建筑的尺寸保持一致(或者至少是相似),我们才能公平地比较出其他因素对于建筑寿命的差异化影响。在实际比较中,由于城中村建筑寿命较短是一个很普遍的事实,那么在比较中我们可以不排除那些尺寸较小的非城中村小区,这是因为如果尺寸较小的非城中村建筑寿命都要长过尺寸较大的城中村建筑的话,那么尺寸相当的非城中村小区的寿命必然会更长。当然,如果那些尺寸较小的非城中村建筑的寿命要比尺寸较大的城中村建筑的寿命要短,那么我们可能就需要重新调整样本,剔去这些非城中村样本,然后再做更精确的比较。

---

[1] 如果一栋建筑有电梯,那么它的单位面积建筑成本会高一点,这和建筑面积增加带来的成本效果如出一辙。

为简化采样过程,总建筑尺寸这个变量可以用高度来替代。因为基本上所有非城中村小区的建筑密度都低过城中村小区,那么合乎比较标准的非城中村建筑样本可以包括那些总楼层和城中村相当,或者更少,或者稍微多几层的。依据之前第四章用过的建筑密度数据可以计算出城中村和非城中村的平均建筑密度数字为深圳市的 0.54 和 0.33,广州市的 0.58 和 0.39,以及西安市的 0.61 和 0.36。这就给了非城中村小区一个楼层方面的自由度,也就是一个楼层范围,即用于比较的样本其楼层可以比城中村建筑的楼层大约高 1 到 2 层。因为城中村的平均楼层数为深圳市的 7 到 8 层,广州市的 4 到 5 层,以及西安市的 3 到 4 层,那么合乎比较标准的非城中村建筑的楼层数可以是深圳市的小于等于 11 层,广州市的小于等于 7.4 层,以及西安市的小于等于 6.7 层。而且因为城中村建筑一般都是没有电梯的多层建筑,所以为了控制建筑结构,非城中村的比较项应当也被进一步限定是 9 层以下的无电梯建筑(一般 9 层以上的建筑就都有电梯了)。限定之后的楼层标准是深圳市小于等于 9 层,广州市小于等于 7 层,而西安市小于等于 6 层。

我们还需要对样本做进一步的限定。因为绝大部分城中村拆迁都是为了局部范围的经济效率提升而进行的,所以非城中村小区的比较样本在选择时也需要遵循这一原则。也就是说,选中的非城中村小区其拆迁原因不能是为了城市范围的公共利益提升如建设高速公路这种基础设施建设项目,而只能是为了局部经济效率提升比如小区升级。这一条件可以过滤掉很多不合要求的样本。最后在浏览了过去 5 到 10 年的数千份政府拆迁通告之后在这三座城市选取了一共 40 个非城中村的样本用来比较。其中深圳市 16 个,广州市 14 个,西安市 10 个。下表(表 5.4 到 5.6)列出了这些合乎标准的非城中村改造项目以及它们建成时间,拆迁时间,以及拆迁时的建筑寿命。

表5.4 深圳市拆迁的非城中村小区的样本及其寿命①

名 称	行政区	建成年份	拆迁年份	拆迁寿命	楼高（层数）	备注
华泰小区	福田区	1990	2010	20	7	
建业小区	罗湖区	1991	2010	19	6	
龙溪花园	福田区	1991	2010	19	7	
南苑新村	南山区	1990	2010	20	7	
鹤塘小区	南山区	1993	2010	17	7	
海涛花园	盐田区	1989	2010	21	6	
金田新村	福田区	1990	2009	19	7	
中航苑多层	福田区	1990	2009	19	7	
中航北苑	福田区	1985	2008	23	7	
土畜公司宿舍	罗湖区	1990	2009	19	6	＊
福田口岸宿舍	福田区	1995	2009	14	7	
南园新村	福田区	1988	2007	19	8	
爱华小区	福田区	1988	2012	24	8	
香蜜新村	福田区	1990	2012	22	7	
竹园小区	福田区	1992	2012	20	7	
四海小区	南山区	1990	2012	22	6	

---

① 因为数据可得性的原因,表中的星号＊表示这些小区的楼层数是根据其建成年代估计的。在深圳市,1990 年前建成的住宅楼宇一般是 6 层楼左右。在广州市和西安市,这个数字被估计为 5,因为广州市和西安市的建筑要比深圳市要老一些也矮一些(深圳市是 1980 年代左右才开始建立的新城市)。

表5.5 广州市拆除的非城中村小区的样本及其寿命

名　　称	行政区	建成年份	拆迁年份	拆迁寿命	楼高（层数）	备注
黄花新村	越秀区	1984	2015	31	6	
青龙坊小区	越秀区	1990	2015	25	9	
邮电新村	越秀区	1991	2015	24	8	
广船鹤园宿舍	芳村区	1961	2000	39	5	*
橡胶新村	海珠区	1980	1999	19	5	
中科院广州分院宿舍	东山区	1985	2002	17	5	*
东风小区	越秀区	1985	1999	14	5	*
梅花园老干所	白云区	1984	2000	16	5	*
大沙头花园新村	东山区	1993	2002	9	8	
空军天河干休所	天河区	1980	2005	25	5	*
诗书路大院	越秀区	1995	2012	17	8	
珠江园	越秀区	1995	2012	17	8	
白沙墩十号	越秀区	1975	2009	34	5	*
农垦疗养院	天河区	1980	2008	28	5	*

表5.6 西安市拆除的非城中村小区的样本及其寿命

名　　称	行政区	建成年份	拆迁年份	拆迁寿命	楼高（层数）	备注
新西里小区	雁塔区	1979	2008	29	6	
生产小区	新城区	1993	2008	15	5	
糜家桥小区	gaoxin	1995	2011	16	6	
东新花园城小区	碑林区	1992	2007	15	6	
龙首村小区	未央区	1970	2005	35	5	*

名　　　称	行政区	建成年份	拆迁年份	拆迁寿命	楼高（层数）	备注
国棉四厂宿舍	灞桥区	1950	2002	52	5	*
交大一二村	雁塔区	1950	2007	57	5	
西航旧区	灞桥区	1990	2009	19	6	
车辆厂东花园	未央区	1986	2008	22	5	
东关南街八号	碑林区	1980	2009	29	5	

上面的表格列出了在上述三个城市中非城中村的住宅建筑的寿命分别为 19.8,22.5,以及 28.9 年。这里建筑完工年份以及楼层高度是从不同的房地产网站上搜集得来的。拆迁年份则来自政府的计划书或者官方的拆迁通告。

上述三个城市的城中村的建筑物年龄则是根据楼层数估计得来的。至于建筑总楼层数则是来自第四章里搜集租值数据时得到的楼层信息。在第四章搜集租值数据时,一共为深圳市搜集了 878 个有效样本,为广州市搜集了 469 个样本,为西安市搜集了 394 个样本。在这些样本中,广州市有 138 个样本有总楼层信息,西安市有 122 个样本有楼层信息。而深圳市的样本则没有楼层信息。作为补偿,在 2011 年 12 月针对深圳市单独做了调查,调查专门搜集了之前样本所在的城中村的楼层数据。这次调查一共为深圳市搜集了 1054 个样本的数据。

建筑物年龄则是根据楼层数据估计的。在深圳市的城中村里,大部分建有 7 到 8 层的楼房都是在 2000 年初建成的。Wang(2009)给这现象的解释是政府企图合法化违建的政策导致了限期之前的一波违建浪潮(深圳市人大,2001)。同样的,在该市建有 5 到 6 层楼的建筑则是建于 1990 年代,而那些少于 5 层楼的建筑则一般是建于 1980 年代(深圳市城中村改造整体规划工作组,2004)。

对于西安市的城中村，Shen（2003）做了一个类似的研究，他提到，一般来说4到5层的城中村建筑是建于1990年代末到2000年初，而少于4层的则是在1990年代初到1990年代中期建造的。关于这方面并没有找到广州市的文献，但考虑到该市目前普遍存在的楼层的情况，我们可以做出可行的估计，就是5到6层楼的建筑是建于2000年代而比这楼层少的则应该是建得更早。

在实际的转换中，公式是这样的。对于深圳市的数据，7到8层楼的城中村建筑其完工年份被标记为2000年建成。那些5到6层的则标记为1995年建成。同时3到4层的建筑则标记为1990年建成。对于广州市的数据，5到6层的建筑标记为2000年建成，3到4层的建筑标记为1995年建成，而三层以下的建筑则标记为1990年建成。对于西安市的数据，4到5层的建筑标记为2000年建成，3层的标记为1995年建成，而三层以下的则标记为1990年建成。根据上述估算方法计算的结果是在这三个城市中城中村建筑的平均建筑年龄分别为12.1，12.2，以及14年。当然，肯定还会有其他的估计方式，而且估计方式的不同也会带来结果的差异。但是考虑到城中村的建筑年龄和之前统计的非城中村的建筑寿命差别太大，所以相信即使不同估计方式可以带来一些结果差异，但这些差异也不会大到能颠覆最后的结论，即城中村的建筑年龄或者说预期建筑寿命（因为这些建筑都被列为近期拆迁计划，所以可以近似认为这年龄和建筑实际拆迁时的寿命差别不大）远小于非城中村建筑的拆迁时的平均寿命。

如果考虑样本的楼层高度要求，结论仍然是不变的。在深圳市和西安市，所有的非城中村样本都满足高度要求，所以不需要进一步的检验。在广州市，只有9个已拆迁的非城中村小区满足高度要求。但这些满足条件的小区的平均拆迁寿命为24.8年，仍然远大于城中村的值。

所以总结起来，基本可以确认的是，在这三个城市里，城中村建筑的预期寿命要短于非城中村小区的建筑,也就是说,城中村的建筑往往后建先拆。根据已拆迁的非城中村的建筑的数据可以确证非城中村小区的拆迁寿命要更长(而且很多非城中村小区还没有被拆也没有被列入拆迁计划,所以那些小区的预期寿命要更长)。但对于城中村的建筑,尽管它们的建筑年龄还很短,但是很大比例的这些建筑都被列入了拆迁计划中或者已经被拆迁,这就是说它们的预期寿命可能要比非城中村建筑短得多。

第三节　分析讨论

要解释上述的模式,这里采用了一个用于分析拆迁重建的门槛时点的定量框架。这里假设一个拆迁项目补偿原业主的主要方式是现金,同时假设拆迁重建后的总项目价值为 NV 而总建筑成本为 C。另外假设需要补偿给原建筑结构的价值为 CP,拆迁成本为 D,总的市场土地租值为 R。那么一个拆迁重建项目只有在满足下列条件时才可行。

这两个条件为:1) $NV-C-CP-D \geq 0$;以及 2) $NV-C-R = 0$。

将第二个等式代入第一个里面,我们得到 $R \geq CP+D$。因为 $CP=R'+C1$,其中 R' 表示的是拆迁前的项目可提取的土地租值,而 $C1$ 则表示拆迁前的旧建筑物的价值,所以 $CP=R'+C1$ 代入前式后可以得到 $R-R' \geq C1+D$。这就是拆迁重建的时间条件。这个式子表示的意思是当前后土地租值之差大于旧建筑的价值加上拆迁成本时,拆迁重建是可行的。

张五常在其关于租值管控和香港的建筑重建的文章中使用了一个类似的基本分析框架(Cheung,1975)。在该文中,他将重建的条件定义为如果当新项目的价值减去旧项目的价值以及重建成本之后还大于零,重建就有可能进行。本章的分析中所使用的框架和他的类似,但这里用的框架在张教授的框架的基础上做了一些调整。其中新旧项目的价值分别分解成土地租值和建筑价值(成本),而重建成本则简化为拆迁成本。在实际重建时,条件会更苛刻一些,因为还需要考虑在可以预见的将来遇到的不确定性。需要注意的是,尽管一栋楼能在物理上存在 50 年以上,其价值是变动的,但这里使用的新旧项目的价值指的是单为此次建设而评估的价值。

如之前所讨论的,当需求上升的时候(R 增长),$R-R'$ 会变大从而超过 $C1+D$,这时拆迁重建就会变得可行。对于城中村的建筑,因为它们更年轻,所以如果其他条件相同的话,它们应该是比非城中村建筑更晚拆迁。就是说,它们的当前建筑结构所能提取的土地租值 R',以及它们的现有建筑结构的价值 $C1$ 都会比非城中村的要大。换句话说,在同一个市场环境下,因为城中村建筑更年轻,那么如果此时拆迁重建一个城中村是可行的,那么理所当然的是,重建一个非城中村此时应该也是可行的[①]。

然而如之前计算的,观察到的结果是相反的。相比非城中村来说,更年轻的城中村建筑反而被列入了拆迁计划而且很多已被拆迁,而很多老旧的非城中村建筑却还并没有被列入拆迁计划中。这其中有一个可能的原因,就是先前提到过的城中村的租值耗散问题,因为这会降低城中村的 R' 值。在第四章提到,由于扭曲了资源配比,在选中的样本中有超过 70% 的城中村提取土地租值的能力要弱于相邻的非城中村小区。这个现象在第四章是用制度理论来解释的,具体讲的是不完整产权以及缺乏规划规管导致了城中村的低效率。这可以作为一个原因来解释这里讨论的建筑寿命问题。

当然在实际拆迁重建项目中,除了现金补偿之外,实物补偿也

---

① 更新一个老的小区对于政府来说也会有一些税收收益。但这对于城中村和非城中村项目来说没有差异,也就是说在比较两者的建筑寿命时税收问题并不影响比较结果。税收收益会对拆迁决策有正面影响,这在第七章会有较为详细的分析。

是可能的。如果是采用后者,那么之前的框架需要略作修改。假设旧建筑的面积和新建筑面积之比为 $1-\alpha$,那么各种变量需要满足两个等式:1) $NV^{*}\alpha-C-D\geqslant0$;以及 2) $NV-C-R=0$。将式子2)代入 1)得到 $R\geqslant[(1-\alpha)C+D]/\alpha$。如果式子中的变量对于城中村和非城中村都相等的话,那么城中村的预期建筑寿命应当和非城中村相等。然而,因为城中村的建筑租值偏低,那么在拆迁补偿过程中,可以有余地对补偿比例进行调整(人工增加 α 值)使得它小于 1∶1。如果补偿比例只能是 1∶1,那么开发商会增加容积率来弥补损失。这就是说,如果这样,新项目的容积率会很高,R 会降低,α 会增加,C 也会增加。只要 C 增加和 R 减少带来的效果低于 α 增加带来的效果,就仍然会有增加密度的空间。这就是说新项目会被过度开发。当然,如果强制执行 1∶1 的补偿率又不让增加容积率的话项目就无法进行,但考虑到政府拆迁的实际的目的,这样的强制执行应该不太可能会发生。

　　这个结果和现金补偿的结果是一样的。城中村仍然会比非城中村拆得更早。但因为低于 1∶1 的补偿率可能会带来协商成本的增加,而 1∶1 的补偿率则会带来新项目容积率的增加,所以新建成的项目其密度往往会很高。

　　在具体操作中到底是选择现金补偿还是住房补偿则需要看实际的成本分析。这需要在将来做更多的研究才能弄明白。但技术上来说,不同的补偿方式影响的只是协商成本,而不会影响当前已经损耗掉的租值的大小,所以,一般来说,其他因素都相同的时候,租值损耗越大的,当然是越快拆迁重建。

　　当然,对于为何城中村的初始制度环境被设定成这样进行归因是很复杂的。除开信息不确定,知识缺乏,或者认知问题之外,这也可以归因于委托人代理人困境,也就是说,官员在设定初始环境时可能更多考虑的是自己的便利性而不是社会的收益和回报。对这个问题的进一步讨论会很冗长,并不是这章能涵盖的内容,所以这可以在将来单列题目进行讨论。但有件事是确定的,就是初始制度环境的设定,包括设定各种参数,是非常重要的,因为这是将来能否保证更好的效率的关键因素之一。

到目前为止,在分析拆迁重建这个问题上还只是讨论了城中村中因为村民和村民之间的外部性问题所产生的租值损耗会影响拆迁时点这一个因素。其实还存在一个叫作政府与村民之间的外部性问题。之前提到,尽管在最初的时候关于集体土地的法律规定了村民可以用其宅基地建房自住,但法律并没有就自住和非自住这两个用途划分明确的尺寸边界。如果一个有三口人的村户家庭修建了一座 2 层楼的小房子用来自住,这毫无疑问是符合自住标准的。但是如果这户人家建了一栋 20 层的高楼也说是用来自住,这显然是不合理的,因为明眼人都能看出这栋楼是用来出租获利的。介于中间的是,如果这户人家修建了一栋 8 层楼的房子说是用来自住,那么这样的尺寸是否符合自住标准就会有争议了。一栋 8 层楼的房子对于三口之家来说如果用于自住会稍显奢侈但也不是完全不可以,所以就很难说这样的尺寸是否符合标准,而这样的建筑就属于是游离在合法和不合法的边缘的一个灰色地带,其合法性难以界定。这就导致了这里所说的一个政府和村民之间的外部性问题。在这里,如果村民建得太多,实际上他是在侵犯政府的利益,因为建的太多的后果就是有一部分本属于政府才有权利收取的租金被村民收走了。

为了解决上述问题,几乎所有城市的政府都相应出台了一些限定政策。比如,深圳市政府在 1986 年就出台了规定,限定每户村民只能建最多三层楼,同时建筑地基面积不得超过 40 平米每人(深圳市政府,1986)。但在 1986 年之后住房需求猛涨,使得要维护这样的标准的执行成本变得越来越高。在 1993 年,政府重新调整了标准,将地基标准改为 100 到 150 平米每户,而总建筑面积限定为不管家庭成员有多少,每户最多可以建 480 平米(深圳市政府,1993)。

同时政府规定了如果村民超标准建设,那么在拆迁补偿的时候针对超出的部分是只能补偿建筑成本。类似的规定广州市和西安市也有出台(广州市人大,2011;西安市政府,2007)。但这些规定也都无法有效阻止违建。可能的原因是:

第一、这些标准是在 1982 年农户和国家签订了家庭联产承包责任值合约之后出台的(中国共产党中央委员会,1982),所以只能算是地方上的补充性规定。本着国法大于地方法的原则,地方上的补充性规定其合法性存疑,村民因此不愿意遵守。

第二、具体实施过程涉及的城中村和村户太多,监管和执行成本过高。

可能正是因为这些原因,使得要实施和维护这样的标准的成本过高。不仅如此,受到高额租金回报的鼓励以及最坏的情况下对于违建村民也能获得价值等同于超出部分的建筑成本的补偿的承诺的吸引,村民违建基本上是一件即使不赚也不会赔的事情。

从技术上来说,第四章提到的村民和村民之间的外部性所导致的高建筑密度和这里提到的村民和政府之间的外部性都可能引起合约改变。第一个会导致过早的拆迁重建,而第二个会导致政府有将土地回购的动机①。所谓回购就是说即便是拆迁还未到时机的时候政府就选择将所有城中村建筑买回。需要注意的是,政府只能正向回购而不能通过向村民收取补地价来反向赋予村民完整权利(反向回购),原因主要是因为前者可以规避可能的修改全国性土地法律所带来的风险和高额的成本。如果可行,通过回购,村民可以获得他们的现有建筑结构中合法的那一部分的全额补偿而对于超额部分他们能获赔的价值则等同于建筑的重置成本(多出来的市场价

---

① 没有租值损耗的话,纯粹的部分权利并不一定会导致拆迁重建,因为这时拆迁重建可能不能带来租差收益,而此时要回收被村民侵占的租值,政府只需将建筑征收即可(即收而不拆)。

值部分则是政府的收益）。回购是一个合约改变，但和拆迁重建项目有区别，因为回购并不一定会导致拆迁和重建。当然，这种单纯的回购的选项在理论上是可行的，但在现实中则基本没有发生过。可能的原因之一是额外的市场价值带来的收益可能小于顺利达成共识所需付出的协商成本。正是因为这协商成本可能很高，那么政府的回购计划可能最后无利可图（政府收益小于成本）。作为备选计划，政府主导的拆迁重建则综合了两种收益来源，即既包括消除高密度的负面影响所带来的租值增加也包括了消除政府和村民之间的租值争议所带来的租值回收。可以看到的是，考虑了上述政府和村民之间外部性之后的城中村项目的拆迁补偿会比原来的低，即反映在公式中就代表 $CP < R' + C$ 或者一个更大的 α 值。这就是说要顺利降低补偿并同时负担得起降低补偿所带来的协商成本，政府往往需要借助于一个拆迁重建项目（因为拆迁重建可以额外回收一个解决密度问题所带来的额外的租值增加），因为纯回购计划的成本和收益相比往往太高而负担不起。这个额外的收益（额外的租值增加）也会帮助促成拆迁提前，因为从政府角度看，增加的收益可以冲减成本。因此，尽管我们不能完全排除在某些场合下政府不拆迁只回购，但实际常见的合约变化安排往往是采取将解决村民和村民之间的外部性和解决村民和政府之间的外部性两者合二为一的办法，即通过拆迁重建项目来一次性解决问题。

还有一个问题需要讨论，这就是拆迁的协商成本。张五常（Cheung, 1975）的关于香港的建筑重建问题的文章只讨论了自行拆迁重建，所以在他的议题中关于拆迁补偿的协商成本是基本内部化了的。但在这里研究的案例中，协商成本是无法内部化的，即除开拆迁成本 D，还有一个单独的协商成本 NC，这个协商成本是花费在达成一个双方都可接受的补偿协议上的。因此，张五常所用的计算拆迁条件的公式在这里需要做进一步的调整。需要指出的是，协商成本 NC 不仅仅应当包括物理上的协商所花费的成本，也应当包括一个拆迁户可能索要的额外价值（即补偿的超额部分）。所以现金补偿的条件式就变成 $R-R'\geqslant C1+D+NC$。

之前讨论过，因为城中村有租值耗散问题，上式中左边部分对于城中村来说更大，这就是说，如果要拆迁的城中村和非城中村楼龄是一致的，那么同时拆迁，城中村可以忍受更大的协商成本（也就是说协商成本如果相同，城中村先拆）。从另一个角度来说，如果城中村的协商成本更低的话，拆迁时的 $C1$ 的门槛值对于城中村而言更高（新建筑的 $C1$ 值高过旧建筑的，这就是说，城中村被拆的时候建筑还很新）。这也是说，各种条件相同的话，关于城中村拆迁的协商会比非城中村更早地展开。

实际上，尽管这样的协商成本会依据不同情况而可能变化，但可以得出的一般结论就是，同等情况下非城中村的协商成本要比城中村的高。支持这一结论的原因至少有四个。第一、非城中村小区的单位土地面积上分配的业主数目更多。城中村的业权是一户一栋，而同样尺寸的非城中村建筑则是一栋有很多户。业主数量更多就意味着更多的协商工作，协商更复杂也更困难，同时遇到钉子户的可能性也会越高，所以协商成本必然高企。除业主较少之外，每个城中村还有一个村民委员会会作为谈判代表，所以协商工作相对非城中村小区来说会更可行一些。

第二、因为城中村的不完整产权和高密度，地方政府有更多的借口来拆迁城中村。比方说，之前提到过绝大部分的城中村建筑都没有按照建筑标准修建，所以城中村通常被看成是"坏小孩"。因此当政府决定拆迁城中村时，舆论会较为支持政府，所以强制拆迁就会更可行而成本也更低。同时，之前提到过，政府在城中村有一定的土地权利，这部分权利所产生的收入被村民以违建出租的形式占有，所以政府可以以保护国有资产的名义推动拆迁甚至可以以维护自身利益为依据强制设定一个拆迁补偿价格。当然，在拆迁前政府还需要花费力气去阻止村民违建更多楼层，但这比以前要容易，因为此时的执法成本比以前要低,这是因为以前没有澄清的自住权利在村民企图将多层建筑升级为高层时已经变得很清楚了(多层升级为高层远超出自住范围,其非法性较为明显)。也就是说,拆迁城中村可以获得更多法律上和舆论上的支持,所以其强制力更大,从而使得协商成本降低。

第三、城中村中的房子是不能卖给他人的,所以在拆迁的时候,市场租值会变得更低,因为此时租户会搬走。但对于非城中村来说,拆迁消息却是租值上涨的助推剂,此时该小区房价会虚高,因为很多投机者会蜂拥而入购买这样的房产以等待拆迁赔偿。

最后,有些城中村的改造项目是由其村民委员会或者由村集体股份公司提议的,所以协商成本会被一定程度地内部化。比如,深圳市田厦村和田背村的拆迁就是在政府的支持下由村委会和村集体股份公司共同主导的。

如果是采用住房补偿的形式来进行的话情况会复杂一点。考虑到协商成本的加入,之前的等式可以改写为 $R \geqslant [(1-\alpha)C + D]/\alpha + nc$。在式子中,$nc$ 是物理协商成本,而超额补偿的部分则已经整合进等式中的 α 变量中。而分析的逻辑却还是一样的。

和城中村拆迁的较低的协商成本不同,对于非城中村的拆迁,情况就很不一样。因为之前不存在严重的密度偏差的问题,所以非城中村的重建可获取的租差要更低。同时,由于这些小区的住户拥有的都是对于土地的完整使用权,那么想强制拆迁但只赔偿他们现存建筑结构的价值就很难。此时协商成本会很高,因为政府或者开发商都无法有效约束住户的索赔数额。除非能给出一个双方都能接受的补偿价,否则协商可能会没完没了,因为业主可能会坚持要求高价赔付。换句话说,在这种情况下,可能只有当赔偿价等于现有结构的价值外加新增租差部分的时候,也就是将所有价值全部赔付给业主的时候,协商成本才有可能降下来。这样协商成本虽然是降低了,但开发商和政府也就无利可图了。即便这样,有些钉子户可能还会不依不饶地要求更多,这样的极端情况下政府和开发商甚至有可能会亏本。当然,即使当前项目亏本,政府未来还有新建项目的税收收益,只是这些收益都未必能大到足以抵消掉钉子户所要求的额外金额。这也就是说,政府和开发商拆迁非城中村小区是很难有利可图的。

当然,对于非城中村小区来说,如果住户可以合法地自行组织起来邀请一个符合资格的开发商来更新改造他们的小区的话,那么这样的更新改造也许是可行的,但这样组织成本应该会很高。一个非城中村小区往往至少会有几百户业主,要将他们全部组织起来是很困难的一件事情,这是因为如果缺乏有效的约束的话,很多业主都会试图在让他人承担成本的基础上为自己谋利,也就是通常说的损人利己。之前提到非城中村小区的新旧建筑租差较低,所以在城中村已经拆迁的时候,非城中村小区的前后租差可能还没有大到能够有效抵消这组织成本带来的阻碍,除非说这个组织成本比政府主导的城中村拆迁中的协商成本还要低不少,但后者可能性不大。

这并不是要排除非城中村先拆的可能性(注意这里的先后是在建成年代相同的基础上的先后,如果一个非城中村的建成年代要早几十年,那么它被先拆除是理所当然发生的事情,那就不属于这里讨论的范畴)。如果在非常例外的情况下,城中村拆迁的协商成本真的就足够大到可以阻碍城中村拆迁的话,那么就有可能出现非城中村小区先拆迁的情况,这种现象出现的原因可能是这里的分析所未能覆盖的,需要进一步分析。但以上的分析至少表明出现这种例外不是不可能,但是可能性很低。

总结起来,以上的讨论表明,至少有三个主要原因,可以用来有效地解释城中村中的建筑的经济寿命普遍比非城中村建筑要短的现象。第一、尽管城中村的建筑更新,但因为存在过度建设的问题,这些建筑的租值会较低,也就是说租值损耗得更严重,而拆迁重建能回收的租值就会相应地更多。第二、城中村建筑所收取的租金,有一部分的归属有争议,从法理上可以说这部分租金应该是归属于政府的,这也就是说,一旦拆迁改造,这部分租金会被开发商获取,然后以土地出让金的形式付给政府,这样政府和开发商都有利可图。第一和第二这两个原因合起来,就赋予了城中村一个总的更高的新旧建筑租差。这就是说,在同样的市场环境下,其他条件相同的时候,当需求增加到一定高度的时候,城中村会比非城中村先达到拆迁的门槛条件,也就是说当城中村已达到拆迁门槛的时候,非城中村的拆迁可能还不可行,那么这样的结果就是城中村会被先拆掉。

上面的两个原因讨论的是收益的差异,第三个原因讨论的则是成本。前面的讨论指出,除非城中村拆迁的协商成本能足够大到可以抵消前段讨论的租差优越性,否则城中村都会被先拆迁。这也就是说,对于城中村和非城中村之间的比较而言,关于租差收益的前两票都是城中村胜出,而如果拆迁评估时算出的协商成本的大小城中村再胜出(更小)的话,胜负就已定了(城中村先拆)。当然,如果在协商成本方面非城中村胜出,那么还需要进一步的分析才能得出结论。

所以这里的第三个也是最后一个原因就是城中村拆迁时的协商成本非常可能是小于或者说至少不会大于非城中村的。这可以归因于之前讨论过的四个原因(单位土地面积上的业主数目的差异、法律和舆论支持、城中村物业不能转让,以及村委会作为协调机构的存在),这里就不再一一赘述。总之,在这最后一票中城中村也胜出。这就是说,不管是从收益还是从成本来看,城中村拆迁都是收益更大,成本更低,所以最后的结论就是城中村的拆迁门槛条件可以先达到,而理由就是因为更低的现值和相应的低补偿,有争议的拆迁后可归属于政府的收入,以及更低的拆迁协商成本,这些会使得对于相同的市场来说,拆迁改造城中村比拆迁非城中村小区更加容易。

　　这里讨论一个可能的平行理论，但这个理论其实是可以用反例来证明是不合适的。这个理论很简单，说的是政府拆迁城中村是为了公共利益（公共利益和社会利益是有差别的，之后会有讨论），这就是说从项目本身的回报来说，拆迁城中村是不合算的，但是从城市层面来看，是合算的。诚然，有一些城中村的拆除确实有公共利益的考虑，在这些城中村拆除后原地也确实兴建了一些公共设施，比如高速公路、博物馆、公园等等，但绝大部分城中村在被拆迁之后取而代之的是商业性或者住宅性的地产项目，而并非是公共设施，所以其公益性就大打折扣了。而且，需要注意的是，在之前采样分析的时候，那些为了兴建公共设施而拆除的城中村并没有被选中作为样本，所以这里算出的建筑寿命，从很大程度上是排除了公共设施项目的影响的。

　　当然，还可以继续争论说地方政府拆除城中村是为了社会利益[1]，也就是说，为了最大化社会总收益。政府当然会考虑社会利益，这无可否认，但在很多情况下，还存在一个能力问题。如果政府以自己承担成本的形式来拆迁城中村，而收益却是由全社会所享有，那么这个成本总是需要转移到社会身上去，否则政府将会入不敷出，无法继续维持运转。对于某个大规模的拆迁改造项目而言，即使它是对社会是有很大益处的（当然确证这一点并不容易，这需要更深入的研究），但对政府来说，如果它在项目级别的经济可行性有疑虑，那么政府都是很难推行的。也就是说，即使在社会层面有益，政府也会选择那些具备项目层面可行性的城中村先行先试。这样的话，项目层面的可行性是第一步的先决条件，而社会收益只是锦上添花的事情。当然，项目层面不可行，而社会收益层面可行，这

---

① 公众利益和社会利益有一定区别。公共利益表示的是一定数量（较大数量）的民众的利益，这部分人被称为公众。社会利益表示的是整个社会的利益，这可能会和公众利益重合，但是不一定会重合。比方说，在节假日为公众提供免费食物可以被认为是公众所愿意看到的，但这不一定符合社会利益，因为免费食物可能会被过度消费甚至被浪费掉。

样的强行推动的拆迁项目是不是会普遍存在？这可能需要进一步研究，这里无法排除这种可能性，所以这一解释可以作为一个需要进一步探讨的平行理论来存在，当然和这里提出的解释相比，这个平行理论的缺陷则主要在于其论据的难以度量性，所以其优势就有待商榷。

还有一个额外的问题。一个城中村通常可以被政府主导的开发商或者政府首肯的村集体企业更新改造。但作为一个额外选项，一个城中村是否还可以被村民个人自行进一步升级改造？第四章讨论了城中村中自行从村屋升级到多层建筑的过程，而这一升级是自行进行的原因主要是这一选项的净收益比其他选项都大。这就是说，对于村民而言，这一选项的收益减去法律成本要大于政府的补偿和建立在补偿上的其他收入。在早期，当自行改造可行时，因为村民对于额外的空间没有权利也没有实际占有，此时政府给出的补偿通常会很低，村民会认为难以接受，而此时如果政府强行推动拆迁的话，租差也无法弥补执法成本。

但随着时间推移，当大片农地都已经用完之后而且城中村的建筑也变得较高之后，模棱两可的自住定义带来的问题就变得不那么显著，因为村民如果进一步升级其建筑去建设一栋 30 层的高楼的时候，如果村民还仍然坚持说那是用来自住的话估计村民自己都不会信。事实就是，当需求进一步增长使得修建高层建筑变得可行的时候，村民可能还会试图自行更新从而建设超过十层的建筑，但此时的产权已经比较清晰，度量成本会下降所以争议会减少。同时租差也增加了，政府可以回收更多的土地出让金来支付执行法律的成本，也就是说随着收益的增加政府的执法实力加强了，政府会更严厉地执法，执法变得更可行。对于村民来说这意味着再自行升级改造的法律成本增加了。而与此同时，对于村民来说，继续自行改造的财务困难也更多了，因为需要更多的资金，而因为要建的项目是违法的，他们就不能用这项目去银行做抵押贷款，所以融资成本也就更高了。技术门槛是另一方面的问题。因为要建设高层建筑,技术上更复杂,技术风险也更大,所以村民会遭遇更多的技术问题。结论就是,再继续自行改造从很多方面看都变得不太可行。而且,自行改造的时候,村民和自己之间并没有和政府那样的争议性收入,所以达到拆迁门槛条件的时点会向后推移。上述所有这些讨论合在一起可能解释了这里和第四章观察到的现象的不同:在第四章,村民自行违法升级建筑,从村屋升级到多层建筑,而且造成了过度建设的问题,但在这章,当条件变化之后,村民再继续自行改造就变得不可行,而新的城中村拆迁改造主要是由政府主导的,拆迁之后的土地会被出让给开发商,然后在规划条例规管和控制下,在开发商的实际操作下进行合法重建。

第四节　结　　论

紧接着第四章里讨论的城中村的过度建设问题,本章讨论的则是城中村拆迁改造的问题。本章指出城中村的拆迁改造会先于非城中村小区进行,而这是因为城中村会先达到也更容易达到拆迁改造的门槛条件。本章的分析表明,受到成本环境的约束,最初的产权设定可以在建筑拆迁改造中扮演关键的角色。从想当然的角度来看,大家容易会很自然地认为旧的建筑会先被拆迁,但这里告诉大家的就是我们需要具体分析,不能想当然,因为在真实世界里,由于产权设置的不同,实际的结果就是这里所展示的城中村的新建筑反而比非城中村的旧建筑先被拆。

这并不是说,在其他环境下,其他的制度参数就不重要。比如,法律教育可以减少机会主义者,这样的话自愿交换就会更加容易。另一个例子就是管理方面的创新可以减少法律和规管的成本,从而提高社会效率,这当然也是很有用的。实际上,在第六章就会讨论到这样一些其他类型的环境设定的重要性。接下来的第六章要讨论的是深圳市沙井的特殊案例,这个案例会进一步拓展我们的视野。而之前的第四章和本章的讨论的目的则只是用城中村的例子来佐证在某些场合下,当其他制度参数被设定为固定的约束条件时,不同的初始产权设定会带来截然不同的经济结果。

第六章　沙井的例子及其启示

第一节　介　　绍

前几章的讨论表明,由于最初的产权设置的差别,城中村的发展走的是一条和它们的非城中村邻居们截然不同的道路。但是,到目前为止,这里还没有得出关于产权的最后的结论。要确认产权是否会必然引起效率扭曲,我们需要进一步分析反例。所以本章的内容就是集中分析一个在深圳市沙井观察到的例子。

第二节　沙井的例子

之前曾经提到过,除开农地和宅基地之外,城中村的土地还有第三种类型,这就是村集体的保留地。从 1980 年代开始,为了鼓励农民适当从事农业以外的副业以获取收入,从而可以进一步使得政府从一定程度上能够稳定粮食收购的价格,政府出台了很多政策用来扶植乡镇企业的发展,其中一项主要的内容就是允许村集体用农业闲置地开办乡镇企业,而这些乡镇企业通常被简称为 TVE(The Village Enterprise)①。TVE 所使用的土地原本是农地的一部分,只是大部分这样的土地其实是不适合做农地的边角地,如山地、林地、石头地,以及其他贫瘠的土地。但这些特性并不影响它们被用作工商业之用,所以很多保留地最后都被用于乡镇企业的发展。因为受到政策的支持,这些地在用作工商业时其实是合法的,当然合法的要求就是政府对于这些土地的用途有一些限定,尤其是限定将土地用于非指定的居住用途。当然,保留地的一部分是可以合法地用来转换为未来的宅基地的(之前提到,在农村分户时,新增户需要额外的宅基地),只是这个比例可能不大,这点需要注意。

在吸收了城中村的主要城市中,几乎所有的城中村都留有一定面积的保留地用作工商业或者是未来转换为宅基地之用(即 for industrial or commercial or future housing purpose,简称为 ICF)。除此之外,在城中村最初被并入城市的时候,政府会征用绝大部分的农地,这时候政府为了减少现金赔付,会归还一部分已征收的土地给村民作为补偿,这部分返还的土地其中的一部分可以被用作 ICF 之用。所以合并上面讨论的这几个来源,这些土地都可以被称之为保留地。

如果村民要将这些土地用于工商业,这无疑是合法的,因为这也正是这些土地的指定用途。但如果村民想要将这些土地开发成非指定用途,比如开发成住宅小区,那么理论上说这是非法的,因为他们无法直接进行开发。如果需要开发,正规的途径是他们需要先将这些土地卖还给政府,因为只有政府才有开发的权利。政府随后

---

① 政府或者外部公司也不是不可能在这些村庄中修建工厂并且雇佣当地村民来工作,但对于小型乡镇企业 TVE 来说,考虑到其低回报和高收购和监管成本的问题,可能让村民自己来决定怎么做会更加可行。由政府或者外部公司来运行这样的小工厂在很多时候也会碰到困难,因为村民作为当地的东道主可以找很多办法来阻止外来客从他们身上谋利。

会将土地挂牌拍卖,然后赢得拍卖的开发商(这开发商不一定是代表这个村集体的)才能进行开发。在实践中,有些时候这个程序可以简化,即三步化为两步,无须走一个实际的征地程序,而是村民可以直接和开发商联系,而在符合资格的开发商加入之后双方就可以向政府申报,政府批准之后就可以合法地将土地转为国有再进行开发。但需要注意的是这个流程是需要政府参与的,而且必须将土地在纸面上先转为国有才能继续,同时开发商也需要符合招拍挂出让程序的要求。在这个过程中政府作为所有国有土地的唯一合法出让人有权力收取一定的土地出让金。作为回报,村民可以获得一定的现金补偿又或者已完工的建筑的一定比例的面积。这样的补偿要高于农地被征收时获得的标准,因为保留地用作工商业时其现有的价值就比农地的价值要高。

保留地的土地权利仍然是不完整的,因为农民并不能自由地转让这些土地,他们也不能自由地转换其用途。但这些土地的权利却可以被认为是界定得较为清楚,因为从法律意义上而言,规则是比较明确的,就是说农民可以用这些土地来主要建设工商业建筑,而转让或者转变用途是不允许的。要阻止保留地上的违建从技术上来说并不困难,也就是说执法成本并不高。技术上难度不高的原因是因为这些土地通常是由村委会管理的,而不像宅基地那样被分给了每个农户①。村委会一般是不敢违法的,因为村委会的管理人员本身就是政府干部,所以如果他们违法,政府可以很轻易地罢免他们,这就是说这里的执法成本其实很小,而政府日常预算就足够应

---

① 保留地通常是由村委会或者村集体股份有限公司(这样的公司一般也受到村委会领导)来管理的,这就是说保留地并没有分配到单个农户家庭手中。保留地有时候会被承包给一些村民,但这种承包和家庭联产承包责任制合同不同,后者是村民和国家签订的长达30年以上合约期的长效合同,而前者只是村委会和村民之间签订的3到5年的短期合同,这些短期合同是很容易解除的合同。因此,从长期角度来看,可以认为保留地实质上是由村委会控制的。

付。所以，对于保留地而言，除非政府认可，非法转变用途一般是很难的。实际结果就是在绝大部分场合下，保留地都是正常使用的，其建设也基本符合法律规定。

但是在特定的市场环境下，保留地上的开发也可以变得比较复杂。这特定的市场环境通常指的是在某些场合下正规合法的住房发展无利可图[①]，而非正规市场反而却是有利可图的情况。我们可以这样来分析这一特定情况，第一、因为无利可图，所以开发商无法支付政府所期望的土地出让金，那么就没有开发商会来竞价拍地。除非说市场能付得起的土地出让金大到足够支付相关的成本，否则征收村集体保留地对于政府来说是不划算的。第二、对于村民来说，开发这些保留地却是有吸引力的，尤其是当可能的收益大过法律成本和其他相关成本的时候。在这个时候，政府实际上是处于两难之中。一方面，政府不愿意征收这些土地，因为预期的土地出让收益可能太小，不足以支付诸如执法、协商等等的征地成本，所以从净收益来说并不划算。即使考虑到新建住宅所带来的税收收益，这样的项目给政府带来的净收益可能还是太小，并不划算。而另一方面，如果这些土地可以不经征收而被村民开发出来，即使是违建，这也可以解决很多临时移民的住房问题，这不仅会增加当地的工业活跃度，增加 GDP，也可以增加税收收入。当然，这样做的后果是有一部分原本属于政府的权益会被转移到村民手中，购买这些违建住房的房主手中，甚至是被转移到租户手中，但对比将土地征收然后合法开发能带来的净收益，这个选项（即暂时允许违建）能带来的净收益甚至可能会更高，所以这时政府就很有可能对于村民的违建采取一种模棱两可的态度。

政府是否能够在事后（即村民开发好之后）正式给予村民特许，

---

① 正规合法的住宅开发项目是法律所批准和认可的。非正规住宅开发项目则是未经法律授权的，因此是非法的。

允许他们在补交一定的土地出让金之后将项目直接变为合法呢？这一选项在理论上是可行的，但实际上，这个选项能实现的可能性较低，因为哪怕是在形式上，土地开发前的国有化也是合法进行开发的必要的前提条件。所以如果不经事前国有化而在村民开发之后再给予特许的话难免会引发各地仿效，这样的多米诺骨牌效应会危害到全国范围的集体土地制度的稳定性，所以风险很大。

在深圳市沙井所观察到的现象就印证了以上的讨论。沙井的村民，以村集体为单位将一部分保留地开发成了小产权类型的住宅小区。此时虽然地方政府并不承认其合法性，但也不能有效地阻止这些开发。这样的既成事实类型的结果就说明在很特殊的市场环境下，不符合原本的权利设定的平衡也是可能存在的。而到目前为止，似乎也并没在沙井观察到明显的权利冲突，当然，从长期来说，这个违建的情况在将来是一定需要妥善解决的。下面就具体讨论这个案例。

第三节　在沙井观察到的具体情况

深圳市的地理形状是比较特殊的，它就像一个大鹏鸟伸开两只翅膀。如同图 6.1 所展示的，在右边翅膀的中心是深圳市的龙岗区政府。区政府所在的位置往往是当地的就业中心，也就是说，在龙岗区中心附近，因为是就业中心，正规房地产开发当然是有利可图的。但是，宝安区的情况就比较特殊了。宝安区政府位于左翅膀下面和深圳市主城区连接的位置上，并不像龙岗区那样在区地理中心位置，这就使得左翅膀尖的位置变成了一个远离区行政中心的飞地。沙井镇正好就是坐落在这块飞地上，这里离开最近的区行政中心有 20 公里之远。这就带来了一个问题，即在这片区域正规房地产开发变得不是很有利可图，因为这里的常住人口太少。而那些在深圳市区或者是宝安区中心工作的有稳定收入的人群又不太可能会跑到沙井来买房居住,因为在没有地铁之前,这里离这些正规就业中心实在是太远,并不适合上班人士每日往返市区通勤。当然,这里说的是地铁通车之前的情况,在地铁通车之后这里的情况有改善。

但为了发展当地经济,沙井镇政府大力鼓励制造业发展。结果就是这里建了很多各种各样的工厂,随工厂而来的是很多临时移民(即通常所说的农民工)。当地政府于 2011 年公布的数据表明(沙井镇政府,2012),整个沙井镇有大约 130 万人,但只有 3%,也就是只有 3 万 3 千人是本地户口,这些拥有本地户口的人一般就是并入城市的当地的原住民(即原来的村民)。其他 97% 的人口则绝大部分是临时移民。这些移民因为是临时居民,没有当地户口,也没有稳定收入(农民工工作变动得很频繁),所以基本上不太可能成功申请到住房按揭贷款。银行认为贷款给这些人的风险很高。一方面收入低,另一方面无法获得贷款,所以这些人一般都只能负担得起比市场正常价位低很多的住房(所谓市场正常价位是指如果没有贷款障碍时可以负担的价位)①。

所以如果在这里建房出售,开发商需要保持很低的价格,这样从正规合法开发项目所能获得的利润就很有限,这就造成开发商的开发动机不强。更何况,要征收村民的保留地,政府和开发商需要补偿村民至少等值于其现有建筑价值的费用,这通常很高。再加上各种协商成本,执行成本等等,总的征地成本是很贵的。而如果村委会自己建,那么首先是没有征地成本,其次也没有协商成本的,所以这样的房子定价就可以较低。在这样的市场环境下,只要法律成本足够低,村民将其保留地开发成房地产项目是有利可图的。

所以,在这里村委会是不是会违法建设就主要取决于法律成本。而政府是不是会强硬执法使得村民法律成本很高则取决于政

---

① 正常来说,如果没有价格折扣,农民工(临时移民,也就是外来务工人员)只会租房而很少会买房。

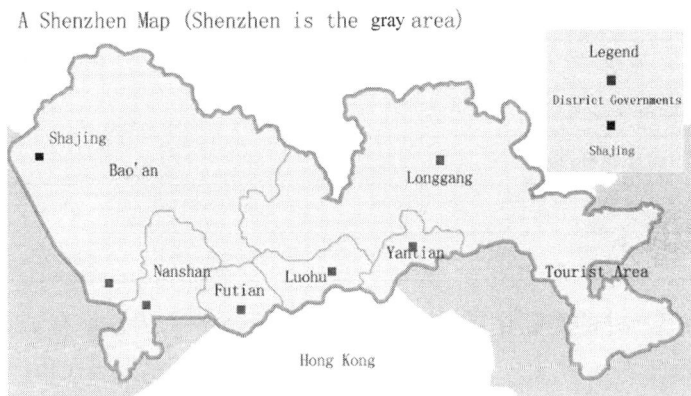

图 6.1 深圳地图所展示的沙井镇的位置（图中浅灰色实线围合部分为深圳市行政区域,左上角标注有 **Shajing** 的方点代表沙井,而其他方点代表的是各行政区中心）

府对其各个选项的衡量。法理上来说,政府应当强硬执法,但当地的临时移民的住房问题又必须解决,因为不解决的话会影响当地的GDP 以及政府的税收①。而这就是说,如果政府强硬执法以阻止违建,税收收入难以割舍。当然,把土地征收了用作合法开发也许能挽回部分损失。但如果合法开发的净回报（土地出让金加上税收收益减去执法成本,协商成本,以及其他成本）还要低过允许违建的净回报（GDP 增加导致的税收增加）的话,政府就还不如采取后者这种更为柔和的方式。

事实上,我们能看到在 2012 年之前,在沙井这片区域只有 4 个正规合法的楼盘开发项目。这些项目如表 6.1 所示。而开发商总计提供的可售住房只有 3725 套,而且这些住房全部都集中在沙井镇中心的万丰区域。

① 为了解决沙井的住房问题,当地政府也可以选择开发农地,因为农地的征收成本也低,但因为农地的位置通常更偏远而不够方便,那么在沙井的农地上建成的住宅还是不容易卖出合适的价格。所以即使农地被征收了,也不一定会马上被开发出来。

表 6.1 深圳市沙井镇的正规住房开发项目

名称	备注	住房套数	建成年份
棕榈堡花园	Z	372	2003
丽莎花都	L	1800	2005
禧园	X	990	2008
东乐花园	D	563	1997

　　但沙井的实际住房需求增长得其实很快。因为这里有 130 万人，超过 2000 家工厂，每年的工业总产值超过 800 亿元人民币（沙井镇政府，2012）。很多在这里工作的临时移民们，尤其是已婚有小孩的那些人，其实也通过多年辛勤劳动积累了一定的财富，他们也迫切地想购买一套不贵的房子用来改善自己的居住环境。当地的村民们看到了这一点，他们也意识到如果他们修建房子给这些人居住的话，他们就能很快致富。当然，前提条件是这些房子的价格必须是这些人能承受的。对于保留地来说，因为除指定用途之外的土地租金或者出售收益都是属于国家的，所以当村民在这样的土地上建好住宅出售时，他们就会发现这些房子很难全额收取市场价，这是因为这样的物业缺乏国家承认的产权，所以对于买家来说这样的交易有一定风险。之前提到的按揭贷款困难也是一个问题。这两者结合起来决定了这里的买家（一般是临时移民）只愿意付一个比较低的价格。当然这对于村民来说不是问题，因为他们开发的成本也比较低。结果就是，对比其他正规楼盘，这样的小产权的楼盘要卖得更便宜。具体便宜到什么程度呢？根据估计的数据，在 2012 年的时候这样的房子其出售价格大约为 4000 到 5000 一平米，这个价格大约只有市场价的一半[①]。这当然不是说如果这些地都被用来建

---

　　① 作为参考：在 2012 年沙井地区正规开发的合法楼盘的市场价格大约为人民币每平米 1 万元左右。

正规小区的话就可以以市场价卖出,因为当地目前的市场价只是这里住房供给不足的一种表现。如果不考虑各种转换成本的话,如果这里的违建全部转化为合法建筑,那么供给的增加会导致市场价下降,但是新的市场价应当还是比现在的这些违建小产权房的价格要高的。

因为价格打了很大的折扣,临时移民家庭可以以现金形式购房,这就绕过了按揭的难题。在这些房子出售之前村民可能还会担心政府会对他们修建违建进行惩罚(因为在极端情况下违建是可能被政府拆除的),但当这些住房出售了之后,麻烦就转移到购房者身上了,当然随之转移的还有一部分土地价值(因为购房者是以折扣价拿到的房子)。此时政府的执法成本应该会增加,这是因为当这些房子出售了以后就涉及了更多的社会阶层,那么这件事就不再仅仅是一个经济问题,而演变成了一个社会问题和政治问题。于是增加的执法成本会进一步降低政府强硬执法的可能性(强硬执法指的是政府惩罚村民甚至拆除违建)。

总计来说,在沙井大约有 30 个这样的小产权小区。这里选择了 5 个较大的小区来做进一步分析。表 6.2 列出了这 5 个小区的一些情况。

表 6.2 深圳市沙井镇的 5 个较大的小产权住宅开发项目

名称	备注	建筑数量	高度(层数)	住房套数	年份	发展商
景盛豪庭	J	14	26	1456	2009—2011	万丰村
学府花园	X	12	20	1500	2009	蚝二村
共和花园	G	13	19	1050	2007	共和村
后亭花园	H	4	19	456	2010	后亭村
新城市广场	N	7	15	850	2011	步涌村

观察到的情况是,这样的小区的建筑质量和建筑布局和正规合

法修建的小区并没有明显的区别。这可能是因为这些小区是由村委会或者村集体股份企业牵头兴建的,所以在第四章里提到的村民与村民之间相互比着增加密度的情况就不存在了,因为在这里这样的外部性已经被以低成本内部化了。这些小区的建筑密度基本也是正常的,而且自动贴合政府的规划标准。这里分析的这 5 个小产权小区的建筑密度分别为 0.25、0.21、0.19、0.31,以及 0.21。而 5 个小区的平均建筑密度为 0.23。这样的数字基本是遵守政府针对高层建筑的标准即 0.22 到 0.23 之间的(深圳市国土和规划委员会 1997,2004,and 2007)。这里的建筑密度的计算方法和第四章一样,也是将下载的 Google Satellite 卫星图像导进专业绘图软件 Arc-GIS 然后通过计算得来的。

　　这些小产权小区的建筑质量也是紧贴市场标准的。从图 6.2 可以看到它们的外部和内部设计都是比较时髦的。外墙施工一般是使用用瓷砖贴合或者是使用高档涂料粉刷,客厅和卧室都装备有落地窗,阳台也很大并且装有金属扶手。甚至有些这样的小区有游泳池。图 6.3 则是作为比较项展示了之前提到的沙井的四个正规合法小区的质量和设计。可以看到,这些小产权小区的质量和设计和正规合法小区相比并没有明显差距。

图 6.2　深圳市沙井镇的 5 个较大的小产权小区的建筑质量展示

图 6.3　深圳市沙井镇的 4 个正规合法小区的建筑质量展示

第四节　沙井的案例带来的启示

要得出一般结论，我们先假设有一块空的保留地，这土地的一部分权利是给了村委会而另一部分理论上是还属于政府。与第四章和第五章讨论的案例不同，这个例子里并没有集体行动的困难，而产权的厘定也是清晰的。比如，假设 $a\%$ 的权利是属于村民的，那么剩下的 $1-a\%$ 的权利则属于政府。这个比例是可以根据不同用途的价值来度量的。这样的话这块地的总的土地价值就可以按照上述比例来分给村委会以及政府。要开发这块土地，这两个利益相关人可以采取以下三个选项中的一个。选项一是政府从村民手中回购土地然后拍卖给开发商，之后由开发商排他性发展（这可以称为是一个纯粹的正向私有化方案）。选项二是村委会给政府缴纳一定的土地出让金来获得土地的开发权从而自行开发（这可以称为是一个纯粹的反向私有化方案）。选项三则是双方都保持自己的权利份额而以合作的形式来共同开发这片土地（这可以称为是一个分成私有化方案）。如果没有交易成本，那么上述的三个选项的结果应该都一样，也就是说这些结果应该都是指向最优的发展形态，正如同科斯定理所预测的（Coase，1960）。

在真实世界里，因为有交易成本，所以双方的实际选择就要看哪个选项的成本最低。在实际操作中，选项一和三是出现得最频繁的。而选项二出现的可能性就较低，如同曾经讨论过的，这是因为一个纯粹的反向私有化方案可能会对全国性的集体土地制度带来不良的影响。从政府角度来看，这个选项吸引力不大，因为这选项可能给政府带来很大的难以预测的成本。而从村民的角度看，选项二的成本也很高，因为这需要和政府进行较为复杂的协商，不仅是技术上的资质问题，还有如何绕过招拍挂流程的问题（国有土地通常需要通过招拍挂形式来出售给符合资格的开发商），以及如何确保让政府相信这样的案例不会造成全国性的仿效从而危及整个集体土地制度的安全。当然,只要是双方的协商成本足够低,不管是那种选项最后被选中,在这样的土地上建成的小区都应该会符合市场标准,即以最优的建筑密度和容积率来建设,这一点之前也强调过,这是因为在这种情况下村民之间的外部性已经被充分内部化了。

　　在特殊的市场环境下,村民还有一个额外的选项,就是非法的反向私有化(这可以称为选项四)。正常情况下选项四是不可行的,因为如果村委会不和政府商议就自行建设的话,这是一种反向私有化,但却是一种非法的反向私有化,所以可以预见的结果就是政府一般会干预并阻止这种行为。换句话说,如果说村民的行为对于政府利益是有害的[①],同时阻止这种行为的成本并不高的话,政府应当会进行阻止。在极端情况下,整个完工的非法项目甚至都可能会被拆除。所以这种制造既成事实的非法的反向私有化只有在特殊的情况下才行得通,也就是说这个选项只有当它对于政府来说也是最优选项时(该选项的净收益即不阻止村民违建的可能的收益减去相关的成本是各选项中最大)才可能实现。

　　以下是具体解释。如果选项一或者三可以带给政府一个一百万元人民币的净的收益增加,那么只有当选项四带来的净收益大于一百万元时才会被选中。而如果村民抢先修建了一部分建筑,造成了既成事实,这会增加选项一和三的执法成本,因为政府需要拆除已建好的建筑并且努力控制局势来将警民冲突最小化。如果拆除这些建筑的成本是 80 万元人民币,那么在做完这件事之后政府的最大可能净收益就降低到了 20 万元人民币。但如果政府对于抢先修建的建筑不加干涉,选择选项四,同时如果这些违建建成后给政府可能带来的税收增加超过 20 万,那么对政府来说选择强行执法

---

　　①　非法住宅项目往往会降低合法住宅需求。

就不如选择选项四,因为后者的净收益更高。当然,这种情况是极为少见的,因为这需要一个很精致的成本收益平衡。

在正常情况下要监测一块空的保留地是否正在被用作工商业(指定用途)还是住宅(非指定用途)的成本是不高的,因为这样的土地毕竟较少。而与此同时,在征收这样的地块时政府可能提取的租值也是不小的。所以选项四并不常见。但在沙井这样的特殊的市场环境下,正向和分成私有化(选项一和三)都不可行,因为可能是受到之前提到的区位和按揭难题的影响,可提取的租值太低。

一个纯粹的反向私有化(选项二)对于村民来说从技术上是可行的。但因为这个选项涉及较高的和政府的协商成本,所以对于村民来说并不是最优,尤其是当选项四可行而且涉及较小的法律成本时。在沙井的真实环境里,临时移民家庭的住房需求很大而村民选择选项四时面临的法律成本又很小,因为这个选项同时也是政府的最优选项(这也就是说政府强硬执法的可能性小,所以村民承受的法律压力小)。因此,在这个特殊的市场环境下,选项四可以是双方共同的最佳选择。对村民而言,这个选项的净收益最大,对政府而言,考虑到从 GDP 增加中带来的税收收益的增加,这个选项的净收益也是各个选项中最大的。

这样的结果就是会有一个从政府到村民,到住房买家,甚至是到租户的收入转移,但却看不到租值损耗,因为这些建筑的设计是遵守最优原则的,比如其建筑密度和容积率都基本符合规范,而质量也符合市场标准。这些设计上的考虑使得这些建筑具备提取最大市场租值的能力,因此不会带来租值损耗。这一点和第四章里提到的政府的规划管制目的是用于提取最大租值的观念是吻合的。这也呼应了第四章所提到的,即在没有集体行动难题的时候,将建筑密度增加到很高的值并不会构成村民和政府谈判时索要更多补偿的更好筹码。这是因为尽管每单位面积的补偿价格是和市场价格正向相关的,楼宇的市场价格却是和楼宇实际设计的建筑密度反向相关的。

总结起来,以上的讨论表明在沙井所看到的现象其实就是一个在其特殊市场环境下,利益相关各方最大化其各自的净收益的结果。允许村民非法建设不仅是村民的最优选项,也是政府的最优选项。这个结果并不受到产权的清晰程度的主导,因为即使产权不清晰,使得政府执法的成本很高,但这高额的执法成本也不会改变结果,因为这可能会更加促使政府选择在一定程度上容忍违建行为。

当然,从动态角度看,这也说明如果市场住房价格上涨或者其他因素产生变化,这样一个精致的平衡也可能被打破。比如,如果市场环境得到改良,那么政府强硬执法的收益可能就会增加。在其他条件相同的时候,这就是说政府更加可能强硬执法,阻止违建而推动合法建设,因为这一选项能带来的净收益增加了。同样的,如果某个成本发生了变化,比如在其他条件相同的情况下执法成本显著增加了,那么大家就更有可能看到很多的违建。

现有的数据并不允许精确地计算各项成本和收益,但市场环境的好转会引发更多的合法建设这一命题是受到事实所支持的。如我们所看到的,深圳市的地铁在 2011 年中延伸到了沙井外围地区,这就是说这里的交通环境好转了,从而市场环境也好转了。从理论上说,这意味着在沙井我们会看到更多的正规合法的建设项目。而在实际上,在过去两年,也确实有更多的开发商参与竞投当地的土地。比如在 2012 年,沙井也新增了几个正规合法建设的小区对外发售。

不管怎样,市场的转变并不意味着这里所有的违建都会被拆除,因为很多这样的小产权小区本身已经建成,是高层建筑,而且是基本按照最优的各项建筑指标建成的。拆除它们至少在短期都是不经济的,这和第五章里讲到的情况不同,因为这些小区已然是高层建筑,近期内拆迁重建是无利可图的。如果一个纯粹的产证变化(即纸面上的权利确认)在未来是可行的话,那么解决问题就很简单了，政府只需要进行纸面工作就可以解决问题。但实际上，这个纸面工作的法律成本可能很高，因为这种项目已然涉及很多利益相关人（包括政府、村民、买房者、租户等）。但无论如何，这个案例中的既成现实的收入转移在将来总是要以某种形式被解决的，因为这种情况不可能永久保留在那里而不给出法律和现实上的解决方案。但要花多长时间才能解决这个问题以及需要花多少成本才能解决在目前来看还是未知数，因为目前甚至还没有看到有正式提出的可能的解决方案的提案的出现。

第七章 对差异化结果的可能解释

第一节 介　　绍

　　第四章和第五章中讨论的模式可以用产权框架来解释。但第六章讨论的沙井的例子就很难单独用产权来解释。沙井的例子表明，即使最初的产权厘定得很清楚，政府仍然无法有效地阻止违建。尽管对于地方政府来说直接执法的成本并不高，但和完全阻止违建相关的其他成本相对来说很高。这要归咎于沙井所在区位的特殊的市场环境。最后实际看到的结果就是，一部分原本属于政府的土地权利被既成事实性地转移给了村民、违建的买家，甚至是违建的租户们。在这个转移的过程中，并没有发现即时的租值损耗。当然，不排除在未来有可能会产生租值损耗的情况，因为当市场变化的时候，一方或者多方的选项都可能会变化所以当前的平衡也就不见得能保持很久。这也意味着说如果市场不发生变化的话，那么受制于各种成本，不管产权是否清晰，政府的行为都不会变化。正因为如此，不难判断的结论就是，即使产权厘定得不清晰，也就是说，政府对于该类土地的权利比例没有明确给定,让村民违建而无力控制仍然是政府各种选项中的最优①。

因此,上面的讨论,结合之前从第四章到第六章的分析,表明产权和交易成本是合在一起而不是单独对经济活动产生影响的。这两个因素构成了建立一个大的法律或者概念性成本环境的主要约束条件②,而建立的这个环境就可以引导其中各个利益相关人的活动和应对。从这个意义上来说,产权并不是决定经济结果的唯一决定因素③。我们也可以合理地认为,产权这个变量,其实是可以转化为可以度量的成本的。转化之后的结果就是,整个分析框架可以简化为一个成本收益分析的问题。

之前的关于城中村的分析支持上述的结论。第四章里提到不清晰不完整的产权影响了城中村的成本环境。一方面,这样的产权问题使得用制度办法解决问题的成本变得极高,这就降低了用制度解决的可能性④。在城中村并入城市之后,村民过去所赖以为生的农地被征用了,他们就必须找到其他的方式来谋求生计。但他们缺少必要的教育和技术,所以无法和他人竞争以获取体面的城市工作。除非说政府可以找到更好的办法来给他们提供城市工作的机会,否则要阻止村民在宅基地上违法建设并非法出租以牟利就很困难。另一方面,产权的问题加之集体行动的难题使得村民在建设违建时相互之间的协商成本变得很高,所以合作变得很困难。对村民来说要共同开发一个项目,不管是通过内部合作还是通过外部介入

---

① 这是因为产权界定得不清晰就会进一步增加政府的执法成本,而这又会进一步削弱政府的谈判能力使得政府不得不容忍违建。

② 这被称为是一个成本环境,因为在这个环境中,如果某个利益相关人选择了一个可以带来收益的选项,这个选项也会受到环境的约束,而这约束会带来特定的成本。

③ 这是因为某些成本,如机会成本,可能并不是直接或者间接的和产权界定相联系的,而是由一些特定的环境参数所决定的,如沙井的例子中提到的特殊的外部市场环境。

④ 比方说,当城中村中的土地权利不完整也不清晰的时候,不管是通过规划规管和建筑控制,还是通过诉讼加上背后的法律执行来控制建筑密度,解决的成本都是很高的。

都很困难。最后的结果就是,村民别无他法只能是自行各自开发,而且他们会尽量提高建筑密度来阻止他人以同样的方式占自己家的便宜。这就会导致一个双输的结局,即过度发展的问题并相应地产生租值损耗。

第五章展示了影响城中村的建筑寿命的三个因素。这三个因素包括第四章里提到的由于产权问题而引发的过度建设会导致租值损耗的问题,政府从拆迁项目可能回收的和村民之间有争议的土地收入的问题,以及城中村拆迁重建中的相对较低的协商成本的问题。这三个因素合在一起调整了各个利益相关人所面对的各种选项的成本,从而进一步就会影响利益相关人的最后决策。不仅如此,在第五章还展示了成本环境变化带来的结果的变化,即与城市化早期的村民自行违法升级建筑相比,现在的成本环境完全变化了,所以现在政府试图大规模拆迁重建城中村就变得可行,因为对政府来说强制执法以阻止更多的违建并将这些城中村在政府主导下拆迁重建变成了更好的选项。从政府的角度看,因为最近几年的土地需求的不断上升,从城中村拆迁改造中能获得的可能收益就增加了。但与此同时阻止村民违建的执法成本反而会因为产权变得更明晰而减小了①。结果就是,政府可能收到的总的收益变得足够高,高到可以负担相关的成本,而这时候法律就变得更严苛,这就可以有效地阻止村民继续违法建设高层建筑。而同时从村民的角度来看,除了法律成本上升了之外,他们在进一步将违建升级为高层的时候也会遇到更多的技术和财务上的问题,这也可以有效地阻止他们进一步建设违建。除这些因素外,政府主导的拆迁改造还受到政府和村民之间的有争议的收入(超建部分只赔建筑成本,因此多出的土地租金在政府拆迁时可以转回到政府手中)的吸引,而这样的收入在村民自行升级时是没有影响的。所有这些因素带来了与

---

① 这是因为对于高层建筑来说,自住这个曾经模糊的定义在此时已经被澄清了。

之前自行升级时不同的环境。这环境使得村民不再自行违法升级其建筑，而是被迫接受政府的拆迁条款，而可以看到的是，很多城中村在最近几年都被列入了政府的拆迁重建计划，而且很多都已经被政府拆除并通过合法程序重建了。受到最初的产权和相关交易成本的约束，这里的结果是环境变化后产权重构的必然结果。

上述的第四和第五章展示了产权的重要作用，即产权在影响经济结果中发挥了尽管不是唯一，但却很关键的作用①。第六章里提到的沙井的例子则作为一个特例，表明产权有时候在决定经济结果时也只是起辅助的作用。在这个例子中，政府有或者没有对于沙井的城中村保留地的清晰的部分产权都不会影响最后的经济结果。这表明了产权在这个例子中的作用就不是很关键，因为在这个例子中尽管产权可以影响政府的不同选项的成本，但这种成本和区位以及市场环境等其他参数导致的可能的收益比起来其影响要更小一些。只要成本没有上升到改变政府决策的临界值，也就是说政府之前的选项还是机会成本最小的那一个，那么产权设定的变化引起的其他选项的成本的升降都不会改变最后的结果。这就是说，更进一步的理解就是产权不仅仅是和交易成本紧密联系在一起起关键的约束作用的，产权更可以被转化为成本从而对经济过程产生整体的但不一定是决定性的影响。

第二节　对于差异结果的解释

从上述讨论中可以推导出，城中村的经济结果会受到产权和交易成本二者共同的影响。张五常关于非排他性收入（non-exclusive income）的理论（Cheung，1974）提到的产权问题会导致租值损耗，

---

① 分析表明在考虑了交易成本之后，可能可以这么认为，即清晰产权比不清晰产权更好，单一产权比多人产权（共享产权）更好，完整产权比拆分的产权或者不完整产权更好。

这可以用来解释第四章和第五章里谈到的模式。但仅靠这个理论并不能有效解释沙井的案例,因为在沙井的案例中没有观察到租值耗散的情况。但这个例子可以用 Barzel(1989)提出的更一般化的框架来解释。他提到经济现象可以是正的交易成本下的产权重构的结果①。这就是说在沙井政府面临强制执法所带来的高交易成本时,政府可能会放弃保护自身的部分土地权益,这就会导致权利发生重构,而结果也会随之改变。

城中村的产权设置是随着土地类型的不同而不同的。所以随着产权设置的不同,交易成本也不同。比如,当建在宅基地上的城中村的建筑建到一定高度时,是否是用于自住就较为容易判断,所以此时产权就变得较为明确,而执法成本反而会下降。又比如,决定交易成本的环境参数也是有差异的,这就会使得不同场合下的成本不同,比如沙井的环境就和别的地方不同,这会影响交易成本的取值。因此,可以预见的是土地类型的差异、区位的差异、时间的差异都会导致各种成本的差异,而这些差异就会导致差异化的经济结果。下面就会详细分析这些差异化条件和差异化结果之间的因果联系。

7.2.1　准备工作

要开始正式的分析,首先需要做一些准备工作。

7.2.1.1　利益相关人的相互影响以及不同选项的排序

这里有两个问题需要澄清。第一,特定利益相关人其所需承担的交易成本的大小是否显著取决于其他利益相关人的选项。举例来说明,在以上 Barzel 提到的当某人企图占有别人的资产时,他需要承担的占有成本取决于原有产权人的选项,当原有产权人选择放弃权利时,这个占有成本就会非常低。同样的,如果受到已有条件

---

　① Barzel 提到在重构之后,实际产权会和初始产权不同,而当保护成本比资产的价值更高的时候,产权所有人甚至会放弃产权。

的制约这个占有成本已经很高,那么这个企图占有他人资产的人就会选择放弃这一企图,这就会导致原有产权人的保护成本变得很低。这说的就是,一般来说,别人的选项对于自己作决策来说是有影响的。正因为这样,别人的选项一旦会影响到自己的成本,那么这些选项就应该在作决策时充分考虑进去。

这里用上述的城中村的例子来进一步说明。当村民在 1990 年代到 2000 年初选择建设违建时,他们要保证其违建能持续提供租金就需要承担一些法律成本,但这时的法律成本是很低的,因为这一期间政府执法不严格。但当他们在最近几年企图再进一步升级改造其违建时,政府的选项已经变化了,土地回报的增加使得政府有条件克服执法成本的负担,所以政府会严格执法。这样,村民面对的法律成本就增加了。受到高额法律成本的制约,村民们会选择放弃进一步违建,所以这时候会看见新增违法建设在近年变得比较少见。但由于特殊的区位和市场环境的原因,沙井地区政府的选项变化较小,其选择顺序在早几年并没有实质的变化,这也就是说,在沙井政府仍然没有条件严格执法。所以在沙井违建所涉及的法律成本相比其他地区来说要更低,这就使得在当地违法建设还可以继续进行。

第二,当讨论成本的时候,我们必须要同时考虑利益相关人能选择的其他选项。这就是说还需要考虑机会成本。如果在某个选项中,一个资产在减掉所有相关成本后能给资产所有者带来净收益,那这并不是说这个选项就一定会被选择,这是因为还有可能会有其他选项会带来更多的净收益,那么后者就会更有吸引力,所以这个利益相关人就会选择带来净收益最多的那个选项,而不仅仅是选择净收益大于零的那个选项。这说的是一个人在作决策时,并不是说只要能收到正的净收益就好,而是希望净收益越大越好。所以,机会成本是需要被减掉的。

上述的讨论也表明,即使保护成本的绝对值比资产的价值要高,产权人仍然有可能不选择将这资产放弃给他人,因为他其实还可能有别的更好的选项。比如他可以花费一个很低的额外成本用这资产生成一些残余价值。在某些情况下,资产所有者可能会选择未来再去报复(一个先放弃资产将来再抢回的策略)。或者如果报复并不容易,他可能会选择从物理意义上毁掉这资产(这就是说,我得不到的,你也别想得到)。这会带来心理上的愉悦,而这愉悦所带来的额外收益很多时候会超过毁掉资产所需要花费的额外的成本。这种资产毁灭的行为也不一定是物理意义上的,比如,这个利益相关人可以选择放弃当前的交易而选择和其他人交易,这会毁掉交易能产生的收入,但却不是物理意义上的资产毁灭。在放弃这个交易之后,尽管和其他人交易能产生的新价值较小,但完成新交易可能需要花费的保护成本也较小,所以是值得参与的。当然,如前所述,交易人也可以选择参加当前交易,暂时放弃一部分权利,将来再找别的机会来侵占这个现在占过自己便宜的人的利益,这样两人之间就可能重新恢复平衡。

7.2.1.2　分析中要用到的一般规则

要解释结果的差异,这里的分析混合了产权和交易成本这两个主要因素,为了更好地分析,需要用到以下的两个基本规则。

　　　　规则 1(个人规则):在任何经济交易中,如果一个利益相关人(指的是参加交易而且其行为可以显著影响交易或者被交易所影响的人)在经济上是理性的,他会最大化自己的净收益(就是可收到的经济收入减去相关成本)。

　　　　规则 2(均衡规则):在一定的预设好的约束条件下,如果所有利益相关人都是在经济上理性的,一个合约在而且只有在它代表所有利益相关人的最优选项时才可行①。

第一个规则是很自然也是很合理的,因为这基本上就是一个改良版的理性主义的财富最大化的概念。财富最大化的原始概念并没有明显提及交易成本这个因素,而制度理论在加入了交易成本因素之后则为财富最大化这个概念提供了更详细的定义。也就是如Barzel所说,个人最大化自己的净收益,就是交易中得到的收益减去落实交易所涉及的各项成本["individuals maximize their(expected)NET gains, the gains from exchange as conventionally perceived net of the cost of effecting exchange"(Barzel, 1989, p.3)]。这里用到的规则1基本上就是Barzel论述的一个衍生版本。

第二个规则也是合理的。如果第一个规则是可以接受的,那么第二个就可以用逻辑推理来证明。从这个意义上来说,这更像是一个衍生定律或者推论。第二个规则说的是,在交易中的各方都应该能最大化其净收益,否则交易无法达成。在这条规则下,最佳选择代表的是给相关利益人带来最大净收益的选项。如果某人强行推动一个并不是所有人的最佳选择的选项,那么现有的约束条件就必须变化而新的约束条件就需要以某种代价被加入进来。如果这样的话,那么改变后的合约选项仍然应当是所有人的最佳选项,所以规则2还是符合最大收益的。

比方说,如果某个婚姻契约可以给男方带来最大的净收益,但却不能给女方带来最大净收益,那么女方可能会拒绝这个婚姻契约而另嫁他人,而她实际嫁的人才会给她带来最大净收益。如果之前的男方一定要娶这个女方,那他就必须改变自己的属性来说服女方

---

① 一个合约选项规定了相关利益相关人的行为。此时最佳选项这个词代表的是合约选项所要求的特定利益相关人的行为必须是能给他带来和其他选项相比的最高的净收益。比如,一段婚姻要求丈夫和妻子两人都需要签署婚姻合约,因此这合约只能在签订合约是双方的最佳选项时才能达成。

嫁给他比嫁给别人更好。或者他可以通过说服女方别的人比自己要差来消除竞争。要这样做他甚至可能会采用不道德的方式比如造谣毁谤来降低其情敌的档次。不管是采用哪一种方式,只要这些方式的成本并不会太高,也就是说不会高到使得娶这个女人变成不可行的话,男方就会采取行动。这些行动可以改变女方的各种选项的排序,使得嫁给这个男方变成女方的排序第一的优胜选项,这样的话这个男方期望的婚姻也就是合约就可能会实现。而此时为达成他自己认为是最佳选项所付出的成本就是额外付出的交易成本。这成本可以很大也可以很小,但除非说在现有约束下这婚姻已然是双方的最佳选项,否则这成本应该不会等于零。而如果这婚姻已然是双方的最佳选项,那么其实就不需要改变任何约束条件而这样也不会产生额外的交易成本。

7.2.1.3　阶段划分、利益相关人以及可能的结果

第三章里提到,城中村的发展经历了三个主要阶段,分别是农村阶段、早期阶段(又称为转换阶段)以及城中村阶段。在农村阶段(1990 年代中期之前),城中村就是农村村庄,它们可以被看成是和其他农村村庄无差别的,而这时候的城中村其形态也是和其他农村村庄一样的景象,就是一大片农地包围着一些村屋院落的样子。在早期阶段(从 1990 年代中期到 2000 年代早期),这些村庄被并入了城市,地方政府征收了农地并将其卖给开发商用于建设,但在当时绝大部分的村屋以及这些村屋所占据的宅基地却没有被征收。这时的实际情况是,很多村民都非法地将自己家的村屋升级为高密度的多层建筑用来出租获利。在城中村阶段(2000 年之后),建满高密度违建的城中村变成了我国城市的一种特殊但却普遍存在的现象。与此同时,它们之中有很多也被政府列入了拆迁重建计划。

在城中村发展的整个过程中,主要的三个利益相关人是村民、政府以及开发商(这不包括那些不受认可的非法承包商)。每个利益相关人都可以从一个选项表中选择可最大化自己收益的最优的

那个选项,但一个合约只有在各方利益一致的情况下才可能会实现。表 7.1 展示了三个基本的合约选项。所谓的合约选项指的是各方可能达成合约的选项的组合。比方说,如果村民选择选项 1,也就是非法开发,要成功实现这一选择村民需要说服政府也选择选项 1,也就是允许违建。这时开发商也必须是选择选项 1,也就是不参与。这样一个包含三方选择的完整的组合才构成一个合约选项。如果其他任何两个利益相关人之一没有选择选项 1,那么村民也必须选择其他选项否则合约达不成。用另一个简单例子来阐明,如果你要卖一个东西给别人,首先需要一个买家,如果没有人买你的东西,你的东西当然就卖不掉。所以,这种买卖的行为的组合就是一个合约选项,换句话说,一个可能的交易方式。

表 7.1　三个主要利益相关人的基本的合约选项

选项	村民	政府	开发商
1	非法开发	暂时容忍非法开发	不参与
2	合法开发	允许合法开发	不参与
3	出售土地给政府	征收土地	开发土地

在不同的阶段,上述的几个合约选项如果可行,必然会生成一个结果。实际观察到的结果在表 7.2 里面有总结。在表中列出了五个主要的可能的结果类型。第一个(结果 A)是高建筑密度的多层非法建设,楼层小于十层。这里讲的高建筑密度特指超出最优建筑密度同时也超出规划设定的标准的那些。第二个结果(结果 B)是合法的低建筑密度的多层建筑。第三个结果(结果 C)是高建筑密度的高层违建,楼层大于等于十层。第四个结果(结果 D)是低建筑密度的高层合法建筑。第五个结果(结果 E)是低建筑密度的高层违法建筑。画斜线的空格表示的是不可能实现的或者是实际没有观察到的结果。比如,合法建设通常是受到规划管制的,这就是说它们的建筑密度不可能太高。还有如第四章中讨论过的,多层违建的建筑

密度都很高,所以低密度的多层违建是不能被观察到的。

表 7.2　观察到的结果

	合法建设	非法建设	
高建筑密度		A	多层 <10 层
		C	高层 ≥10 层
低建筑密度	B		多层 <10 层
	D	E	高层 ≥10 层

上面提到的各种结果实际上是表 7.1 中列出的各种合约选项的按不同阶段的展开版本。在早期,如果合约选项 1 被选中,那么结果就是第一个(结果 A)。而如果合约选项 2 或者 3 被选中,那么观察到的结果就是第二个(结果 B)。在城中村阶段,如果合约选项 1 被选中,那么结果就是第三个(结果 C)。如果合约选项 2 或者 3 被选中,那么观察到的结果就是第四个(结果 D)。第五个结果(结果 E)是第六章讨论过的沙井的特例以及其他可能相似的情况。为更好的阐释,有些特殊的结果是单独讨论的,并没有列在表中①。

7.2.1.4　分析方法:多利益相关人成本收入分析(MSCBA)

要解释为什么在现实的不同场合中,一个合约选项相比其他选项会被选中,也就是说结果的差异,我们需要一套分析方法。这里采用的是一个全面的多利益相关人成本收益分析方法(The multiple stakeholder cost benefit analysis,简称为 MSCBA)。这方法可以帮助我们更方便地了解各种细节。分析的目的是在考虑了各种交易成本以及各种利益相关人的前提下,找出使得上面各种结果成为必然结果的相应条件。在之前的章节里已经做了一些相关的细节分析(近景分析),但到目前为止还没有将它们联系起来用较大的视角(远景的视角)来进行横问对比。本章的分析目的就是将

---

①　这些特殊的结果包括村民早期在其保留地上建设的工商业建筑以及之后他们兴建的更新的开发强度更高的工商业建筑。这些建筑是合法的。

所有之前提到结果都整合起来放到一个大的全景中进行对比分析。

在 MSCBA 中,可以先列出来每个利益相关人的成本收益因子,之后可以计算在不同场景下的他们的不同选项的净收益。在之前定义的两个基本规则的影响下,不同的因子值的组合在理论上会导向不同的经济结果。之后我们就可以完整地解释各种差异化结果的产生原因了。

7.2.1.5　各种成本收益因子

下面列出的是分析中可能会用到的各种主要的成本收益因子。

1. 可提取的租差的现值(The Present Value of Recoverable Rent,PRR)

如果一块土地没有任何价值,那么就没有人会去开发它。人们去开发一块土地必然是因为这土地能带来一些收益。可提取的租差(Recoverable Rent,RR)就可以被定义为是土地的可能的最好用途和当前用途之间的租值之差,代表的是转变土地用途所带来的价值提升。PRR 则可以被定义为在决策时这个租差 RR 按照通行利率折现所得到的现值。这里有 $PRR = PNR - PR - PC$。在等式中,PNR 是如果拆除现有建筑建设一个新建筑所能收取的总租值的现值。而 PR 是当前建筑能收取的总租值的现值。PC 是生产性成本的现值,在这里也就是建额外结构的建筑成本的现值[①]。在减去 PR 和 PC 之后,PRR 代表的是一个可能会有的净价值的增加额,而这也是吸引开发项目的主要诱因。形象地阐释的话,可以假设某人所拥有的一块空地,在过去由于其区位太差而根本没有价值,那么在过去就没有人会去租它,所以这土地会荒废在那里。但如果这里附近新建了一个铁路车站,那么这片区域的土地需求就会增加,使得这土地的价值也会增加。此时如果将这片土地开发成住宅或者商业或者两者都有的混合型小区的话,土地所有者就会获得一个可能的租

---

① 拆迁后重建现有的建筑结构的建筑成本是浪费性的,所以并没有包括在 PC 中。

值的增加。如果这个租值的增加超过了其他必要成本的总和,那么土地所有者就会将土地转变用途,以最大化土地净价值的方式来开发。

现实世界的证据也支持 PRR 和土地用途转变成正向相关这一论断。我们知道一个市中心的位置会比一个郊区位置有更高的土地需求。需求高不仅意味着租金更高,也意味着需要的住房的面积越多,后者会导致市区会有一个更高的容积率。将这个规则应用于城中村的例子,就是说如果已有的市区和郊区的城中村它们的建筑高度目前差不多,那么我们不难判断如果其他成本都相似,市区的城中村会比郊区的先被拆迁并被重建为更高的建筑。事实就是,第五章搜集的数据表明大量的市区的城中村已被列入拆迁重建计划,而只有很少量的郊区的城中村被列入了这样的计划。

2. 生产性成本(Productive Cost,PC)以及浪费性的建筑成本(Wasteful Construction Cost,WCC)

根据定义,生产性成本指的是价值可以被转化进最后的产品中的成本,比如面粉的成本就可以被转化进到面包的成本中。在土地开发的例子中,生产性成本指的是为了提取可能的租值增加而花费的生产性建筑成本。举例说明,如果一个现有的建筑有两层楼,同时拆迁这个建筑之后要建的新建筑会有五层楼,假如两个建筑质量相似的话,那么只有建新建筑上面三层的建筑成本可以被认为是生产性的,而重建下面两层楼的建筑成本实际上是一种重复性的成本,它虽然是必要的,但却是浪费性的[①]。所以后者就应该被列作浪

---

① 浪费性这个词是一个相对概念。如果一个建筑的初始建设者有完整的信息能够预测到未来的情况,那么他会将这建筑建成可拓展的样子,也就是说即使建筑已经建成,之后他还可以继续往上增加楼层而不用拆除主体结构。因此,和完全信息的情况比较,在拆迁重建项目中重建现有结构的成本是浪费性的。沉没成本有时候是浪费性的,但这两个定义是有区别的。比如,如果你掉了个杯子到地上而打破了它,那么这个杯子的价值就是沉没成本,而同时和你小心轻放不打破相比也是浪费性的。但如果你在一次赌博中输了 10 块钱给别人,那么这 10 块钱对你来说是沉没成本,但却不是浪费性的,因为这 10 块钱的价值被别人得到了。

费性的建筑成本（WCC）。

3. 拆迁成本（Demolition Cost，DC）

拆迁成本指的是拆除旧建筑所花的工程成本。它是非生产性的，但在任何重建项目中都是必要的。

4. 协商成本（Negotiation Cost，NC）

协商成本有两部分。第一部分指的是物理性协商的成本，也就是指搜集和传递信息的成本。第二部分指的则是和协商相关的成本。基本上来说，这个相关成本指的是某个利益相关人要让其他人接受他所提出的选项所需花费的成本。这样的选项通常是对于该提出人有利的，但实际的结果则取决于这相关成本的大小。也就是说，如果这相关成本的总和太大，那么之前对于这个利益相关人有利可行的选项最后有可能会变成不可行[①]。一个成功的协商需要一个双方都同意的安排。而要实现这一点，各方都会想尽办法限制他人以排除其他竞争选项，这样才能使得这安排是各方的最好而且是唯一的最好选项。要达成这样的安排是有成本的，这也是为什么协商总是很困难的一个原因。

如果达成一个交易需要采取的措施是确切已知的，那么这里的抽象的和协商相关的成本是可以用具体的成本的名称来替代的。比如，当我们确信要达成一个交易只需要强制执行即可，那么这里的和协商相关的成本其实可以用执行成本来替代。但如果我们并不知道需要什么确切的行动才能达成交易的话，那么我们仍然可以用和协商相关的成本这个笼统的概念来代表那些和可能的行动联系在一起的成本。这就意味着，如果我们说和协商相关的成本很高，这其实说的是要达成一个交易所涉及的必要行动的成本很高。

[①] 这些成本的总和不但会受到问题的属性和涉及的人口的人格（甚至包括利益相关人的信仰和道德）的影响，也会受到底层的法律环境的影响，因为后者约束了利益相关人的可能的选项。

所以上面的讨论讲的就是协商成本不仅可以包含物理性的协商成本，即搜集和传递信息的成本，也可以包含那些与限制他人选项的行为相联系的成本，这甚至有时可以包括那些隐藏负面信息的成本。在城中村的例子中，有几种主要的协商类型。这包括村民和村民之间的协商，村民和政府之间的协商，政府和开发商之间的协商，以及村民和开发商之间的协商。这些协商都会涉及协商成本。

5. 法律成本（Legal Cost，LC），正规执法成本（Formal Enforcement Cost，FEC），以及法律变化的成本（Cost for a Legal Change，CLC）

法律成本指的是当一个利益相关人其行为被法律禁止时他需要考虑的违法成本（即违法会受到的实际惩罚）。法律成本的大小取决于政府如何定义以及执行法律。如果法律本身定义得很好而且政府又不遗余力的执行法律，那么法律成本的大小就是法律所定义的惩罚。但如果政府完全不执行法律，那么根本不会有法律成本，即法律成本等于零。如果政府在一定程度上执法，那么法律成本的取值可以是在零到法律定义的最大惩罚之间。从政府的角度看，将法律成本施加到他人身上会给自身带来一个执法成本。这样的成本是为正式采取法律措施而花费的，所以在这里可以标记为正规执法成本（FEC），这可以区别那些和自行执法相联系的执行成本。如果对于某一特定的法律的执法成本很高，那么政府可能会采取暂时不执法①。在这样的情况下，政府可以选择重写或者修改法律使得其更加具备可行性。当一个法律被修改，改变它的成本（CLC）也是一种间接的执法成本，而这种成本可以被看成是一种固定成本，也就是说它可以被拆分给多个执法行动来共同承担。就像之前说到的，执法成本其实也可以被看作是一种特殊的和协商相关的成

---

① 比如，要完全阻止某些人在公共场合制造噪音是很困难的事情，因为和阻止噪音带来的社会收益比较起来其执法成本可能很自然会非常高。

本,因为其作用通常也是为了达成某个交易。

6. 额外的融资成本(Extra Financing Cost，EFC)

融资成本一般指的是利息。利息在土地开发项目中是很重要的一个变量，因为土地开发是资本密集型项目，所以绝大部分开发商都是依赖银行融资来运作的。如果按照当前通行的利率来计算，那么融资成本就已经被考虑了，因为之前的等式中的数值都指的是考虑了利率折扣的现值。但是对城中村的村民而言，获得银行授信通常是很难的一件事情。这是因为他们的开发项目通常是违法的，所以其项目本身不能用作有效抵押，缺乏抵押是很难获得银行贷款的，所以他们就难以从银行获得资金来资助自己的项目。无奈之下，村民只能用自己的存款来资助项目，又或者是从私人借款人手中以更高的利率来借钱。如果是选择后者，那么对村民来说就会有额外的融资成本(EFC)。

7. 税收收益(Tax Revenue，TR)，土地出让金(Land Sale Revenue，LSR)以及土地成本(Land Premium，LP)

政府的支出通常是用税收收益(Tax Revenues，TR)来维持的，所以增加税收收入是政府的一个主要目标。在 1994 年分税制改革之后，地方政府有了另一种主要的收入来源，这就是土地出让金(Land sale revenue，LSR)。TR 和 LSR 基本上构成了我国中央和地方政府的最主要的两种收入。政府收到的 LSR，从开发商或者村民的角度看则是一种土地费用(Land Premium，LP)。

7.2.1.6　决策场景

决策场景指的是利益相关人作决策的主要场合。在不同场合下，利益相关人做出的决策不同，这些决策的集合则形成合约从而带来之前提到的可能的经济结果。不同的场景是包含不同的利益相关人的。在不同的场景下，我们可以用决策等式来计算之前提到的决策因子的值。以财富最大化为终极目标，每个利益相关人都会基于不同的决策因子值做出不同的决策。这些值不仅随时间和地点而改变,也随问题的类型、特点、利益相关人的能力、市场环境以及底层的制度环境的变化而变化。每个场景中的最后结果应该是各方在约束条件下的最优选择的集合,而具体的过程则取决于各个利益相关人的行为和应对(最大化利益的行为以及促成合约的行为)以及这些行为和应对所涉及的成本。如果我们的分析是对的,也就是说提供了正确的预测,那么对于每个场景的预测应该会和现实观察相吻合。这样的话,就可以说这些分析很好地解释了现实观察。

这里列出了城中村案例中的四个主要的决策场景。对于每个决策场景,会有一个关于决策选择的问题。而这问题的答案则帮助预测出最后达成的合约选项。

第一个决策场景是:在早期阶段,当住房需求上升的时候,老的村屋可以被升级为更高的多层建筑以提供更多的住房。此时的问题是,在这个场景里,老的村屋会被村民非法地改造为多层建筑还是会被政府征收并开发成合法的有产权的多层建筑呢?这个场景用 DS1 来标记。

第二个场景是:还是在早期阶段,此时老的村屋将会被升级为非法的多层建筑。这里的问题是,此时村民会以正常建筑密度兴建还是以不正常的(高密度)的建筑密度兴建?这个场景可以标记为 DS2。

第三个场景是:在城中村阶段,当住房需求进一步上升时,此时将多层建筑拆迁并升级重建为高层建筑(大于等于 10 层)是有利可图的。那么此时的问题就是,这些城中村建筑会被村民再次非法重建为高层建筑还是会被政府拆迁改造为合法的有产权的高层建筑?这个场景用 DS3 标记。

第四个场景是:对于保留地来说,在最近的几年,可以用于不同的用途,这包括合法的指定用途和非法的非指定用途。此时的问题是,村民会选择按照指定用途合法建设,或者将他们的土地卖给政府,还是按照非指定用途违法建设呢? 这个场景可以用 DS4 来标记。

7.2.2　观察和解释

做好准备工作之后,我们就可以开始进行一系列的成本收益分析了。

7.2.2.1　场景 1(DS1)——从村屋到多层建筑

实际观察

之前提到,城中村有三种主要的土地类型,即农地、宅基地以及保留地。在早期阶段,大部分的被并入城市的农地都被政府征用并合法开发了。目前在深圳市、广州市以及西安市的市区范围内已经很难看到农业活动了。与此同时,大部分的保留地还掌握在村集体手中,这些土地多数是被村集体企业合法开发成了工商业用途。至于宅基地,情况又不一样。在第四章和第五章中,搜集到的数据表明在这几个城市中建在宅基地上的少于三层的村屋已经很难看见(深圳市的样本中没有,广州市有 4 个而西安市有 19 个)。这就是说在三个城市中的大部分建设在宅基地基础上的城中村建筑都已经被非法升级建设成了更高的多层建筑。统计表明,在深圳市,大部分城中村建筑有 7 到 8 层,在广州市有 5 到 6 层,而在较不发达的西安市也有 3 到 4 层。

关于这三个城市中的城中村的建筑物的高度的详细统计数据列在表 7.3 中。这些数据是根据第五章中的楼层数据样本总结得出的。在这些数据中深圳市的样本有 1 054 个,而根据这些数据计算出的城中村建筑的平均高度为 7.94 层。同样的,广州市的样本有 138 个,计算出的平均楼层为 6.24 层。在西安市,搜集到的样本有 122 个,而计算出来的平均楼层是 4.24 层。尽管对于城中村建筑而言,可用于自住的最大可建楼层在法律中没有清楚的说明,但我们一般可以认为超出三层就应该不是用于自住了,所以从理论上来说,这三个城市的城中村建筑中三层以上的部分都可以被认为是违建。

表 7.3 深圳市、广州市以及西安市的城中村建筑的高度统计

城市	样本总数	城中村样本数目	最小楼高（层数）	最大楼高（层数）	平均楼高（层数）	> N 层的比例	< M 层的比例	介于 M 到 N 层的比例
深圳市	1 054	48	3	19	7.94	15% N=9	20% M=7	65%
广州市	138	26	2	11	6.24	1.4% N=9	21% M=5	77.60%
西安市	122	24	2	8	4.24	2.5% N=7	15.6% M=3	81.90%

具体的解释

如同之前讨论的,农村土地在我国是属于集体所有的,这些土地主要是用于农业耕作和农户自住。所以很自然地可以知道农地上覆盖的是农作物,而宅基地上建的是村屋。在早期阶段,当城市扩张使得农村土地被并入城市时,政府其实是可以合法地将这些地都转化为城市土地的,但要这样做,政府同时也需要将受到影响的村民转化为城市居民并给予他们城市户口。这样的转化成本很高,所以除非说可能的收益一定比成本要高,否则政府不会愿意去做。在早期阶段,我国还处在计划经济或者半计划经济时代,那时候将农村土地转为城市土地的收益主要来自新建政府机构或者国有企业。但不管实际是哪种情况,如果一块农村宅基地已经在村屋建设之前就被合法转化为国有了的话,那么这块地当然也不是农村土地,而且很自然也就不是这里研究的对象。所以,这里的研究所说的开始的时间指的是当农地仍然是处于农业耕作用途下,而在农村宅基地上还建满了低层村屋的时候。

下面先列出不同利益相关人对不同土地类型的基本的成本收益计算式。这些计算式不单是用于 DS1,通过适当的修改它们也会被用于其他三个场景中。

A. 村民关于农地的成本收益计算式

表 7.4 列出了村民用于计算关于农地的不同选项的净收益的成本收益计算式①。从 1980 年代开始，因为快速的经济增长带来的工业化和城市化，土地需求迅速增长。结果就是农村土地的价值就增加了，其中尤其是那些位于城市中心附近的农村土地的价值增加得快。换句话说，这就产生了可提取的租差 RR，而当 RR 超过所有相关成本之和时，村民就看到了赚钱的机会。

在式子中，PRR 表示的是如果建新的建筑的总的可提取的租差。如果村民选择第一个选项也就是移除农作物用土地来建房的话，他们需要付出一个正的移除农作物的成本，这标记为 RMC。RMC 一般都很小，因为移除农作物不是很复杂的工作。LC 是法律成本。尽管有争议，但一般来说，任何建在农地上的未经政府批准的建筑都应当是属于违建，而只要是违建，都会面临法律成本的风险。PRR 对于村民来说也是非法收入，因为村民并没有权利在农地上建房出租。如果政府严格执法，村民面临的法律成本就会很高，比如所有建成的建筑都有可能被政府合法地推倒。但实际的法律成本的大小取决于政府如何执法。如果政府暂时无法有效执法，法律成本当然就很低，而如果政府强硬执法，那么法律成本就会很高。

另一个需要提及的成本是融资成本。对于非法项目来说，因为这些项目的不合法性，村民并没有有效的可以从银行获得贷款的办法，他们基本上只能用自己的储蓄或者从非银行的私人或者组织手里借贷。如果是选择后者，那么就会有一个额外的融资成本（EFC），这是因为私人或者非银行组织所提供的贷款其利率通常会比银行的利率要高。

如果村民选择表中的第二个选项，即付给政府一个土地费用

---

① 所有的值都指的是在决策制定时的现值，而且计算应当是以当时的市场利率为准。

(LP)从而使得自己的项目变为合法,此时 PRR 就可以被村民合法地提取。但这样做的话,村民需要说服政府,那么此时就有个协商成本(NC)。

如果村民选择表中的第三个选项,也就是将土地卖给政府,那么对于他们来说没有 PRR 可以收,但是他们可以要求政府付给他们一个在他们放弃的土地的当前使用价值之外的一个额外补偿(EC)来作为补充。EC 并不是一个合法收入,但只要政府愿意付,村民就可以收,这就是说如果政府不付 EC 就需要付出一个正的执法成本来强制推动交易的话村民就可以要求额外补偿(政府给不给是另一回事)。当然,要这样做,他们需要付出一个和开发商或者政府或者和两者一起协商的协商成本。

表 7.4　村民关于农地的各种选项的成本收益计算式

选项编号	选项	计算式
1	非法开发	$V1 = PRR - RMC - LC - EFC$
2	合法开发	$V2 = PRR - RMC - LP - NC$
3	出售土地给政府	$V3 = EC - NC$

B. 村民关于宅基地的成本收益计算式

表 7.5 展示了村民关于宅基地的各种选项的成本收益计算式。村屋大部分时候是合法的,也就是说当村屋作为村民自住的时候其实是合法的。尽管最初政府并没有设定建在宅基地上的最大可建的合法楼层数,村民理论上是不能自由地增加楼层的。同时村民也不能自由地将他们的房子卖给别人。所以,如果村民选择第一个选项也就是非法建设的话,他们需要承担一个法律成本。如果要将建筑升级,在建新建筑之前,他们也需要将老的村屋先拆除,这样他们需要负担一个浪费性的建筑成本(WCC)。同时需要承担的还有一个拆迁成本(DC)。此外还需要减掉额外的融资成本 EFC。最后这个选项的净收益可以由这个式子计算出来,即 $V1 = PRR - RMC -$

LC－EFC。

如果村民选择合法建设,那么除了 WCC 和 DC 之外,他们需要付给政府一个土地费用(LP)。同时还需要付出一个协商成本。如果村民选择直接将土地卖给政府,那么他们就不能享有 PRR,但是他们可以获得一个额外的补偿 EC。而要得到 EC,村民需要付出一个协商成本 NC。

表 7.5　村民关于宅基地的各种选项的成本收益计算式

选项编号	选项	计算式
1	非法开发	$V4 = PRR - WCC - DC - LC - EFC$
2	合法开发	$V5 = PRR - WCC - DC - LP - NC$
3	出售土地给政府	$V_6 = EC - NC$

C. 村民关于保留地的成本收益计算式

表 7.6 展示了村民关于保留地的各种选项的成本收益计算式。如果他们选择第一个选项,即将土地非法开发成非指定用途,那么他们可以得到 PRR,但同时也需要承担一个法律成本 LC 以及额外的融资成本 EFC。

如果村民选择第二个选项,即将土地开发为合法指定用途,那么他们可以合法地获得 PRR 同时也无须付出法律成本。但这种情况下的 PRR 可能会比第一个选项的要小,当然其实际的大小取决于市场环境。

如果村民选择第三个选项,即将土地合法的开发为非指定用途,那么他们可以合法的获得 PRR,但是需要付给政府一个土地费用以获得这种权利。同时,要使得政府合作,还需要付出一个和政府的协商成本。

如果村民选择第四个选项,即将土地卖给政府,那么他们就无法直接获得任何 PRR,但他们可以要求政府补偿一个额外的补偿 EC。当然,要得到 EC 他们还需要付出一个协商成本 NC。

表 7.6 村民关于保留地的各种选项的成本收益计算式

选项编号	选项	计算式
1	非法开发(非指定用途)	$V7 = PRR - LC - EFC$
2	合法开发(指定用途)	$V8 = PRR$
3	合法开发(非指定用途)	$V9 = PRR - LP - NC$
4	出售土地给政府	$V10 = EC - NC$

D. 初步的启示

我们可以看到,对于这三种类型的城中村土地,村民都应该会选择最大化其净收益的选项。这里就可以得出一些初步的结论。比如只要村民的最优选项的净收益是正的,那么建筑的升级就是可以期待的。换句话说,这里所有的收益,不管是可提取的租差 PRR 还是额外的补偿 EC,都推动建筑升级。一个很自然的推论就是,所有的成本都会阻碍升级。

要比较各个选项,以宅基地为例子,当其他因素都相同的时候,如果第二个选项中的 LP ＋ NC 比第一个选项中的 LC ＋ EFC 小,那么村民应该会倾向于选择第二个选项。如果相反,那么村民就会选择第一个选项。结论就是,当其他因素都相同时,LC ＋ EFC 越小,那么第一个选项就越可能被选中。同样,LP ＋ NC 越小,那么第二个选项就越有可能被选中。从第三个选项中得出的结论就是,村民的议价能力越强,也就是 EC－NC 越大,那么第三个选项就越有可能被选中。对其他两种类型的土地的分析可以得出类似的结论,这里就不再赘述。

如果我们使用的是传统的单一人称视角的分析方法,那么分析到这里就已经结束了,因为结论都已经得出了。但是,我们还需要更详细的分析,因为上述的一些成本收益变量其具体的取值并不是独立的,也就是说它们的取值和其他利益相关人的成本收益等式是相关的,所以上述的分析并不能用来预测最后的结果。比方说,法律成本的大小其实取决于政府执法的方式和力度。EC－NC 的取值则不仅取决于村民如何行动也取决于政府和开发商如何应对。而 LP＋NC 的取值也取决于政府如何应对。所以，现有的信息还不足以支持对最后结果的预测，因为这时我们还没有来得及分析其他利益相关人的成本收益计算式。而这就是接下来要做的事情。

E. 政府的成本收益计算式

在整个城中村的土地开发过程中，政府除了很自然地作为规管者之外，政府还以村民和开发商之间的中间人的角色存在。政府本身并不开发土地。相反，政府从村民或者开发商手里收取一个土地费然后让他们开发土地①。从这个意义上来说，政府所做的只是设定和执行规则，以及选择让合适的一方来从事开发的工作。

如果村民违法建设，那么政府就没有土地费用可以收取。而如果政府禁止违建，那么政府就会有可能在未来获得一个土地出让金 LSR。但与此同时，政府需要付出一个执行成本，而且如果土地不能马上被开发的话政府需要忍受一个暂时的税收损失（相比不建，违建也可以带来经济活动并且贡献税收收入）。如果政府现在就征收土地并且卖给开发商开发，那么政府会收到一个土地费用，但同时仍然需要付出一个执法成本以及一个协商成本。这时会有一个税收增加，因为购买土地的开发商需要缴纳利润税，而买房的消费者需要缴纳一个交易税。如果政府给予村民合法权利并让他们自行开发，那么政府仍然可以收到一个土地费用以及税收的增加，但政府同时需要承受一个系统风险（维护全国性土地法律不受危害的系统风险），而这风险可能带来一个系统性成本（SysC）②。

---

① 政府可以收取一个土地费用，这是因为政府在这些土地上有部分权利。

② 这是因为允许村民合法建设的话会引发一个多米诺骨牌效应，即大家都会仿效并提出类似要求，这样就可能会损害全国性的集体土地制度。

综上所述,政府的各个选项的成本收益式被列在表 7.7 中[①]。如果政府允许违建,也就是选择第一个选项(选项 1),那么政府从土地中收到的直接收益基本为零。当然因为违建也会提供住房也就是说会拉动 GDP 以及带来税收,那么政府可以预期一个间接的税收收益[②]。为了简化起见,在这里将政府的第一个选项的净收益设为零,使之变成一个相对标杆值。这就是说,等值于这个选项的间接税收收益的值已经在这个选项中减掉了,同时这个值会在其他计算式中也相应地减掉,这样可以使得各个选项具备相互比较的同一基准水平线。换句话说,在别的选项的等式中提到的税收收益实际上就被调整为大于这个选项的税收收益的额外增量[③]。

如果政府允许村民合法开发,那么它会收到一个土地出让金 LSR。如同之前所提到过的,LSR 的大小等值于土地费用 LP。从政府的角度来看,这样的一个数额是一种收益,但从村民或者是开发商的角度来看,这是一个需要支付的土地费用,也就是一个成本。对于政府来说,这个选项同时会带来一个系统性成本 SysC 以及一个额外的税收增益。而要和村民达成协议,还会有一个协商成本。

如果政府征用土地,那么,除了之前提到的土地出让金收益、税收收益以及协商成本之外,政府还需要付出一个正式的执法成本 FEC 以及一些额外的费用 EE 用来安置村民。EE 之所以存在是因为迫于舆论和实际压力,政府可能需要为村民安排工作机会(失去

---

① 政府最大化自己的净利益是一个可以证伪的论断也是目前最为准确的解释。而政府官员牺牲政府利益来保护自我利益也是可能的解释(这取决于参数,在某些时候这是对的)。但在这个例子中,后者不能很好解释观察到的区位差异,比如在深圳市的郊区建设的非法高层建筑没有受到政府的干涉,而在深圳市的市区启动的城中村改造项目则都是政府主导的。或者应该说,从一般意义上来说政府和政府官员都是受到约束的,他们都是在最大化,只是在约束条件不同的时候,具体体现(是二者利益一致还是相左)不同而已。

② 当然,允许违建开发会减少合法项目的需求,而这相应地会影响政府未来的可能的收入。最后的净收益则取决于涉及的土地的面积大小。

③ 需要强调的是,这种计算方法在这章的其他场景的分析中同样适用。

土地的村民需要一个其他的谋生方式)。如果土地并没有马上卖给开发商,那么可能的税收收益会降低一些,因为这块土地空着就会带来一个暂时的税收损失。而空置土地引起的住房短缺对于当地经济来说也会有负面影响。

表 7.7　一般情况下的政府的各种选项的成本收益计算式

选项编号	选项	计算式
1	允许村民非法开发	$V11 = 0$
2	允许村民合法开发	$V12 = LSR - SysC + TR - NC$
3	征收土地	$V13 = LSR - FEC + TR - EE - NC$

第三个选项的协商成本的值是政府和村民之间以及政府和开发商之间的协商成本之和。在某些情况下,政府也有可能允许开发商直接和村民谈判。如果是这样的话,政府和村民之间的物理性的协商成本就可以省略。但政府花费在促成一个合理的交易价格上的成本还是需要考虑的。

这里基本上可以排除土地长期空置的情况。在我国当前的政治体制下,城市以及城市以上级别的官员任命实行的都是任期轮换制,即他们不会在一个岗位停留太长时间。要保持一份好的政绩简历,他们需要在其驻地任期内尽可能的努力提高当地 GDP 增长。所以,除非说他们预期到在短期内能获得更多土地出让金(在几年内让开发商或者让村民合法建设都会带来土地收益增加),否则征地之后任由土地空置所带来的税收损耗都是难以承受的[①]。这一动机和开发商不同,开发商可能会愿意囤地,因为税收收益和开发商

---

　　① 这并不是说这个结果总是成立,因为在某些特殊例子中,有些征地项目是由更高的层面的政府机构如中央政府在考虑到长期目标后计划和资助的。比如,为了建设上海的浦东新区,政府在 1990 年代征收了浦东大量的农田,但有些这样的土地一直空置到近几年才开发。所以这里的论点只是说一般来说,征收土地但是不开发而任由其空置是不可行的。

无关。

第二个选项(选项 2)也可以被排除。这个选项带来的系统性成本太高,政府很难承受,这是因为集体土地所有制是全国性制度,影响太大,所以不能轻言改变。这样我们可以很合理地推断地方政府一般是不太可能会直接挑战国家性法律的。这里的结论就是系统性成本越高,那么政府就越不可能让村民合法化他们的建设项目。

那么这里就只剩下了两个选项。一个选项就是政府可以容忍村民违建而不规管,另一个选项就是政府就会引入一个开发商通过征地和招拍挂程序来合法开发。对于后者,条件是 V13 必须大于零。但 V13 是否大于零取决于 LSR、TR、EE、NC,以及 FEC 的具体取值。这些值除了 NC 之外都是可以独立估算的,但 NC 的值则需要在考虑村民和开发商的选项之后才可以确定。如果和政府达成一致是村民也是开发商的最佳利益所在,那么 NC 就会很小。如果不是,那么 NC 的值就取决于政府是否能有效地说服开发商来加入以及是否能有效地促使村民接受征地的条件。

F. 开发商的成本收益计算式

开发商对于不同类型的土地的计算式列在表 7.8 中。

表 7.8　一般情况下的开发商的各种选项的成本收益计算式

选项编号	选项	计算式
1	开发农地	$V14 = PRR - RMC - LP - EC - NC$
2	开发宅基地/保留地	$V15 = PRR - WCC - DC - LP - EC - NC$
3	开发非城中村土地	$V16 = PRR - WCC - DC - LP - EC - NC$

如果开发商选择开发一片农地,能收到的净收益就是 PRR － RMC － LP － EC - NC。在等式中,EC 是付给村民的额外的补偿。NC 是和村民以及政府的协商成本。

如果开发商选择开发一片宅基地或者保留地,那么能收到的净收益就是 PRR－WCC－DC－LP－EC－NC[①]。在式子中,NC 包括和村民以及和政府之间的协商成本。

如果开发商选择开发一片非城中村土地,可能的净收益可以用和第二个选项(选项 2)相同的式子计算,但其中的各个变量的值和开发城中村相比可能是不同的。

G. 对于农地的 MSCBA 分析

上面列出了各主要利益相关人的各种选项的成本收益计算式,那么现在就可以开始正式的分析了。这里分析的是场景 1 里面农地的情况。如同之前提到的,因为系统性成本太高,所以对于政府来说是不太可能允许村民将其非法建设合法化的,所以从村民的角度来看,这就是说和政府协商的成本很高,所以因为这个很高的协商成本,村民将其项目合法化一般是不太可行的。结果就是,V2、V5 以及 V9 都太小所以它们对应的这些选项都不可行。

对于农地来说,因为产权定义得很清楚,也就是说村民只能将农地用作农业生产活动,那么政府是可以有效地执法来以低成本保护自己的权益的。基本上,这就是说当这些土地将要被政府征收并且并入城市区域的时候,村民是没有太多的谈判空间的。在这种情况下,村民就没别的更好的选择而只能选择将土地卖给政府。而如果他们决定在其农地上建设非法建筑的话,他们需要面对较高的法律成本,这会使得他们打消该念头。而对于政府这边来说,政府的执法成本很低,所以政府可以很有效地执法并对村民处以重罚以阻止违建。这样的方法通常足以使得村民放弃违建(V1<0)。而因为这时政府的执法成本很低,那么只要预期的近期的土地出让收益加上额外的税收收入足够大,那么征收土地就比表 7.7 里的第一和第二选项都要好(选项 1 和 2)。这样的话政府就会很倾向于将农地

---

① 保留地在早期也可能是空置的。如果是这样,那么这里就不会有浪费性的建筑成本和拆迁成本。

征收并且之后出售给开发商用于城市开发[①]。

开发商付出的土地费用 LP，从政府角度来看就是政府收到的土地出让金(LSR)。所以在这里其实可以将开发商的等式代入到政府的等式中去。比如，因为 V14 ≥ 0 对于开发商来说是必须满足的条件，那么如果我们将 LP 移到右侧，我们可以得到 PRR－RMC－EC－NC ≥ LP。这样左边就是最大可能的净租值。要吸引到开发商来开发农地，上述的式子必须成立。在一个竞争的市场环境下，政府依靠招拍挂形式出售土地，上面的等式就说明，只要等式成立，就会有开发商愿意来开发这土地[②]。而且，这也表明，政府能收到最大的土地出让金应该就是等于 PRR－RMC－EC－NC。

对于开发商其他的等式我们也可以做类似的工作。这里必须提到，对于非城中村小区，关于重建的谈判往往是在开发商和住户之间进行的，而这种情况下政府基本上不能强制规定任何事情。但因为在我国政府仍然是最终的土地所有者而其他人都只有使用权，那么政府对于这类重建项目还是有权收取一个土地出让金的，而只有这样才能使得土地的使用期限得到合法的延长。

正因为开发商的等式中的各种变量都可以被代入到政府的等式中，所以我们其实可以将主要的选择权赋予政府和村民。政府和开发商之间的协商成本是可以小到不计的，因为如同之前所提到的，只要政府收取的土地出让金不超过最大可能的 LP(小于或者等于最大 LP)，那么都是会有开发商愿意加入的。

表 7.9 展示了将开发商的等式代入之后的政府的等式。这里展示的是政府的第三个选项(选项 3)，也就是征收土地并卖给开发商

---

①　如同之前提到过的，政府一般来说不会将并入城市的农地空置，因为这样会带来税收损失。所以，执法但是不征收这个选项在一般情况下是不可行的。

②　土地费用的实际值可能是谈判的结果，但考虑到开发商之间的竞争以及目前普遍使用的招拍挂制度，一个开发商通常必须付出最大的可能的净收益才能赢得土地，否则就有竞争不过其他的开发商的风险。

开发。等式展示的基本上是等同于开发商征地并给政府缴纳土地费用的情况。所以这里开发商就变成了政府开发土地的合约承包商。等式中的 NC 的作用和执法成本的作用类似,NC 包括物理性的协商成本以及和协商相关的不涉及执法的成本。当然,在执法很有效的时候,NC 是可以很小的。

表 7.9 当开发商的各个选项的成本收益式被通过 LSR 代入到政府的表 7.7 中第三个选项时政府的各种子选项

选项编号	子选项	计算式
3	征收农地	$V13 = PRR - RMC - EC - FEC + TR - EE - NC$
	征收宅基地/保留地	$V13 = PRR - WCC - DC - EC - FEC + TR - EE - NC$
	征收非城中村土地	$V13 = PRR - WCC - DC - EC - FEC + TR - EE - NC$

很容易就能看到,在其他条件都相同的时候,征收农地是政府的最佳选项,因为此时并不涉及浪费性的建筑成本以及拆迁成本。此时,可收到的土地费用是上表里各个选项中最多的。不仅如此,此时政府和村民之间的协商成本也是最低的。这是因为对于农地政府可以以低成本很有效地执法,所以村民就没有诸如违建之类的其他选项可选。当然,村民可以要求高额补偿,但出于四个原因,这样做的可行性很低。第一,土地被征收就可以获得超过农业收入的即时到账的收入,这对于村民来说是一件好事,也是一个诱惑,所以当农地还很多的时候,不同村庄的村民会互相竞争降低所要求的补偿价格以吸引政府先征收自己村的农地。第二,在当时,将农地出售给政府的村民可以获得城市户口[①],这在早期是一个难以抵挡的

---

① 户口指的是人口注册的状态。和农村户口相比,在我国,拥有城市户口通常可以带给子女更好的教育以及带给家庭更好的社会福利。

诱惑。第三、在获得农地补偿之后,村民就会有钱来升级自己的村屋,这样就很快能带来租金收益,而这收益可能会远超继续谈判能带来的额外的补偿的增加额。第四、因为政府对于农地也有部分权利,那么当村民索要更多补偿的时候,政府可以强制执行一个自认为是合理的补偿价格来保护自己的权利。所以总结起来,因为上述的四个原因,要想获得更多的补偿,村民可能要承担一个较高的协商成本,这就使得净收益 EC－NC 反而有可能下降。结果就是,村民只能要求一个合理的能最大化 EC－NC 的净值的额外补偿。而不管如何,只要 V13＞0,对于政府来说征收农地都是划算的。

所以这里可以做出第一个预测,即如果在不远的将来,期望的 PRR 值足够大,大到能够使得收到的土地出让金加上其他收益能大到超过政府的执法成本、协商成本以及其他各项成本之和,那么政府就会强硬执法,阻止村民在农地上建设违建。政府之后会邀请开发商参加招拍挂程序从而出售土地,而最后的土地费用会是政府能收到的最大金额。在这种情况下,违建所面对的法律成本很高,所以村民也就别无选择只能是将土地卖给政府。此时额外的补偿的金额也可能会很小,因为政府可以有效地执行一个补偿价格来保护自己在农地上应该享有的那部分权利。这个结果就说明,只要在不远的将来可能的租金收益足够大,那么农地就有很大的可能会被政府征收并卖给开发商从而进行合法的开发。

G1. 用图形来阐释上述关于农地的讨论

上述的关于农地的分析可以用图 7.1 来形象地阐释。这里每个利益相关人的选项都用一对柱状图来表示。左柱表示收益而右柱表示成本。被三个利益相关人选中的选项则用灰色粗线连接起来,这表示一个合约(即经济结果)并且在灰色椭圆形图标中被标注为"合约"(The Contract)。不同的成本和收益因子用深浅不同的灰色或者填充效果表示,而它们的高度表示的则是大小。图 7.1 中上面

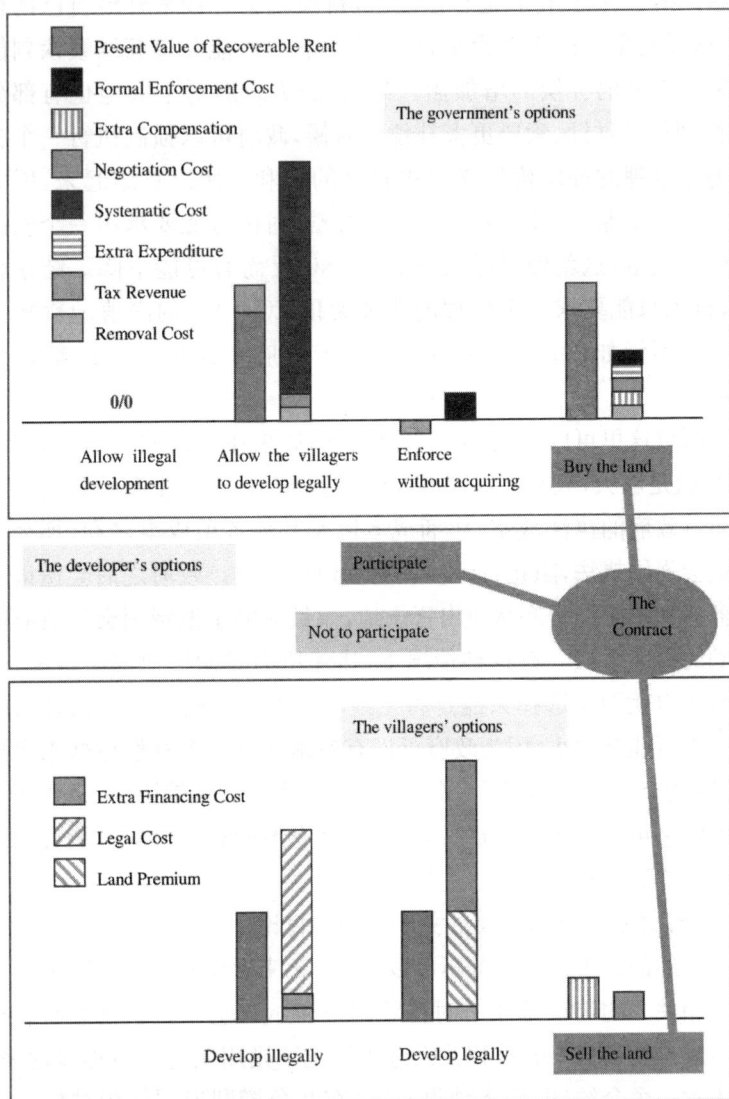

图 7.1　早期阶段各个利益相关人关于农地的成本收益分析
　　　　以及最后达成的经济结果的图解

部分代表的是政府的选项（The Government's Options），这些选项分别为暂时容忍非法建设（Allow Illegal Development）、允许合法建设（Allow the Villagers to Develop Legally）、执法但不征收（Enforce without Acquiring），以及征收土地（Buy the Land）。中间部分代表的是开发商的选项（The Developer's Options），这些选项分别是参与开发（Participate）以及不参与开发（Not to Paticipate）。下面部分代表的是村民的选项（The Villagers' Options），这些选项分别是非法开发（Develop Illegally）、合法开发（Develop Legally）以及出售土地（Sell the Land）。

在 1990 年代末期到 2000 年初，因为之前提到过的高额的系统性成本，政府的第二个选项是不可行的。税收的损失以及执法成本也使得执法但是不征地可能是不划算的。征收农地就变成了政府的最佳选择，因为这会给政府带来各个选项中的最高的净收益，此时可能的租值收入加上税收收入足够大到能负担各种成本，所以政府征地的净收益是正的。政府选中这个选项就意味着村民建设违建所需要面对的法律成本高昂，所以受到约束的村民就无法在农地上开展违建。同时，想要自行合法建设也是很难的，因为这需要政府同意，而就这个选项和政府的协商成本很高。最后，村民就只能将土地卖给政府，而政府则会邀请开发商来开发土地。三方互动的最后结果就是达成征地协议。

H. 对于宅基地的 MSCBA 分析

上面讨论了农地的情况，但宅基地的情况是另一回事。因为存在浪费性的建筑成本 WCC 以及拆迁成本 DC，所以即使预期的不远的将来的 PRR 是相同的，要使得 V15 ＞ 0，能付给政府的土地费用会比农地的更小。换句话说，开发商能缴付得起的土地费用更少是因为 PRR－WCC－DC 的值更小。如果开发商付更多的土地费用，他们就可能亏本。同时，平均到每户的政府执法成本也更高。这是因为，如同之前讨论过的，宅基地的产权定义得并不清晰[①]。增加的每户执法成本以及增加的执法密度[②]要求一个更高的单位宅基地的土地费用的门槛值。但这时能提取的单位土地的土地费用太小，不足以满足要求，这就使得政府强硬执法变得较为不可行。

即使在考虑了税收收益之后，政府的总的可能的收益仍然不够大，这收益不足以承担其相应的成本。政府同时还需要付出一个可观的额外费用来安置村民（在征收了宅基地之后政府不但需要安置村民居住，还需要安置他们工作）。这部分费用对于农地来说是很小的，因为在政府征收了农地之后，村民仍然能依靠违建出租来获得收入，这样他们就不需要去市场上找工作。而如果宅基地也征收了，村民就需要另谋出路，因此抵触情绪会较大，政府需要花更多力量安抚。如果村民此时再要求一个更多的补偿，也就是一个更高的 EC 值[③]，那么可提取的 PRR－WCC－DC 值会变得更低，这就会使得情况变得更差。这些情况合在一起就使得政府只剩下一个选项可以获得正的净收益，这个选项就是政府需要暂时忍受违建，等待以后再说[④]。

---

① 自住这个模糊的定义使得政府执法有困难。比如，如果村民建一栋 5 到 6 层的房子，此时很难说这是为了自住还是为了用来出租。这种争议也使得执行一个合适的补偿价格变得困难。

② 更高的执法密度说的是和农地对比，对于同样大小的土地，此时会涉及更多村民，相应的，也就涉及更多的执行成本。

③ 在这个例子中村民可能会要求更多的额外补偿，因为他们住在自己的建筑中天天看管着自己的建筑，同时他们已经有了城市户口所以很有耐心来谈判。此时要强制执行一个交易是很困难的。

④ 技术上说，如果征收的成本太高，政府可以执法但是不征收，这就可以保持合法住宅的需求水平，而这对于政府来说也有间接收益。但因为执法成本很高，而且通常高到不属于日常开支所能覆盖的范围，而且也因为这间接收益和城中村如果被限制被迫保持低开发水平带来的税收的减少比较起来较小，所以这个选项也是不可行的。换句话说，这个间接收益，即使可以比税收损失的值更大，也只有在执法成本足够小的时候才显得重要。

对于村民来说,要想使得政府和开发商以村民自己期望的价格来购买他们的宅基地是很难的。如果他们要求太多,即要求更多的额外补偿 EC,就会使得政府的净收益可能为负,这样和政府的协商成本就会变得很大,而这会使得 EC－NC 变小甚至变为负值。即使某些好说话的村民不要求额外补偿,政府减去执法成本之后的净收益也可能是负的,这是因为在这种情况下完全没有办法保证其他村民,尤其是那些机会主义者,不会要求更多的补偿。此时如果某些村民要求的补偿低于正常值,也就是说他们要求的补偿是其现有住房的价值的一个折扣值,那么此时可能政府所能收到的净收益(在减去各种必要的执法成本之后的净收益)才可能为正。但对于村民来说,选择这样一个折扣补偿是非理性的,因为选择这个选项还不如选择保持现状,而现状带来的回报甚至更高。

但如果村民选择违建,他们面对的法律成本可能会很小,因为政府的最佳选择就是暂时忍受违建,所以政府执法力度会很小。而这样做村民能收到的净收益可能是他的所有选项中最高的。于是,只要是 V4 大于零,也就是说成本之和小于总收益并且净收益高过其他任何选项,村民就会将他们的宅基地用作非法开发。此时只要额外的融资成本 EFC 不是大到难以承受(实际上村民可以用他们的农地被征收时获得的补偿款来作为兴建住房的起始资金),那么当其他因素相同的时候,当 PRR 增加时,我们可以预测村民就会拆除他们的村屋而代之以非法建设的多层建筑。这样的结果会持续一段时间,直到将来 PRR 进一步快速上涨从而使得政府的预期征地收益戏剧性地上涨到一个很高的位置时才会改变。到那时,政府的预期征地收益需要高到足够负担高额的阻止违建的执法成本以及促使村民同意一个征地价格的谈判成本(要促成一个低的额外补偿的成本)才足够。

H1. 用图形来阐释上述关于宅基地的讨论

上述关于宅基地的分析可以用图 7.2 来阐释。图 7.2 中上面部分代表的是政府的选项（The Government's Options），这些选项分别为暂时容忍非法建设（Allow Illegal Development）、允许合法建设（Allow the Villagers to Develop Legally）、执法但不征收（Enforce without Acquiring）以及征收土地（Buy the Land）。中间部分代表的是开发商的选项（The Developer's Options），这些选项分别是参与开发（Participate）以及不参与开发（Not to Paticipate）。下面部分代表的是村民的选项（The Villagers' Options），这些选项分别是非法开发（Develop Illegally）、合法开发（Develop Legally）以及出售土地（Sell the Land）。

很容易看到，从1990年代末期到2000年代早期，因为之前提到过的高额的系统性成本，政府的第二个选项是不可行的。在这个场合下如果政府选择第三个选项即执法但不征地的话可能会带来一些税收方面的收益①，但考虑到高额的执法成本，这个选项还是不可行。因为同样的原因，将宅基地征收过来也不可行，因为此时可能的税收和租值收益还不足以支付高额的执法成本。这样的话允许违建存在就变成了政府唯一的能使得净收益为正的选项。政府选择这个选项就带来了一个很宽松的法律环境，相应的就是村民面对的法律成本较低，这就使得村民建设违建变得有利可图。此时不管是试图合法化还是出售土地给政府都不是村民的可行的选项，因为和政府就这些交易达成一致的协商成本太高。最后的结果就是，村民选择违建，因为这是他们这时候的最优选项。而开发商当然就只能是不参与。这就解释了我们看到的现象，即我们通常看到的城中村中存在大量违法建筑的现象。

———————————

① 如果政府选择执法但是不征收，那么城中村的土地价值会被控制在低位，这会对于地方经济有负面影响，比如造成税收损失。但因为如果限制了违法项目，那么合法项目的需求会增加，所以政府还是能获得一些税收收益。虽然两相对比最后的净效果很难计算，但考虑到执法成本是非常非常高的，这里可能可以合理地认定说这个选项通常是不可行的。

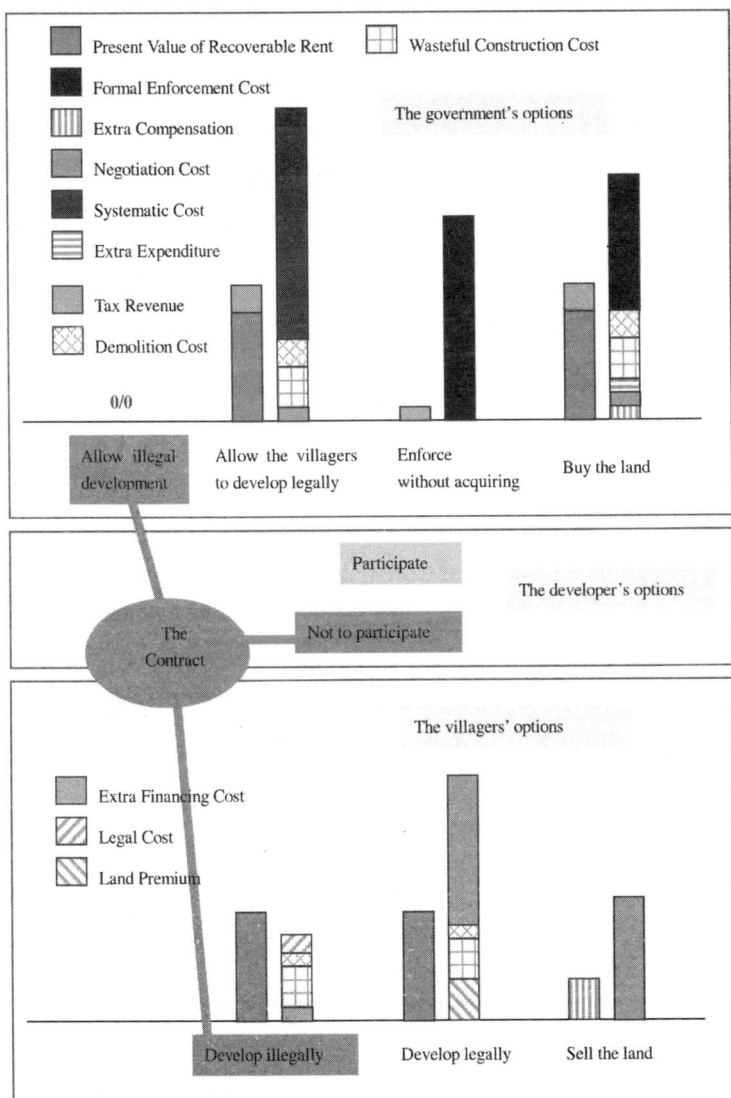

图 7.2　在早期阶段各个利益相关人关于宅基地的成本收益分析以及最后达成的经济结果的图解

I. 对于保留地的 MSCBA 分析

对于保留地而言，村民可以合法地将其建设为工商业用途，这也会给他们带来正的净收益。所以除非说这个合法的选项所带来的净收益会比别的非法的选项也就是建设非指定用途建筑小很多，否则村民都没有必要选择违法的选项。在早期，非法选项带来的租值收益并不是很高，所以在那时很少看到保留地被挪作非法用途的现象。但后来，当住宅项目带来更高的可能的租值收益的时候，这种将保留地用作非法用途的情况也变得可行，此时观察到的例子也就较以前要多（详细的情况会在决策场景 4 中具体讨论）。

I1. 用图形来阐释上述关于保留地的讨论

上述关于保留地的分析可以用图 7.3 来阐释。图 7.3 中上面部分代表的是政府的选项（The Government's Options），这些选项分别为暂时容忍非法建设（Allow Illegal Development）、允许非指定用途的合法建设（Allow Legal Construction for Non-designated Use）、维持指定用途的合法建设（Maintain Legal Construction for Designated Use）以及征收土地（Buy the Land）。中间部分代表的是开发商的选项（The Developer's Options），这些选项分别是参与开发（Participate）以及不参与开发（Not to Paticipate）。下面部分代表的是村民的选项（The Villagers' Options），这些选项分别是非法开发（Develop Illegally）、非指定用途的合法开发（Develop Legally for Non-designated Use）、指定用途的合法开发（Develop Legally for Designated Use）以及出售土地（Sell the Land）。

很容易看到，从 1990 年代末期到 2000 年代早期，因为之前提到过的高额的系统性成本，政府的第二个选项是不可行的。此时如果政府选择执法但不征地的话会有一些税收收益，而此时执法成本也不是太高。要征收保留地并不是一件容易的事情，因为回报很低而成本很高。政府的最佳选择就是保持村民的合法建设同时尽量阻止违建。政府的选择带来的高额法律成本使得村民违法建设无利

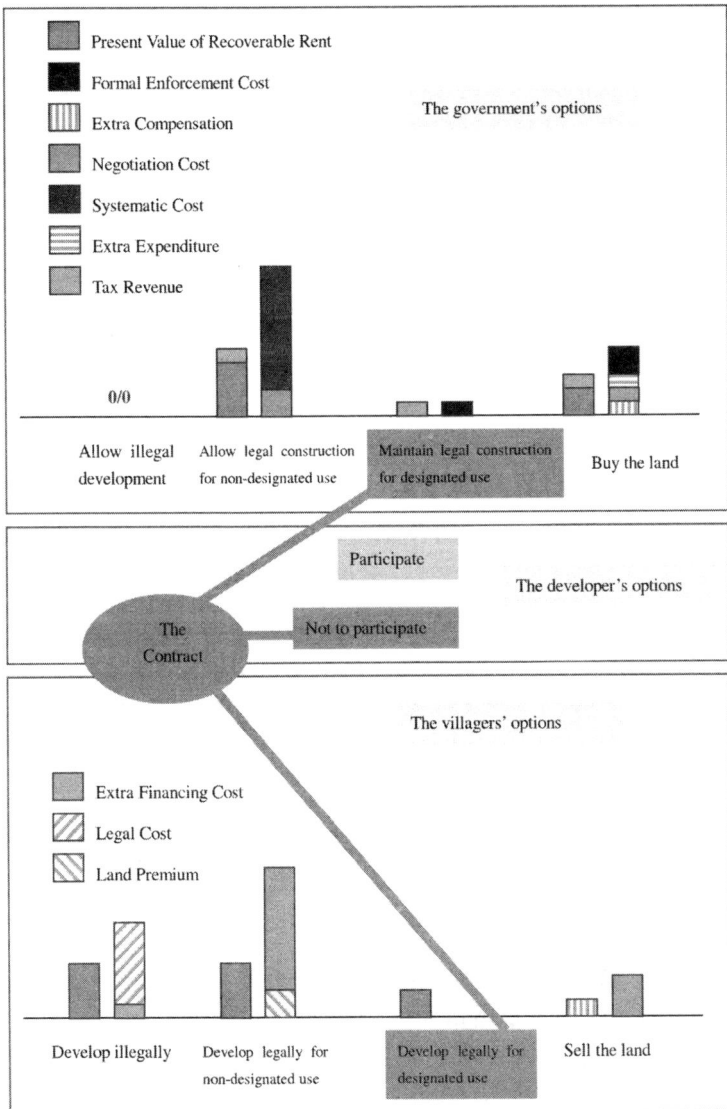

图 7.3   在早期阶段各个利益相关人关于保留地的成本收益
分析以及最后达成的经济结果的图解

可图。同时,不管是合法的非指定用途建设或者是将地卖给政府都不可行,因为村民和政府的协商成本会很高。最后,村民会选择将土地用于合法的指定用途,这也是他们的最佳选项。而此时开发商当然无法参与。结果就是保留地一般是用作合法的指定用途的。

J. 对上述解释的总结

上面的分析预测了在场景1里面,因为征收农地带来的租值提升较大,足以支付相关的执法成本,所以对于靠近城市的农地来说最大的可能结果就是被政府征收并卖给开发商用作合法建设。而因为PRR－WCC－DC是小于PRR的,而同时执法成本对于宅基地来说更高,那么政府在当时就很难征收宅基地①。于是宅基地就更可能是被村民用作非法的开发建设。而保留地一般是被合法的开发成工商业项目的,这也是保留地的指定用途。这些预测可以很合理地解释现实中观察到的各种现象。

7.2.2.2 场景2(DS2)——城中村的建筑密度问题

顺着上述讨论的思路来进一步分析城中村的建筑密度问题。我们知道,原本环绕在城中村周围的农地在很早的时候就被政府征收并且合法开发了。这些征地之后建设的建筑是受到城市规划的标准管控的。而保留地,如果是被建为指定用途,也就是工商业用途,那么其密度会以相应的最优标准来确定。那么问题来了,建在宅基地上的违法的城中村建筑其建筑密度会和普通非城中村的合法建筑的密度一样吗?

观察到的结果

之前在第四章里面已经花了很长的篇幅具体讨论实证观察结果,所以在这里就只是简单回顾。第四章从深圳市、广州市以及西安市这三个城市搜集到的数据表明,100%的城中村样本其建筑密

---

① 政府的协商成本NC在排除了执法成本之后,对于宅基地来说也很高,因为对于单位面积土地来说,更多的利益相关人会牵涉其中。

度都远超规划标准,同时超过 70％的样本有比其非城中村邻居更为严重的租值耗散的问题。

这样的观察结果之前也被用产权和交易成本的概念进行了解释。这里这些观察结果会用 MSCBA 的方法来回顾一次。

对结果的解释

如同之前在场景 1 已经讨论过的,当惩罚很小的时候,村民会选择违建。他们的选项的成本收益计算式列在表 7.10 中。

表 7.10　村民关于密度协议的各种选项的成本收益计算式

选项编号	选项	计算式
1	以正常密度开发	$V17 = PRR - WCC - DC - LC - EFC - NC$
2	以高密度开发	$V18 = PRR - WCC - DC - LC - EFC$

村民可以选择大家合在一起建或者各建各的。如果合在一起建,那么他们之间会有一个正的协商成本。如果各建各的,那么他们仍然需要和他人协商讨论以确定各自的建筑设计不会妨碍他人,即要确保建设方案不会产生负的外部性。不管是哪种,都会涉及一个正的协商成本 NC。

如果村民以最优建筑密度建设,那么他们的建筑的可能的租值会被最大化。虽然他们需要拆除老的村屋,但这并不影响新建筑的最优密度的选取,因为浪费性的建筑成本 WCC、拆迁成本 DC 以及法律成本 LC 都是和新建筑的建筑密度无关的固定常数,所以 PRR－(WCC＋DC＋LC)的最大值仍然会在村民以最优建筑密度兴建时取得。而且,因为村民可以用农地征收获得的补偿来作为建设资金,额外的融资成本 EFC 也不高。这样的话他们最后是否会以最优密度来兴建呢? 这就完全取决于他们之间的协商成本 NC 的大小。

如果所有村民都以高于最优标准的建筑密度来兴建他们的房子,那么 PRR 会减小,因为这扭曲了资源配比,会损耗租值。但是如果只是其中的一个村民这么做,那么他会最大化自己的 PRR,而他的行为所带来的成本则由其他人共同承担（对这个问题第四章有详细分析，这里不再赘述）。这样的话，其他村民也会跟随增加自己的建筑密度以避免损失。当然，其他人可以劝说这个增加密度的村民不要这么做，但这需要一个能有效执行的密度协议来作为保障条件。而达成这样的密度协议的协商成本是很高的。在这个例子中，村民也无法通过付费的方式来劝说他人，因为这种费用是完全对等所以是可以抵消掉的（第四章有详细讨论）。唯一的阻止他人的办法就是自行给对方增加成本，也就是说使用一种自行执法阻止他人保护自己的方法，这样有可能使得对方增加密度的企图变得昂贵。但这种自行执法对于村民自己来说成本也是很高的，因为他得天天守在那里看对方是否使用了自己这边墙外留出的公共空间又或者是看对方是否利用己方的空间作为景观。这样的自行执法的成本，作为协商成本的一部分，实际上是非常高而无法承受的。

协商成本还包括物理性的协商成本，比如信息搜集和传递的成本，说服他人听从意见的成本，以及等待和决策思考的时间成本。当协议涉及的邻居的数量增加时，协商成本也相应地增大。如果一个人需要监督和看管更多的邻居，那么他的监督和看管成本当然也会更高。如果一个人需要和更多的人协商，那么物理性的协商成本也会增加。但即便只需要监督一个邻居也不是一件容易的事情，除非双方都没有利益冲突或者双方都不是机会主义者，否则执法成本也是很大的。因此，即便有一个村民决定不增加他自己的建筑密度，他要想约束他人让他们也不增加密度从而保持自己的 PRR 不被损耗也是很困难的事情，这样的结果就使得 V17 的净值非常低。

协商成本可以用法律执行成本或者规管成本来替代。但考虑到城中村中宅基地的产权模糊也不完整，那么要合法地阻止他人建更多其实是难以实现的（第四章有详细讨论），这就是说这么做的成本是极其大的。

作为应对，当一个村民增加密度时，其他村民当然也可以增加自己的建筑密度。这时 PRR 会降低,但协商成本也会降低到零,因为此时不再需要协商了。这样做当然不会使得其他人降低他们的建筑密度,但和不这么做相比,自身的净收益会增加,因为 PRR 的减少值会比协商成本要低。当然,如果协商成本从一开始就没有,那么 V17 是可以更大的。但那是不可能的事情,因为考虑到城中村的实际情况,即每个典型的城中村的人口都很多,那么企图通过损人利己来攫取额外的满足感的机会主义者是一定存在的。这种额外的满足感只有在机会主义者看到他人受到损失而痛苦的时候才会产生[①]。因此,机会主义者的存在以及其他人对于机会主义者的害怕和无奈就必然会破坏掉整个密度协议存在的可能性。

以上的讨论给出的一个推论就是在一个城中村中机会主义者存在的可能性越大,那么密度协议能实现的可能性就越小[②]。在一个较大的人口群体里面,机会主义者是自然存在的,所以如果没有有效也就是低成本的办法来强制执行一个密度协议的话,城中村的过度发展问题是无法解决的。

对于场景 1 的影响:上面讨论的这个结果带来的是低于最优水平的可提取的租值,这会影响场景 1 中村民的第一个选项(选项 1)的计算式。但可能提取的租值的减少只会推迟场景 1 中违建的脚步却不能阻止。因为只要是政府的最优选项仍然是暂时容忍城中村的违建的话,村民总是会非法开发他们的宅基地的,这一论断不会改变,改变的只是建设的时点而已。

用图形来阐释上述讨论:以上的分析可以用图 7.4 来阐释。图

---

①　换句话说,当其他人承受损失时,机会主义者会很高兴,他们付出了一个小成本来得以看到他们想看的结果(即他人受损失),但他们并没有承担制造这快乐的成本(成本是别人的损失),承受这损失的其他人才是制造这快乐的成本的实际承担者,但他们并没有收到任何收益。

②　这个预测所基于的事实是考虑到城中村中的产权问题,通过法律或者规管来制定密度协议的可能性很低。如果机会主义者被规管了,那么结果会变得不同。

中村民的选项（The Villagers' Options）一共有三个：第一个是按照密度协议规定的正常密度开发（Develop at Normal Density with Density Arrangement），第二个是没有密度协议仍然按照正常密度开发（Develop at Normal Density no Density Arrangement），第三个是以高密度开发（Develop at a Higher Density）。

很容易看到如果村民以正常密度开发并试图通过密度协议来限制外部性的话，那么协商成本是很高的[①]。所以第一个选项是不可行的。如果在没有密度协议的情况下，某些村民以正常密度开发的话，那么当其他人增加密度时，前者的租值会减小。于是所有人都会有动机来增加密度以挽回损失。最后就如同现实中观察到的情况一样，所有人都会以高密度修建。

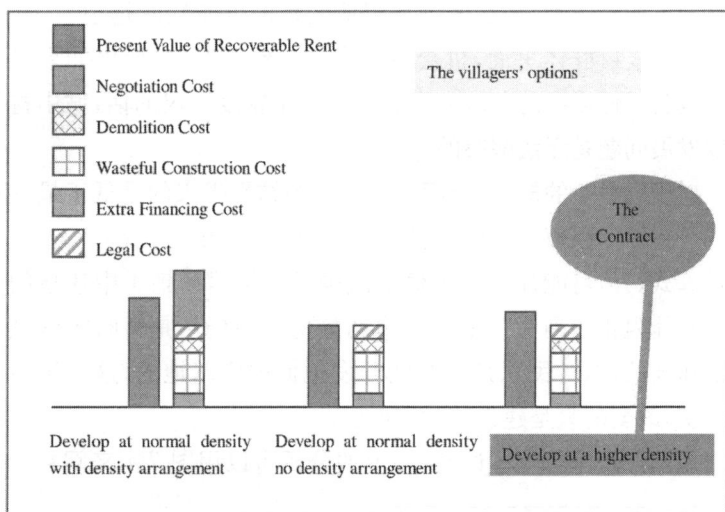

图 7.4　关于密度协议的村民的成本收益分析以及最后达成的经济结果的图示

---

①　这样的协商成本可以用法律执行的成本或者规管成本来替代，但如同之前讨论过的，这些成本都很高。

7.2.2.3　场景 3（DS3）——城中村改造

观察到的结果

如同在第五章里讨论的，在所有这三个城市中，政府都计划了大规模的城中村拆迁重建计划，而且很多城中村已经被拆除。对于被列入拆迁计划但还没有拆除的城中村，其违建的高度已经在大多数情况下被有效地控制住，这就是说村民不能像之前一样再自行改造升级这些违建。根据场景 1 中关于建筑物高度的数据，我们可以统计出在这三个城市中除了深圳市有少数几个平均高度超过 9 层的城中村之外，其他的城中村都在 9 层之下。表 7.11 列出了深圳市的这几个平均高度超过 9 层的城中村。这些村的大部分都位于深圳市郊区（龙岗区 2 个，宝安区 6 个）而只有一个是在市中心附近（福田区的沙尾村 Shawei/East）。

表 7.11　在深圳市的样本中平均楼层大于或等于 9 层的城中村

城中村名称	行政区	平均高度（层数）
松仔园	宝安区	10.14
华富村	宝安区	11.25
弓村	宝安区	9.57
东泉新村	宝安区	9.67
坂雪岗村	龙岗区	9.78
建安一路	宝安区	9.39
民治路	宝安区	9.57
五河大道 1	龙岗区	9.47
沙尾东村	福田区	9.06

对结果的解释

场景 1 和场景 2 的分析结果是基于 1990 年代末和 2000 年初的成本收益因子值，但现在情况变化了。因为住房需求持续上升，可提取的租差的值也在随时间不断上升。因此,在最近的年份里,纯粹从租值的考虑来说将多层建筑进一步升级为高层已经变得可行。但这时候还需要多考虑几个因素。第一,除受到耕地红线保护的农地之外,在这三个城市中被并入城市的农地已经差不多被征收并开发完毕。第二,之前关于自住的模糊的产权定义现在已经变得清晰了,因为将多层建筑改造成为超过十层的高层建筑很明显已经不符合自住的范围,因此这样的超建部分可以被政府直接定义为非法建筑。这时候阻止违建的执法成本就降低了,这意味着村民如果再继续坚持违建他们所需面对的法律成本就会增加而变得很高。此时额外的安置成本 EE 也降低了,因为在非法收取了违建租金多年以后,村民们都已经积累了可观的财富,他们可以用这些财富来开办各种商业,所以此时他们可能不再需要依靠政府的帮助来维持生计。

从开发商的角度来看,大部分农地都已经被征收完毕就意味着第一个选项(选项 1)可以被删除。而拆除并且重建城中村在有利可图的时候是可行的(即当 V15>0 时可行)。当然开发商还可以选择拆除更老的非城中村小区,但是如同第五章里讨论过的,拆除更老的非城中村小区比起拆除城中村来说可行性更低。即使现在拆迁城中村还暂时不可行,开发商也可以先稍等一阵,等到可提取的租差高到足以推动项目进行再开始。这个开始的时点,如同在第五章里讨论过的,对于城中村而言会先达到(和非城中村对比)。另外回顾之前在场景 1 中所做的分析中提到的,开发商的等式可以代入政府的等式中,所以在 V15 大于零的时候,最后的决定还是要由政府来决定。对于政府来说,只要拆迁重建能带来的不远的将来的土地收益和税收收益之和能大到足够支付所有相关的成本,那政府就会选择推动拆迁重建。换句话说,当 V13>0 的时候,政府就会选择这个选项。

村民有两个选项。他们可以继续违建,或者他们可以将房子出售给政府和开发商。而前面已经说过，此时如果继续违建他们面对的法律成本会很高，因为此时由于有更清晰的产权界定，政府可以以较低成本有效地执行相关的土地法律。而且因为租值的快速上涨使得 V13 更容易大于零，所以政府会选择强硬执法。最后，额外的融资成本 EFC 也会增加。对于一个超过十层的大型违建来说，建筑成本很高，村民是无法依靠家庭储蓄来完成建设的。如同之前讨论过的，他们也很难从银行借钱来资助此类违法项目。而私人借款人出于风险的考虑，也不会以正常利率借钱给这些项目而是会加上一个反映风险的高额利率，这就会使得额外融资成本 EFC 比较显著。增加的法律成本 LC 和 EFC 可以使得 V4 变成负值，这就会打消村民再继续违建的信心和决心。

而"出售"这个选项（将土地出售给政府）的 V6 值取决于村民的谈判能力。村民可以要求更多的额外补偿，但政府不一定给。因为城中村建筑的不合法性，享有土地部分权利的政府可以采取一系列法律措施来促成一个建立在政府认为是合理的额外补偿水平的征地协议，比如政府可以以保护自身权利为由，又或者更间接地以改善城市环境为由来制定一个合理的补偿水平。而具体到执法层面，政府可以通过差别性暂停公共服务（停水停电停煤气）的办法来增加村民坚持谈判的成本，在这样的情况下如果村民坚持要求高额的额外补偿的话，他们需要付出的协商成本也会很高。

实际的结果差别较大，需要具体问题具体分析。但如同第五章所讨论过的，对政府来说拆迁重建一个城中村一定是比拆迁重建一个非城中村小区更加可行，因为政府对于后者并没有这里提到的政府在城中村中的部分权利，所以政府就会比较弱势。对于城中村而言，政府可以比较强势，政府可以限制村民的选项，也可以以较低成本强制执行一个政府认为是合理的征地交易价格。所以对于政府和开发商来说，和村民的协商过程就不会像和非城中村居民谈判那样痛苦。考虑到开发房地产可能带来的巨大的税收收益（住房价格从 2000 年以来已经涨了几倍,所以和房产相关的税收收益也水涨船高),有时候政府对于城中村改造项目甚至可以豁免开发商的土地费用,而这样做的目的往往只为了鼓励他们参与。

不管政府如何强势,但通常来说政府如果想要执行一个负的额外补偿(即补偿低于现价值)也还是不容易的,因为这样会使得村民更倾向于拒绝征地交易而保持现状,这时就会增加政府的执法成本以及协商成本。V6 的实际值可能在不同场合会有差异,所以这需要具体问题具体分析,但政府应当会将其控制在一个最优范围内,使得它的取值既能尽可能最大化政府的净收益又不破坏交易。这样做也会使得"出售"这个选项对于村民来说也是最优。

这里的一个启示就是产权越清晰,执法就越有效。增加的法律成本可以打消村民继续违建的念头,这是促使城中村改造可行的主要因素之一。同时增加的住房需求以及相应的增加的租值和税收收益也是促使改造的主要因素之一,因为这样才能保证收益的总额能够大到足以支付各种相关成本。所以综合起来看,政府增加的收益和减少的执法成本就使得这个场景和场景 1 有差别:在场景 1 中违建是可行的,而在这里,政府的拆迁重建是可行的。这里的结论就是,受到近年来住房需求上升的推动,预期的不远的未来的租值越高,那么城中村就越有可能被政府拆迁并合法重建。城中村中出现大量的高于十层的高层违建并不是完全不可能,但也不是常见的事情(这种情况也有,之后会提到)。即使现在的需求不够高,但因为近些年快速的城市化的原因,需求在不远的未来也会变得足够高。最后实际的结果就取决于成本和收益的具体取值,所以不影响主要结论的同时,多少会有一些例外,而实际上在一些郊区位置,非法的高层违建有时候也会出现。

检验执法成本的影响

之前的数据显示,当低矮的村屋被升级成为多层建筑的时候,在采样的三个城市中,政府都没能有效地阻止违建。但在最近这些年,当将这些建筑再次升级成为高层建筑又变得有利可图的时候,结果却是不一样的。非法高层违建在深圳市的郊区有一些,但除此之外并不常见。这就意味着在最近这些年这三个城市中的违建已经大部分都被政府控制了。这现象出现的原因之前已经讨论过,就是政府预期很快就有较大的收益,这收益大到足够支付政府的执法以及其他相关成本,所以政府选择强硬执法。例外的情况也有,比如深圳市的一些郊区可以看到的一些高层违建,而这些例外的出现则可能是因为罕见的不同寻常的制度因素导致的高额执法成本所引起的。下面就简单讨论这些例外出现的原因。

在深圳市,关内和关外二元性(关内指的是城市区域而关外指的是郊区)使得关外的本地户籍居民人数非常少[1]。很少的本地户籍人口就意味着更少的政府资源配给,因为在几乎所有的我国城市中,政府资源都是根据各行政区的本地户籍人口的人数来分配的。1983 年的地方政府改革规定对于每 1 000 名本地户籍人口,政府配备大约 2　3 名公务员资源(当代中国丛书编委会,1994)。这个比例根据不同类型的城市而变化,但基本规则是不变的,即按比例计算这个方法都是一样的,这也就是说,一个城市或者行政区能拥有的公务员编制数必须是本地户籍人口(而不是总人口)的一定比例。

上面提到,深圳市的行政区分为关内和关外。根据统计数据(深圳市统计局,2011),在 2010 年末,关内的四个行政区(罗湖区、福田区、南山区以及盐田区)的总户籍人口为 159 万(占深圳市的总户籍人口的 63%)。而与此同时,关外的四个行政区(宝安区以及宝安区下属的光明新区、龙岗区以及龙岗区下属的坪山新区)的总户籍人口只有 92 万(占比 37%)。这就意味着 63% 的公共资源被分配给了关内区域而只有 37% 的分配给了关外区域。

然而,在考虑了非户籍人口之后会发现,深圳市的实际总人口

---

① 本地人口指的是那些注册为深圳市常住居民的人,他们是有本地户口的人口。

超过了 1 000 万。在这些人口中,只有 354 万(34%)住在关内而剩下的 683 万(66%)则都住在关外。前段提到,按照编制制度,关外只能分配有 37% 的政府资源,但按照总人口分布,政府用这 37% 的政府资源却要服务 66% 的总人口,这就会使得这里的行政资源捉襟见肘。尽管各区的公务员编制的精确数据并不是公开的,这里通过多个途径搜集到了深圳市各区的大致的警察人数(警察是执法的主要力量之一,同时警察人数又和行政资源配置成正相关)[①]。如同表7.12所展示的,深圳市的警察人数占户籍人口的比例在各区都差不多。最低的是福田区的 0.34%,而最高的是龙岗区的 0.6%。这样的比例大致符合之前讨论过的政府资源分配的规则。然而,在考虑了关外大量的非户籍人口之后(宝安区非户籍和户籍人口之比为7.85 比 1,龙岗区是 4.64 比 1),警察数量占总人口的比重在关外就显得明显偏低(宝安区是 0.067%,而龙岗区是 0.11%)。这一结构缺陷不但提高了关外两大行政区的总的犯罪率,也意味着在关外区域阻止违建的执法力量比较薄弱。

表 7.12　深圳市各区警察人数占户籍人口和总人口的比例分布
（人口计数的单位是百万人,而警察人数计数单位是人）

行政区	总人口	户籍人口	非户籍人口	警察数量	警察占总人口比重	警察占户籍人口比重
福田区	131.96	61.32	70.64	2 103	0.16%	0.34%
罗湖区	92.45	45.36	47.09	2 065	0.22%	0.46%
盐田区	20.91	4.51	16.4	NA	NA	NA

---

①　数据来源分别是:深圳市罗湖区政府(Shenzhen Luohu Government,2012),深圳市福田区政府(Shenzhen Futian Government,2012),百度百科(Baidu Baike,2012),永兴县政府新闻(Yongxing County Police Department News,2013),以及宝安日报(Bao'an Daily,2012)。

行政区	总人口	户籍人口	非户籍人口	警察数量	警察占总人口比重	警察占户籍人口比重
南山区	108.94	47.61	61.33	1 777	0.16%	0.37%
宝安区（包括下属光明新区）	450.51	50.88	399.63	3 000	**0.067%**	0.59%
龙岗区（包括下属坪山新区）	232.43	41.34	191.09	2 488	**0.11%**	0.60%

广州市和西安市的情况要好一点。在广州市,非户籍人口和户籍人口之比最高的行政区是白云区,其比率为 1.67 比 1(广州市统计局,2011)。在西安市非户籍人口和户籍人口之比最高的是雁塔区,其比率为 0.43(陕西省统计局,2011)。这些比率都要比深圳市关外的数据低很多。

上述的讨论表明,在深圳市关外目前的警察力量下,要阻止违建是很捉襟见肘的。要改变这种现象则需要改变编制系统或者消除关外关内二元制,而这样做的成本都很高。正因为这个原因,尽管在深圳市郊区的某些地方,可能的租值足够高,高到理应促进政府控制违建,但这间接的政治改变(编制改变或者是关内关外行政二元制的改变)的成本很高,这些成本,一旦加入政府的考量范围,会使得在这些区域控制违建变得非常昂贵而政府无力承担。

我们也可以看到基于宝安区和龙岗区在其他方面的情况的相似,它们在警察占总人口比例的差异也直接影响了它们的高层违建数目的差异。宝安区更小的警察占比(宝安的 0.067% 对比龙岗的 0.11%)导致在宝安区控制违建更难。所以样本中有更多来自宝安区的高层违建(宝安区有 6 个而龙岗区只有 2 个)。这就大致佐证了之前的说法,即其他因素相同,执法成本越高,控制违建对于政府来说就更难。

检验住房需求增加的影响

检验住房需求增加的影响的基本论点是说对于政府主导的城中村改造项目来说，当市场租值增加到一个足够高，高到可以使得政府在不远的未来获得的收益可以足够负担所有相关的成本时，项目的可行性就高。这也就是说，租值越高，拆迁越可行。我们可以比较不同时期的不同的开发结果来检验这个论点。如之前所讨论过的，从 1990 年代末到 2000 年初，当收益很低而成本很高时，政府容忍了违建。但当近些年收益增加而成本相对下降时，政府的动机增强，同时能力也增强，这两个原因就使得政府选择了强硬执法来阻止违建。

不仅住房需求的跨时代变化会带来不同的开发结果，区位差异也同样会带来类似的不同。这表明当讨论不同区域的城中村在面对拆迁改造的优先顺序时，当其他因素相同时，需求越高的区域就政府越有可能有改造的动机，所以结论就是那片区域的城中村会被先改造。

观察到的实际结果是这样的。在深圳市，第五章里提到的已拆迁的 18 个城中村里面，有 14 个（占比 78％）位于关内而只有 4 个（上合旧村、郭吓村、罗瑞合旧村一期以及回龙埔旧村一期）是位于关外的。但因为之前说过，深圳市的执法环境有关内和关外的不同，关内的"间接执法成本"（也就是人手短缺导致的成本上升）要低于关外。这就是说深圳市的数据在这个检验中就不能用，因为不符合除了需求其他因素都相同这个条件（比如执法成本就不同）。

除开深圳市的数据之外，执法成本在其他两个城市中随区域的变化并不明显，因此这两个城市的数据可以用做检验。在广州市，14 个已拆迁的城中村中有 10 个（占比 71％）位于高速外环线之内（这条环线可以被认为是非官方的划分了市区和郊区），而只有 4 个（小新塘村、白云棠下村、文冲村以及暹岗村）位于外环线之外。在西安市情况也类似，这里 35 个已经拆迁的城中村中有 33 个（占比

94％)位于外环线之内,而只有 2 个(齐王村和西姜村)位于外环线之外。这些统计资料和之前的资料一起表明住房需求的差异也会导致不同的结果。总结起来,上述两个简单的关于需求随时间和空间的变化导致结果的差异的检验佐证了我们的说法,就是住房需求的增加会促进政府主导的城中村拆迁重建活动。

当然,有个事情必须再次澄清:尽管数据显示对于政府来说目前改造某些郊区城中村并不可行,但这并不是说在不远的将来也不可行。考虑到预期的未来的需求增长,政府仍然是有动机禁止村民进一步升级违建的。在现有的市场需求的情况下,这些升级也许对于村民来说是有条件的可行,即在不考虑法律成本的干预的时候已经足够可行,但对政府来说却仍是不可行(因为政府还需要考虑一些相关成本)。当然,也不排除在有些情况下,有些郊区城中村的改造对于政府来说其实已经可行,只是对比那些位于城市中的改造项目,其优先级目前还较低而已。

用图形来阐释上述的城中村改造

上面的分析可以用图 7.5 来阐释。图 7.5 中上面部分代表的是政府的选项(The Government's Options),这些选项分别为暂时容忍非法升级(Allow Illegal Upgrade)、允许合法升级(Allow the Villagers to Upgrade Legally)、执法但不征收(Enforce without Acquiring)以及征收土地(Buy the Land)。中间部分代表的是开发商的选项(The Developer's Options),这些选项分别是参与开发(Participate)以及不参与开发(Not to Paticipate)。下面部分代表的是村民的选项(The Villagers' Options),这些选项分别是非法开发(Develop Illegally)、合法开发(Develop Legally)以及出售土地(Sell the Land)。

很容易看到如果政府选择将违建合法化,那么所面对的系统成本可能会太高,这会使得该选项不可行。而政府如果选择执法但长期不征收土地会带来一些税收收益(因为这可以增加对于合

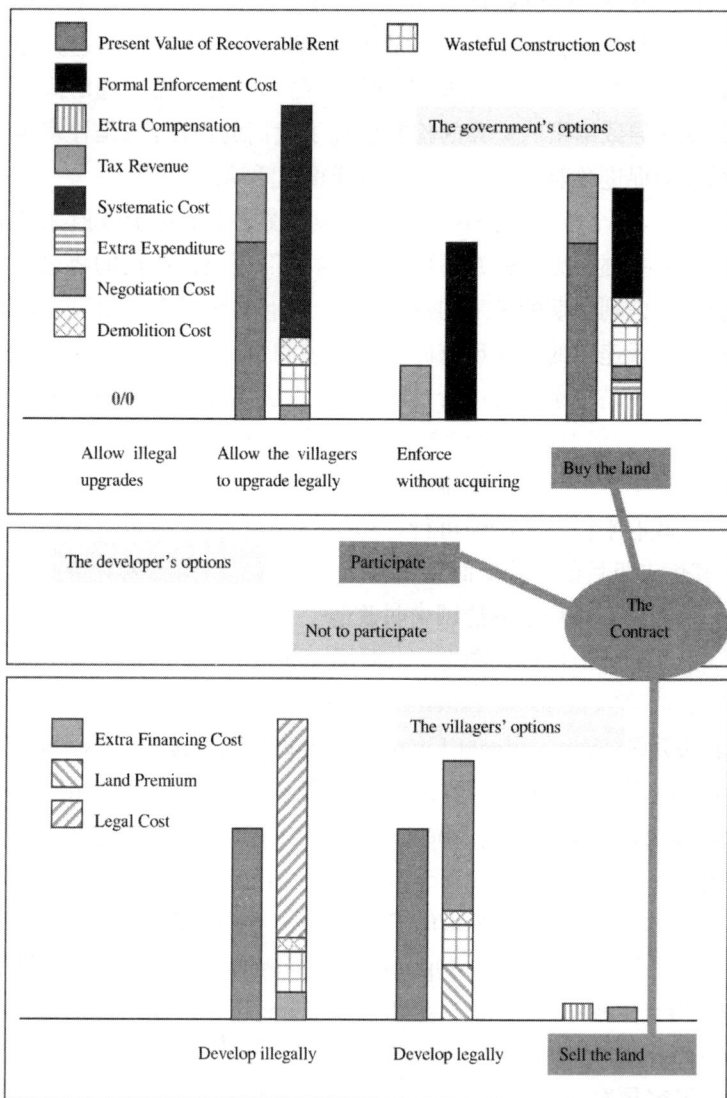

图 7.5　城中村改造项目中的利益相关人的成本收益分析
以及最后的经济结果的图示

法建设的需求①）。出于高额执法成本的考虑（这需要持续的巡逻检查），这个选项无法长期坚持。而如果政府征地，情况会更好，因为在近些年当可能的租值和税收收益飞快增加的时候，正规的执法成本会因为产权变得更明晰的原因而相对有了下降。所以此时征地就变成了政府的最优选项。从村民的角度来看，政府的选择带来的高额的法律成本以及协商成本会使得此前他们的两个选项都不可行。此时村民就没有其他办法而只能将地卖给政府。在这个情况下开发商可以参与拆迁重建工作。不过，在很例外的情况下，上面这个结果也可以不成立，比如深圳市郊区的高额执法成本就会给结果带来变化，因为这高额执法成本会使得政府无法有效控制违建，而政府的选择也降低了村民的法律成本。在这种情况下，村民就会继续升级他们的违建。

7.2.2.4　场景4(DS4)——郊区保留地

在场景3中还没有讨论保留地的情况。因为村民其实是有使用保留地开发ICF的权利的（指定用途），所以将实际的结果和农地以及宅基地比较而言就会变化较多。如果一块保留地目前已经被村民用于指定用途，而且转变用途并不会带来太多的租值提升的话，那么政府就不太可能会征收这样的土地。在这种情况下，村民甚至还能在现有结构上多加盖几层，这在近些年很常见。只要新的建筑还是被用于指定用途，那么这种做法就是合法的。当然，随着市场的变化，如果对于政府来说征收并转变土地用途的回报变得很高的话，那么政府会更有可能决定征收这些土地②。不管是上述哪种情况，这些土地都会是被用作合法用途。但除这些之外，其实还是会有特殊情况发生的，尤其是在某些特定城市的郊区。在这些郊

---

①　通过执行法律，政府会使得城中村的土地保持为低价值，这会对经济有一定负面影响并且减少政府税收。但是这个结果的净效果还不是很清楚。

②　当政府预期的收益超过相关的成本，政府就会选择征地。

区范围,即使转变土地用途从通常意义上来说是有利可图的,但对政府来说征收土地也不见得容易,这是因为对政府来说可能的收益要小于各种相关成本。但此时,只要法律成本不高,这样的项目对于村民来说就是可行的。所以在这种情况下,村民就有可能不经许可转变土地用途,建设违建。这当然不是否定之前的分析,而恰恰是作为一个特例,说明在成本收益因子的实际取值变动的时候,经济结果会发生相应的变化从而呈现出一定的多样化。

观察到的现象

在近些年,保留地通常是被用作指定用途。征收这样的土地是可能的,但是在实际操作中不常见。同时在某些郊区区域,也能观察到一些非法的用途转变。如同之前在第六章里讨论过的,在深圳市的沙井地区,可以看到有些保留地被村民非法转换用途,用作建设高层违建小区。村民建好这些小区之后往往会以折扣价在市场上销售,这样做可以迅速卖出以回笼资金。这些小区的建筑密度一般是正常的,所以从设计上来说不存在租值损耗的可能。

对于上述现象的解释

如果政府计划要征收一片保留地,那么其成本收益等式为 V13 = LSR－FEC＋TR－EE－NC。我们也可以使用将开发商的等式代入政府等式后的延伸式即 V13 = PRR－WCC－DC－EC－FEC＋TR－EE－NC 来计算。如果 PRR 足够高,也就是说土地用途转换带来的额外租值较高,那么就有可能说政府的可能收益 LSR＋TR 能大到足够支付各种成本。这种情况下,政府会选择征收土地。在实际情况中,这样的土地用途转变带来的 PRR 增加可能并不是非常高,因为即使工业用途的价值不高但其商业用途的价值已经是很可观的,所以此时再将土地转变为居住用途带来的增值不多。这并不是说政府就绝对不可能征收保留地。在某些郊区位置,土地用作居住用途的价值会比工商业用途的价值高很多,当然高很多也不意味着就一定能高到足够支付征地过程中的各项成本,而只是说在特定时候有可能会高过各项成本,这点需要注意。在某些市中心位置,有时候将保留地征收并开发是可行的,但开发后的新建筑还是用于商业。对于这个转变的一个猜测就是这时重建的主要增值可能来源于市中心位置的规模经济,就是说政府可能征收一小块保留地,而将其和附近的大片开发项目整合起来开发成都市综合体,这就会形成规模效益,这时收益就足以支付各种成本了。

除上述讨论的规模经济外,如果征收一块保留地的可能的收益并不足够支付征地需要面对的各种成本,那么政府通常不会去征收它,因为这会带来负的净收益。这时村民就可以选择是将这土地继续用作指定用途还是用于建设违建。如果继续用作指定用途,他们甚至可以进一步升级他们的建筑,而只要是土地还是被用于指定用途,那么这么做就是合法的。但如果转变土地用途所带来的收益增加很可观,村民们也可能将土地用作非指定用途,即建设违建项目。在他们转变用途的时候,这片土地上可能已经建有工商业建筑,所以此时需要考虑各种重复建设的成本和拆迁成本。这种土地转变的成本收益计算式就是 V7 = PRR−WCC−DC−LC−EFC。这里的 PRR 表示的是转变土地用途能带来的额外收益。很明显,如果 PRR−WCC−DC 能够大于法律成本以及额外融资成本 EFC 之和,村民就会选择转变土地用途用于开发违建。

在沙井的例子中法律成本是很低的,因为政府选择了暂时容忍违建。如同之前第六章里讨论过的,在沙井要强硬执法禁止违建但又不征地的话会带来暂时的税收损失,因此这不是政府的最优选项[①]。如果

政府选择强硬执法,其净收益可能是负的。这就是说在等式 V13＝LSR－FEC ＋ TR－EE－NC 中,额外的税收收益 TR 是负的(土地的价值会长期保留在低位,这会对当地经济带来负面影响并影响税收)。而因为此时 LSR＝0,所以短期内 LSR－FEC－EE－NC 也是负的。所以 V13 ＜ 0。这就是说在这个特例中政府别无选择,只能是暂时容忍违建。这个选项不会带来额外的土地收益和额外的税收收益,但其成本也是零,所以和其他净收益为负值的选项对比,反而这个选项是最优选择。

因为此时的法律成本很小,如果 PRR－WCC－DC 是正的,而且村民可以解决融资的问题的话,那么建设违建就是大家的最佳选择。要解决融资问题,村民可以选择先建几栋房子,迅速以折扣价卖掉,然后用回笼的资金再继续开发①。这样他们就可以通过缩短开发周期来解决融资的难题。同时因为保留地一般是由村委会或者村集体企业管理的,所以这样的项目在建设过程中不存在集体行动的问题,也就是说,在建成后,这样的小区的建筑密度应该是正常的。

总结起来,对于保留地来说,在近些年可能的结果有三个。这些地可以被政府征收,或者被村民继续用作指定用途,也可能被村民违法转换为居住用途。实际会出现哪种结果则取决于各个利益相关人的实际的成本和收益因子的取值。这里的一个结论就是,对于沙井这样的特殊例子,因为保留地的 PRR 并不是很高,所以政府会选择暂时放弃其部分权利来在节省执法成本的同时获得一些税收收益②。这样的一个宽松的法律环境降低了村民需要面对的法律

---

① 如同第六章里讨论过的,尽管没有法律确认的产权,这些违建的低价(折扣价)还是能吸引到一些收入不高的外来移民工们购买,所以村民还是能够将这些没有房产证的房子卖掉。

② 这并不是说这是普遍的情况,因为在很多别的例子中,政府是征收了保留地的。这里的论点是说在某些特定的时候政府是可能暂时放弃权利的。

成本,因此使得这些村民更有动力建设违建。而他们是会选择合法指定用途还是会选择转变用途开发违建就取决于土地的具体位置。在市区,因为商业租值很高,村民就不太可能转变用途,而在郊区,因为转变用途有利可图而且与此同时政府为了节省执法成本选择了容忍,那么村民就会选择建设违建。这个结果的短期效果是可以理解的,因为选了这个选项之后政府可以最大化自己的财富而同时也没有租值损耗发生。当然这个结果的长期效果是未知的。因为从长期看,违建的问题还是需要一个具体办法来解决。但不管如何,这里的分析表明,在一些特殊的郊区区域,非法的高层违建是可以看到的。这个结果并不取决于产权的清晰与否,而是特殊市场环境带来的必然结果。和场景 3 中描述的情景不同,这里的情况更类似于场景 1。也就是说,较低的可能的收益和较高的成本使得政府执法禁止违建变得并不容易,所以政府选择暂时容忍,而这就导致了违建的发生。但这里的具体资源配置的结果和场景 2 里提到的高密度现象有区别,因为在这里并没有集体行动的问题,所以这些违建的建筑密度是符合规范的。

用图形来阐释上述的沙井的例子

上述的分析也可以用图形来进一步阐释。因为这个场景包含的结果较多,可能会依据情况的不同而变化,所以为了清楚地阐释,这里选取了沙井作为重点分析的案例(图 7.6)。图 7.6 中上面部分代表的是政府的选项(The Government's Options),这些选项分别为暂时容忍非法建设(Allow Illegal Development)、允许非指定用途的合法建设(Allow Legal Construction for Non-designated Use)、维持指定用途的合法建设(Maintain Legal Construction for Designated Use)以及征收土地(Buy the Land)。中间部分代表的是开发商的选项(The Developer's Options),这些选项分别是参与开发(Participate)以及不参与开发(Not to Paticipate)。下面部分代表的是村民的选项(The Villagers' Options),这些选项分别是非法开

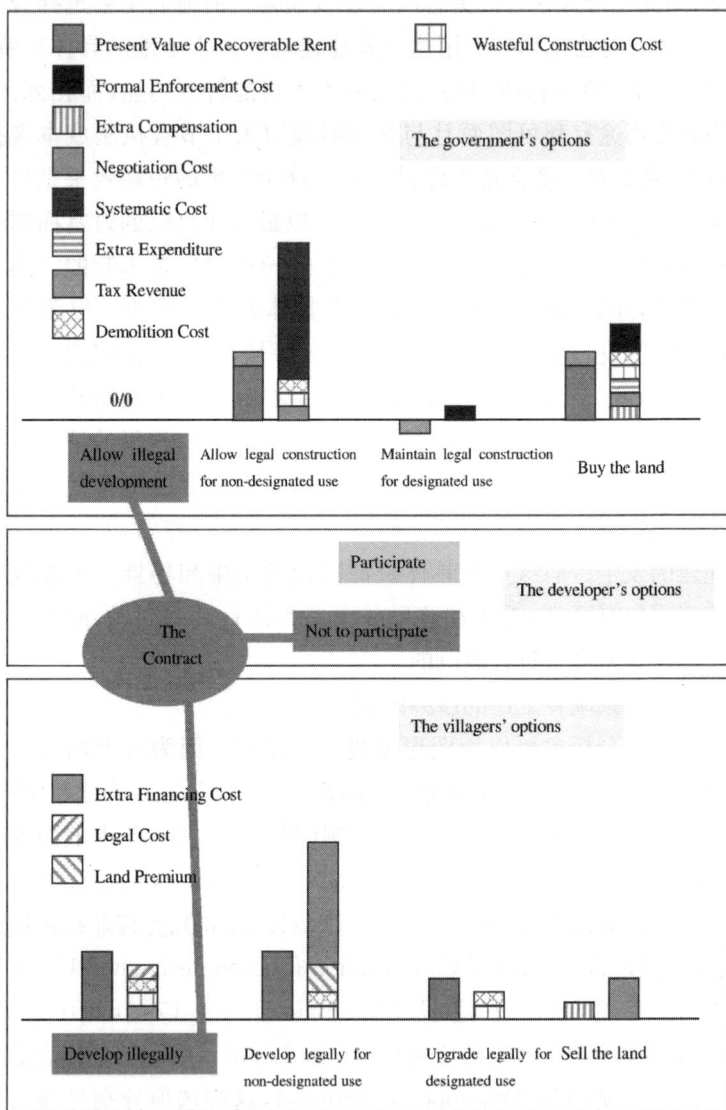

图 7.6　沙井的例子中各利益相关人的成本收益分析
　　　　以及最后达成的经济结果的图示

发(Develop Illegally)、非指定用途的合法开发(Develop Legally for Non - designated Use)、指定用途的合法开发(Develop Legally for Designated Use)以及出售土地(Sell the Land)。

如同图中所示,允许村民合法转换用途对政府来说并不是可行的选项,因为这个选择带来的系统性成本太高。并因为沙井的特殊的市场环境,征收土地也是不可行的,这样做的成本太高而收益太低。政府可以选择执法但不征地,因为执法成本并不高,但这会带来当地 GDP 增长的减速以及相应的税收损失[①]。所以最后政府只能是选择暂时容忍违法建设,这给了村民一个较小的法律成本,就使得违建对于村民来说变得可行。

对于保留地来说,在沙井观察到的情况并不是放之四海皆准的,沙井发生的只是一个特例。在一般的情况下,当成本和收益变化的时候,政府在某些情况下可以征收土地。而在其他一些情况下政府也可以选择执法但不征地[②]。沙井的例子代表的是一种特殊的情况,其作用是证明了环境变化可以导致多种可能的结果。

第三节　一个完整的分析

之前在第二节里分析了所有的四个场景。作为总结,在这节里会将这些场景组合起来放进一个大的图形框架内来进行对比。图7.7 里画出了所有这些场景。在图中,每个箭头指向的都是一个经

[①] 一般来说,禁止非法建设项目可以提升合法建设项目的需求。但考虑到沙井的特殊市场环境,这样的需求增加可能不够高到能带来足够多的税收收益。所以在这个特殊例子中,执法但不征收会带来税收收益的净损失。

[②] 如果说对于村民来说将建筑升级为指定用途是更有利可图的,那么就无须政府执法。在这种情况下,即使政府想通过鼓励违建来避免税收损失,这么做的成本都是很高的,这会进一步使得违建变成不可行选项。此时政府就会不干预,也就是什么都不做。

简化后的各个结果需要的条件

结果 A 和 C
● 当政府征地能得到的收益不足以负担执法和其他相关成本时。
● 当达成和维护一个村民之间的密度协议的成本太大高时（对于 DS2 来说）。
注意：对于开发商来说，亏本的项目他们是不参与的。

结果 B 和 D：
● 当政府征地能得到的收益足以负担执法和其他相关成本时。
注意：对于开发商来说，亏本的项目他们是不参与的。

结果 E：
● 当政府放弃征地时。
● 当转换用途给村民带来的额外收益足以负担法律和其他相关成本时。

工商业用途：
● 当对于村民来说这是所有选项中最好的选择的时候。

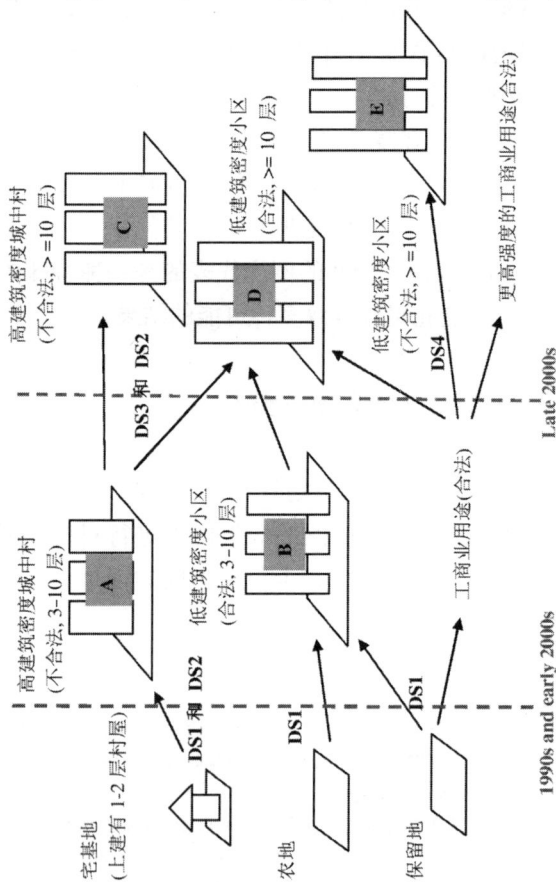

宅基地（土建有 1-2 层村屋）

农地

保留地

高建筑密度城中村（不合法，3-10 层） A
DS1 和 DS2

低建筑密度小区（合法，3-10 层） B
DS1

工商业用途（合法）
DS1

1990s and early 2000s

DS3 和 DS2

高建筑密度城中村（不合法，>=10 层） C

低建筑密度小区（合法，>= 10 层） D

低建筑密度小区（不合法，>=10 层）DS4 E

更高强度的工商业用途（合法）

Late 2000s

图7.7 关于各种可能的结果的图解

DS1: 非法建设还是卖给政府? **DS2:**以高建筑密度还是低建筑密度修建?
DS3: 继续升级建设，违法建设，还是卖给政府?
DS4: 合法建设，违法建设，还是卖给政府?
注意：对于保留地来说 DS1 的问题是合法建设还是卖建给政府。DS2 只适用于违法建设。

济结果,这些结果用字母 A 到 E 标注。图 7.8 和 7.9 展示的则是这些结果的实际情况,即在一些选取的实际现场拍摄的照片[①]。四个决策场景标记为 DS1 到 DS4。简化后生成的每个结果所需的各项条件也都被标记在图中。

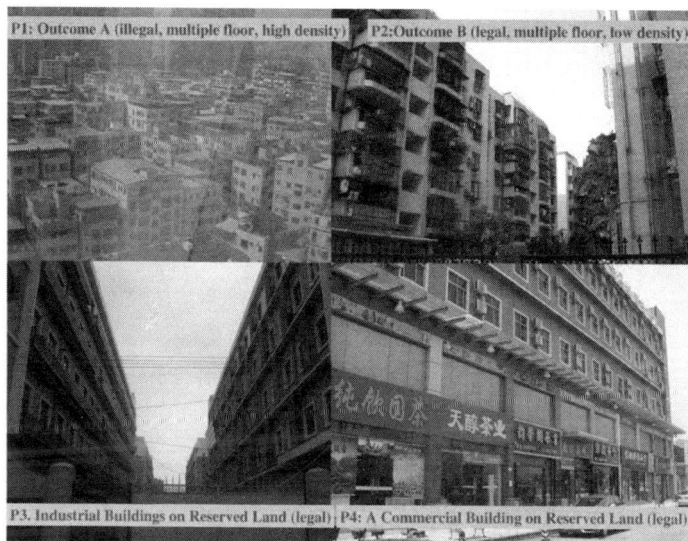

图 7.8 从样本地点拍摄的实际结果的照片(P1—P4)[②]

这些条件是这样的,之前提到过传统村落里的三种土地类型分别是农地、宅基地以及保留地。如果市场的土地价格不变,那么传

---

① P1 和 P2 分别是在岗厦村和深大花园拍摄的。P3,P4,和 P8 是在宝安区的民治村拍摄的,P5 是在宝安区的石龙村拍摄的。P6 是在宝安区的花半里花园小区拍摄的。P7 是在沙井的共和村拍摄的。

② P1 展示的是结果 A(Outcome A),是非法、多层、高密度的情况(illegal, multiple floor, high density),P2 展示的是结果 B(Outcome B),是合法、多层、低密度的情况(legal, multiple floor, low density),P3 展示的是保留地上的合法的工业建筑(industrial buildings on reserved land, legal),P4 展示的是保留地上的合法的商业建筑(commercial buildings on reserved land, legal)。

图 7.9　从样本地点拍摄的实际结果的照片 (P5—P8) ①

统村落就也会继续保持形态不变。但市场环境是变化的,因为经济发展和城市化的原因,土地价格会出现上扬,此时环绕城市的那些村庄的土地会被转化为更有利可图的用途。从 1990 年代末到 2000 年代初,除去耕地红线保护的范围之外,这些村庄的农地基本都被政府征收并且卖给开发商作为城市开发之用,而所建成的建筑则需要受到城市规划的规管并以有合法产权并且符合各种规范的形态出现(建筑密度和容积率都受到规管)(DS1)。因为这些农地的产权是比较清晰的,对于政府来说通过执法来阻止农地上的违建并不困难,也就是说执法成本较低。此时政府征地的协商成本也比较低,

---

① P5 展示的是结果 C(Outcome C),是非法、高层、高密度的情况(illegal, high rise, high density),P6 展示的是结果 D(Outcome D),是合法、高层、低密度的情况(legal, high rise, low density),P7 展示的是结果 E(Outcome E),是非法、高层、低密度的情况(illegal, high rise, low density),P8 展示的是保留地上的合法的更高开发强度的商业建筑(a commercial buildings on reserved land, legal, more intensively developed)。

因为单位面积土地所涉及的村户数目比较少①。同时因为政府在农地上的权利清晰，因此政府可以更好地约束村民不要违建，而政府在征地的时候也可以执行一个合理的补偿价格。

而在同一个时期，宅基地就没有那么容易被征收（还是 DS1）。相关的成本，包括阻止违建的执法成本、拆迁成本、更高的补偿以及关于补偿价格的协商成本，都会比农地的情况要高，这都会对征收土地造成阻碍②。因此，在早期阶段，宅基地一般并不会被征收，也就不会被建成符合密度规范的合法小区。

从理论上来说，村民可以选择互相合作，即一起合法开发他们的宅基地，但考虑到高额的组织成本以及他们和政府之间关于合法化该项目的高额的协商成本，这样的合作并不容易实现。如同之前提到的，城中村中的宅基地是被法律定义为只能用作自住用途的。如果村民们想改变土地用途，他们必须按照相应的程序办事。而按照集体土地合法化开发的程序，这片土地必须先被政府征收，然后通过招拍挂程序卖给符合资格的开发商之后才能被开发。如果村民想自行开发土地（即不经过合法程序），那么只有修改法律才行，因为这规避了征地，招拍挂和资质选择的环节。而修改法律的成本是很高的，政府难以承受。如果不修改法律而对村民采取特事特办，也就是说允许村民不经过征地和招拍挂直接获得开发权，那么这样的一种绕过法律的行为可能会带来全国范围内的仿效从而造成难以预料的不良后果，这样的系统性风险也是政府无法承受的。这样一个政府需要承受的高额系统性成本会打消政府特事特办的念头，相应的也就会给村民带来高额的需要面对的法律成本，而这会使得村民想要将其项目变成合法化很难。

---

① 和每块宅基地所涉及的村民数目相比，分配给每个村民的农地的面积会更大。

② 不清晰的产权使得执行一个合理的补偿价格变得更困难，因为很难说这个价格是否合理。

与此同时,政府想要阻止违建也很难。这个时候因为宅基地模糊的自住定义会带来相对高额的执法成本,这成本和阻止违建可以带来的低收益比较起来就很可观,而使得阻止违建变成了政府的不可行选项。相应的,村民建设违建的法律成本就很低而面对宽松的法律环境村民自然会普遍地选择违建。

在场景 2,村民之间高额的组织协商成本会阻止他们合作开发土地(DS2)。所以他们只能是自己单独修建,即每户建每户的。考虑到集体行动的问题(要达成和保持一个建筑密度协议的协商和维护成本很高)以及法律诉讼或者规管中的产权障碍(第四章有详细分析),每户都会尽量增加自己的建筑密度以维护自己的利益。这样的个人行为会最终导致城中村的高建筑密度问题,即过度发展的问题。

但之后当市场土地价格不断上升的时候,情况可以发生改变(这就是场景 3 的内容,即 DS3)。从 2000 年代中期开始,尽管从纯市场环境来说村民可以选择继续升级他们的违建,使之变成高层违建,但是他们所面临的法律环境已经开始收紧。此时政府的执法成本因为产权变得清晰而有所下降(产权变清晰是因为楼层进一步增加其非法性就会很明显,即很明显一个过高的建筑是有违宅基地自住的法律定义的)。下降的执法成本就更容易被增加的可能的土地出让收益所承担得起,因此这就是说政府可以更轻松的执法阻止违建。这样村民继续升级违建所需要承担的法律成本就会上升。这样的成本和增加的额外融资成本 EFC 结合起来,就会使得村民继续升级违建变得成本太高,无利可图。所以最后才会导致阻止村民违建变成了政府的最佳选项。此时政府关于拆迁补偿的协商成本也下降了,因为权利更清晰了。这时政府甚至可以以保护自己的利益为名执行一个政府认为合理的补偿价格。最后的结果就是,尽管执法成本、拆迁成本、拆迁补偿以及拆迁的协商成本的绝对值并不低,但相对来说,这些成本可以被更高的可能的重建收益来有效的承担。当考虑了所有相关成本之后,村民会从卖地给政府和继续升级违建这两个选项中选择前者作为自己的最优选项,而这当然也是政府最愿意看到的。实际结果就是,从 2000 年代中期开始,政府已经在积极地征收和拆迁重建城中村,而重建后的项目则一般会符合政府的规划标准。

对于保留地来说,在早期的时候,村民可以将其合法地开发成为工商业用途(DS1)。从理论上来说,政府此时也可以将其征收并且开发成低密度小区。但政府是否会这么做则取决于政府各个选项的具体的成本收益因子的值。在某些地方,征收保留地对于政府来说是经济可行的,那么政府就会选择征收。但在其他一些地方,征收保留地并且开发成住宅并不见得会带来比工商业用途更多的回报,此时保留地就不会被征收,而是会被村民用于指定的工商业用途。在早期,很少会看到村民将保留地转为住宅项目,因为这样的转化带来的额外收益可能太低,不足以支付成本。

在近些年,村民很多时候会继续合法地升级在他们的保留地上的工商业建筑,这时也会看到政府征收保留地并且开发成住宅小区或者商业物业的例子。与此同时,在特定情况下,我们也能看到村民将保留地非法转化为非指定用途的情况(DS4)。实际的结果取决于市场环境以及区位。在住宅需求非常高企,远高于工商业用途的区域,保留地只能是被政府合法开发,因为政府和开发商的可能的收益足以支付相关成本。在工商业用途租金很高的地方,保留地只能是被村民合法开发为指定工商业用途,因为此时他们没有必要转换用途。但在某些住宅需求高过工商业,但是又没有高到足以保障政府能支付与征地相关的各项成本的时候,村民就有可能非法转换用途将这些土地开发为非指定用途的违建①。沙井的例子就佐证了

---

① 这个结果的前提是政府发现只执法但是不征地不可行。但如果执法成本可以用日常开支和一些间接收益付清,那么政府应该会选择执行法律来阻止非法的土地用途转变。

最后这一种情况（具体情况可以回顾第六章以及本章内关于场景4的讨论）。

第四节　其他分析方法

以上的分析所使用的多利益相关人成本收益分析（MSCBA）的方法也可以在将其他人的选择看成是约束条件的前提下被简化为单一利益相关人的分析。当然，这里要强调的是，对于任何选中进行分析的利益相关人，在分析他的选项的时候必须同时将其他利益相关人的选项进行完整的考虑，因为后者的选项在很多时候决定了前者的某些选项的成本的取值，因此也是极为重要的考量。

用单一利益相关人的分析方法，可以将场景2的讨论简化为以村民作为主要决策人来进行决策分析。如同第四章所提到的，考虑到约束他人的高额成本，村民的最佳选项就是增加自己的建筑密度。

我们也可以将场景1、3和4的分析简化为以政府作为主要决策人的单一利益相关人分析。选择政府作为决策人是很自然的，这是因为在这些场景中政府约束他人的能力较强，在互动的时候政府居于主导地位。政府是否会选择征收城中村的土地则取决于政府的实际成本和收益。这些收益包括土地出让收益以及税收收益，两者都会随着 PRR 的增加而增加。有些成本变化不大，如浪费性的建筑成本以及拆迁成本，但其他一些成本，如执法成本和协商成本则会随具体案例以及时间的变化而变化。

政府的执法行为基本上是一种将成本加入到村民的成本收益等式中来使得违建不可行的办法。这样的行为本身也是有成本的，而且这成本的大小也同时取决于村民的选项。在 2000 年代早期，因为不清晰的关于自住定义的产权，征地的执法成本很高。同时，政府可能的收益又太低不能负担这些成本。所以对于宅基地来说，在早期政府无法有效地约束村民,所以村民会进行违建。而在近些年,当政府可能的土地租值收益显著地上升时执法成本却自然地下降了[①]。而且,在依靠违建收租多年之后,村民也变得更为富裕,因此除开征地补偿之外,他们不再需要从政府那里索取额外安置(如安排工作等)。村民此时如果继续升级他们的违建也会面对融资问题,这些都会变成阻碍村民继续违建的约束条件。用简单的话说,在近些年,各种约束条件改变了,政府能够更有效地阻止违建并拆迁重建城中村。所以结果就是如我们看到的,很多城中村都被列入拆迁计划而且很多已经被拆除了。

当然这个结论并不是说所有类型的城中村土地都会面临相同的命运,因为成本收益因子的值是可以随情况不同而变动的。对于农地来说,政府即使在1990年代早期都具备约束村民的能力。但对于某些保留地来说,比如沙井的保留地,政府直到现在仍然无法完全有效地约束村民,所以我们可以看到在这些土地上就还是会有高层违建。

简单地说,不管是使用多利益相关人成本收益分析——这包括三个利益相关人的完全版本以及简化掉开发商只留下政府和村民两个利益相关人的版本(开发商的等式可以代入政府的等式所以简化掉了),还是使用传统的只有一个决策者而其他决策者的选择都作为这个决策者所需要面对的约束条件的分析方法,其原则都是一样的。也就是说,最后的结果是基于两个基础所形成的“合约”,而这两个基础是1)之前我们提到的两个规则(个人规则和均衡规则),以及2)每个利益相关人的成本收益等式中的实际成本收益的取值。在场景1、3和4中,如果政府能负担得起约束村民并使得他们遵守

---

① 楼层增加时权利变得更清晰。

法律的成本,那么政府当然会强硬执法①。而如果政府负担不起,那么他就会被迫容忍违建。相应的,只要法律成本保持在很低的水平,村民就会选择违建,而这也是他们的最佳选项。此外,在场景2中,如果一个村民可以负担得起约束他人来维持一个最优的密度协议的成本的话,那么他当然会这样做。如果负担不起,他当然只能增加自己的密度,尽量减少损失,所以结果也就是说城中村的高建筑密度是无法避免的现象。

第五节　结论汇总

总结起来,可以肯定的是,产权作为一项初始制度设定是影响成本的。产权和其他环境变量相结合会生成一种成本环境。这个成本环境影响了城中村的产生、发展以及拆除。这些成本包括了和产权相关的成本以及和其他环境相关的成本。具体来说包括诸如厘清、度量以及通过执法来保护产权的成本、协商成本和组织成本、法律成本、系统转变的成本(如改变集体土地所有制的成本、拆迁成本以及拆迁改造的额外补偿等)以及额外的融资成本 EFC 这样的特殊成本等。利益相关人在这个成本环境中做各自的决策。要得到收益,他们必须要付出相关的成本,这成本需要从收益中减去才能得到净收益。这样的话,他们的净收益可以受到市场环境、区位以及其他很多因素的影响。最后的结果必须是所有利益相关人都获得了受约束的最大收益的一个均衡,因为如果不是这样的话,其中的一人或者多个人就会做进一步的努力,这会改变结果的预期,直到这个均衡达成。简单地说,是成本的差异化导致了经济结果的差异化。

---

①　这里负担得起的意思是说即使在政府付清了约束村民的所有成本之后,这个选项仍然是政府的最佳选项。

　　通常我们认为产权的缺陷会导致经济结果的差异,但这个结论并不一定是放之四海而皆准的,也就是说这个结论并不是足够一般化,是不能够覆盖所有情况的。城中村中的产权缺陷影响了一些成本的大小,但影响最后结果的却是整个的成本环境,而这个环境不仅受到产权的影响,还受到其他因素的影响,这才是产生城中村中观察到的各种多样的经济结果的终极决定力量。

　　这里可以列出一些从之前的分析中总结出来的具体也许可以一般化的小结论。这些结论并不构成关于经济过程的精确的预测,因为要做出精确的预测需要对于每个具体场合的成本收益因了作详细的分析。但这些结论有时可以作为捷径来帮助大家在不能或者暂未知道全部信息的时候用作粗略的预测。这里总结了三个小结论。第一,当其他因素相同的时候,PRR越高,政府就越有动机和能力来征收城中村的土地。第二,当其他因素相同的时候,和政府征收土地相关的成本(包括执法成本、安置成本以及协商成本等)越低,政府就越可能会征收城中村的土地。第三,当其他因素相同的时候,达成和维护一个建筑密度协议的成本越高,那么我们就越可能会观察到高建筑密度的现象。这些小结论在这章和之前的章节讨论过也检验过。前两个结论合在一起可以帮助解释场景1、3和4中的经济结果,而第三个结论则可以解释为什么在场景2中城中村的建筑密度是如此的高。

　　上面的分析解释了城中村发展过程中出现各种经济结果的原因。在之后的第八章,会有进一步的探讨,而讨论的目的是为了从城中村的分析中拓展开来,总结出一些一般性的论断。

第八章　进一步的讨论以及结论

Barzel 写到，到最后产权都是会被厘清的（"eventually all rights will be delineated"，Barzel，1989）。这个说法当然是对的。但是其实我们更想知道的是：1）这个厘清的过程是怎样的？以及 2）后果是什么？这两个问题的答案很重要，因为我们需要知道事情的来龙去脉以及后果，才能不会武断地单凭数据的相关性做出肤浅的论断。所以在这最后一章中谈及的事情有三件。第一，作为准备工作，本章的前段主要通过逻辑性的讨论试图厘清一些重要的概念。第二，在本章的中段提出了三个一般性的论断，其中前两个是关于过程的而第三个是关于结果的。第三，在本章的后段还延伸讨论了一些问题，包括制度的作用、宏观竞争过程以及制度经济学和博弈论的差异和联系。总的来说，本章讨论的问题更加一般化，所讨论的内容是之前各章讨论的内容的进一步的延伸，这种延伸也许可以帮助我们不但理解城中村发展的过程和结果，也可以帮助我们理解当交易成本不能忽略的时候的其他很多经济过程的发展和结果。

第一节 要澄清的概念

这一节要完成三个任务。第一个任务是要澄清排他性收入（ex-clusive income）、非排他性收入（non-exclusive income）以及安全收入（securable income）这三个概念之间的区别和联系。排他性收入这个概念从字面上很好理解，指的就是归属于某所有者的具有排他性属性的资源或者产品的收入。但实际分析起来这个定义又并不是很清楚，因为这里定义的排他性到底是指法律意义上的排他性还是指实际的排他性是不清楚的。排他性收入不同于安全收入，这是个概念上的名词，概念上的排他和实际上是否能有效排他是两回事。考虑到法律权利的执行成本不可能等于零，所以任何法律意义上的排他性收入的一部分都会被用于执法过程。这部分浪费掉的收入从概念上来说还是排他的，但在实际上对于其所有者来说并不属于确保安全的部分。所以，从技术上说单纯的排他性既可以被理解为是概念上的，也可以被理解为是既成事实般的，就造成了模棱两可。为避免这种模棱两可性，在这章里将排他性收入定义为在法律上规定为只属于该所有者的收入[①]。这就是说，这里的排他性收入实际上指的是一种"法律意义上的收入"。用同样的逻辑，可以将非排他性收入定义为在法律上规定为不属于任何个人所有者或者同时属于很多个所有者的收入。

上述讨论可以用下面的例子来阐释。如果某人所拥有的一块土地可以每月产生 100 元的租值，那么对于该所有人来说这块土地每月为他产生的排他性收入或者说法律意义上的收入就是 100 元。但要保护这 100 元，这个所有者可能还需要做些额外的工作，比如

---

① 这个定义必须要和物理上控制的排他收入相区别。后者指的是收入的权属的既成事实的结果。

建一个篱笆来防止未经许可的其他人进入，又或者他可以给政府交税来换取法律的保护，这些工作可能需要花掉比如说 20 元每月。这样的话最后留给他的安全收入就只剩下 80，这是小于法律意义上的收入的。类似的例子，如果对于同样一块土地来说原本就并没有法律意义上的所有者，那么这块土地能产生的全部 100 元月租值，从法律意义上来说就都是非排他性收入。但是，如果某人花了 30 元建了一圈篱笆将土地据为己有从而使得他人无法使用，那么这块土地带来的安全收入就变成了 70 元，而这 70 元是归属于那个建篱笆的人。这个结果不一定是可持续的，因为其他人可以闯入这土地来实施占有，他的理由是这个建篱笆的人对于这土地并没有任何法律认可的产权。除开在某些特殊的场合下，即比如建篱笆的这个人是非常强势的和有能力的，他可以以自己的低成本有效地阻止他人进入，否则在这个例子中最后剩下的安全收入可能就不是 70 元，而可能是很小的。因此，安全收入可以是排他性或者非排他性收入的一部分，但却只是其所有者能有效保护的那部分的净值。

换句话说，排他性收入指的是来源于排他性法律权利的收入。但安全收入则指的是来源于经济权利（economic rights）的收入（Barzel，1989），而且需要减掉所有相关的成本。按照 Barzel 的说法，产权一般指的是建立在资产的基础上的权利，而这些权利意味着其所有者可以消费这资产，获得资产带来的收入以及转让资产（"property rights generally refer to the rights over assets that their owner can consume, receive income from, and alienate"，Barzel，1989，p.2）。这个定义的实际意思和标准的法律意义上的权利还不一样。Barzel 所说的权利指的是经济权利，或者说是个人直接消费产品或者通过交换间接消费产品的能力["the individual's ability, in expected terms, to consume the good (or the services of the asset) directly or to consume it indirectly through exchange"，Barzel，1992，p.1]。所以，对于他来说，产权不是固定的，它是和其所有者为了保护所花费的努力相关的,同时也和其他人企图抢夺的努力相关,也和政府的庇护相关("are not constant, they are function of their own direct efforts at protection, of other people's capture attempts, and of government protection", Barzel, 1989, p.2)。也就是说,Barzel 说到的产权和法律意义上的权利不同,指的是既成事实的权利,它也不是前者存在的必要或者充分的前提("neither necessary nor sufficient for the existence of" the former, Barzel, 1989, p.2)。

　　一个权利所有者所拥有的最终权利是一个涉及很多因素的函数,而结果可能也正如同 Barzel 所说会是一个既成事实,但经济权利和法律意义上的权利这两个定义本身并不矛盾。法律意义上的权利是指对于谁拥有这资产的最初定义。法律权利的排他性可以是受到国家认可和保护的,也可以是受到公认的法律机构的保护的,甚至可以是受到道德文化或者宗教的保护的。经济权利则实际上是指的最后发生的结果,即最后谁能部分或者全部地控制这资产。这种控制是既成事实性的,或者也可以说是一种既成事实性的产权形成过程,而这种控制未必受到之前提到的各种机构的认可。即便这种产权重构的结果可以事后受到认可,但这不是这里的重点,这里的重点是何种最初的设定,包括法律权利的设定和其他诸如执法环境的设定等等,可以带来最优的结果。换句话说,人们希望能找出最初的产权配置所预期的结果和最后形成的实际产权结果之间的经济差异。这也就是说,经济权利到最后当然会被厘清楚,但是在这个厘清楚的过程中可能会产生很高的成本,因为这个过程可能会损害这资产,白白地浪费这资产能带来的收益,又或者人们会浪费很多精力去夺取或者夺回这资产。这样的说法并不和 Barzel 的说法矛盾。用他的话来说,租值损耗可以算成是厘清最后权利过程中的一个特殊的成本。从这个意义上来说,这里的研究问题或者可以调整为"如何最小化权利厘清的总成本"。

在实际分析中，使用法律意义上的产权还是经济产权都是可以的，只是说需要明确知道二者的区别。简单地说，第一个指的是初始权利界定，即应该是怎样，而第二个指的是最后的结果，即其实是怎样。有个很有名的俚语就是：把属于恺撒的给恺撒，把属于上帝的给上帝。这段话其实说的就是应该是什么，即初始的产权设定。但如果到了最后，把应该给恺撒的给了上帝，又或者把应该给上帝的给了恺撒，那么即便是必然结果，这也表示的是一种和初始定义所预期的结果有差异的实际的产权厘定，即最后其实是怎样。在这种情况下，其实就是说已经有了扭曲所以额外的成本也是可以期待的。那么碰到这种情况，很自然我们需要做的就应该是去分析是什么条件导致了这种扭曲，而且也应该分析如果有更好的安排的话能有多少资源可以被节省？如果一开始连什么应该是恺撒的和什么应该是上帝的都没有定义清楚的话，那么相应的资产就会在两者之间有一个划分，或者给某一方，又或者谁都不给，这时候结果就会更加多样化。这时候，大家可能更感兴趣的就是会有多大的损失发生以及如何避免这样的损失。简单地说，这里的意思就是说值得研究的核心其实是租值之差，即建立在法律意义上的产权的排他性收入的价值，和建立在经济产权基础上的安全收入的价值之差。

第二个任务就是要澄清收入转移和租值损耗这两个概念之间的关系。不管在何种情况下，如果一个私人所有者得到了一个从法律意义上来说并不属于他的收入，那么不管这收入的原始所有者是私人还是公众，这个所有者得到的都是一个从别人那里得来的收入转移。同样，如果他失去了一个法律收入给别人，那么就是说发生了一个从他到别人的收入转移。在收入转移的过程中，损失掉一部分是很常见的，这部分损失掉的收入就可以被称之为是租值损耗。

为了便于理解，让我们假设某人（A）有 100 元钱。在一个没有有效法律来保护私人产权的社会里，如果另一个人 B 打劫了 A 并且抢走了这 100 元钱，那么这就是说有 100 元的收入被从 A 转移给了

B。如果这只是一个纯收入转移活动,那么就没有任何价值损失。然而,为了打劫 A,B 可能需要提前做好各种准备工作,这就会花费一些成本。比如,B 希望能够在打劫完 A 之后能顺利逃走而不被发现,那么他就需要购买一些设备如头套之类,并且他需要花一些时间来计划这次活动使得这活动万无一失。这样的话 B 实际到手的收入可能会少于 100 元。Barzel(1989)管这成本叫做获取成本(capture cost),即自己花掉的用于获取别人的资产的资源。

这里我们假定 B 在这次打劫活动中能收到的净收益是 80 元(减掉获取成本之后的净收入)。那么这里所看到的结果就是有 80 元收入被从 A 转移到了 B,而其余的 20 元就在转移过程中被损耗掉了。然而,如果 A 反抗,那么在这转移和再转移的过程中就会有更多价值被损耗掉(假设每次转移都损耗 20 元,而在 A 反抗之后 B 有机会再报复 A 一次)。如果爆发更强烈的冲突的话,这 100 元的很大一部分都可能被损耗掉。虽然到最后可能还是会有一个净的转移收入,但最后双方的安全收入都可能会变得很小。

总结起来,纯收入转移不会导致价值损失,但在收入转移的过程中可能会产生价值损失,而在之后的转回或者进一步转移的过程中还可能会产生更多的价值损失。在减掉了价值损失之后,各方最后剩下的就可以被称为是各方的安全收入。而总的初始价值(在这个例子中初始价值就是 100 元)和最后总的安全收入之差就是总的损耗的租值。

第三个任务则是要澄清交易成本、收入转移以及非生产性成本之间的关系。交易成本是个很重要的概念。正的交易成本通常对于经济过程和经济结果有负面影响,这一点很容易能观察到,所以如果不考虑交易成本的话,一个传统的新古典分析可能就会显得过于理想化和乐观化,缺乏解释现实的能力。所以要能有效解释现实,理解交易成本这个概念是很重要的。

交易成本的定义有很多种。其定义包括较为抽象的经济系统运行的成本（"the costs of running the economic system"，Arrow，1969），稍微具体一点的交换的成本（"the costs of exchange"，Egg-ertsson，1990；Benham and Benham，2001），以及更加具体的定义如和转移、获取以及保护产权相关的成本（"the costs associated with the transfer, capture, and protection of rights"，Barzel，1989）。在这里使用的定义是依据上述 Barzel 的定义改良的，即交易成本定义为和转移、获取以及保护产权相关的浪费性成本（the wasteful costs associated with the transfer, capture, and protection of rights）。这里需要强调的是"浪费性"这个附加定语。这里说的是并不是所有的非生产性成本都可以算作交易成本。如果为了保护自己的一个权利，某人失去了一个收入而别人得到了，那么此时没有交易成本而只有收入转移。只有在这个过程中存在有价值损失（如花费在斗争上的成本）的现象时才会有交易成本。比如，如果一个强盗想抢银行，他并不一定需要浪费很多的精力闯进去。如果他能成功贿赂守卫从而顺利进入银行拿走所想要的话，那么此时就没有浪费，只有收入转移。同样的，要保护自己的权利，并不是每个人都需要成为功夫大师。如果他有一个强有力的功夫大师盟友能够保护他，而他只需要付费的话（假设这个功夫大师什么都不需要做，提到他的名字就能吓退小偷。而且假定这个功夫大师并不是依靠这保护费而谋生的。这费用也不是劳动费用因为本身并不产生价值所以不是生产性的），那么此时也不会有浪费，而只是有一个收入转移（即付给功夫大师的费用，此时的这个费用用这里的定义来说就不是交易成本，只是收入转移）。这样，上面的讨论就解释了为什么在交易成本的定义中需要加入"浪费性"这个定语。

还有更多的例子可以用来阐释交易成本和收入转移之间的关系。比如，要保留一个权利有时候机会成本很高。如果两种产品是紧密联系在一起的，那么就有可能说在定价某种产品时引发一个很高的成本，而这个引发的成本会由另一种相关产品来承担。一个真实例子就是商场里用来装饰的鲜花。要吸引客户前来购物，一个商场可能会在节日里用鲜花来装饰商场。因为商场是不收门票可以自由进出的，所以顾客们就可以免费欣赏鲜花（如果商场有暖气或者空调的话他们也可以同时享受免费的暖气或者空调）。收取门票的成本其实不高，因为商场本身就雇有门卫（这些门卫可以担任检查门票的任务，无须另外加派很多人手）。但没有哪个商场会收取顾客观赏鲜花的门票费用的（收取门票是一种保留产权的方式），因为这样他们会失去很多潜在的客户。所以，鲜花的权利保留成本很高或者说是代价很高，因为如果顾客们可以免费欣赏鲜花，就会有更多顾客上门，这样商场就有更多的客户也就是更多的收入。另一个例子是 Adobe 的软件定价模式。Adobe 这个软件公司将其开发的 Adobe Reader 免费发给大家使用，但是对另一个相关产品 Adobe Writer 则收取一个高额的费用。这样的话，当很多人使用 Adobe Reader 的时候就会有更多的人花钱来买 Adobe Writer，此时这个软件公司就能赚更多。因此，作为一种降低机会成本的策略，不管是免费的 Adobe Reader 还是商场里免费的鲜花，都并不产生直接的交易成本，因为不管是这两个中的哪个例子，最低机会成本的选项都是被选中的。在这两个例子中，只有在用户滥用这些资源的时候才会有交易成本，比如顾客过度消费这些鲜花的时候。

还有一件事情需要讨论。在任何市场交易中，都会有超过一个的利益相关人，所以大家很自然会想到的，就是我们还需要弄清楚是谁实际承担了交易成本。现有的制度经济学文献并没有明确地讨论这件事情，而只是简单地说交易成本在很多时候被用作租值损耗的代名词，这就是说在定义名词的时候，交易成本是被定义为一个集合名词的，表示的是社会的总的价值损失。但在实际的交易成本分析中，很多时候交易成本也被用作表达个人的成本，影响个人的决策。用作集体名词和用作个人成本其计算是不一样的，这样的一个前后矛盾是一个需要解决的问题，因为如果不明确交易成本到底是个人成本还是社会成本的话，那么在进行进一步的分析时，就可能会遇到计算的困难从而造成混淆。比如说，一个纯粹的收入转移可以被认为是其中损失方的个人成本，但却不应该被认为是一种社会损失，因为纯收入转移并不带来社会损失。从个人的角度看，降低他人的或者社会整体的交易成本并不一定会给个人带来收益，所以个人并没有动机去降低这样的成本。相反，个人在最大化自己的净收益的时候，反而会制造或者花费交易成本，只要这成本可以给个人带来足够的收益，这种行为就是理性的，从这个角度来说，最小化交易成本，即使是自己的，都不一定是必要的。

这并不是说将交易成本定义为个人成本是不可能的一件事。但为了避免混淆，这里就不如将交易成本定义成之前提到的花费在获取、转移以及保护资产上的浪费性成本。这样的话，计算个人成本和社会成本时就不会有概念性和计算上的冲突。用之前的例子来阐释，A 和 B 之间存在一个交易，A 的收入被转移了 100 元给 B，B 的成本是 20 元，所以 A 的交易成本，如果用传统的个人成本计算的方法来计算的话就是 100 元，而 B 的交易成本就是 20 元。转移的净收入是 80 元。这样的方法计算出来的总的交易成本就是两人的交易成本之和，也就是 120 元。但实际上在这个例子里，总的交易成本如果以社会成本来计算的话只有 20 元。这两种计算方法计算出来的结果有出入是因为在第一种个人成本计算方式中，收入转移（A 的 100 元损失）也被计算成了交易成本，但实际上，这部分收入并没有完全损失掉，损失掉的租值只是 20 元。如果用这里提出的新定义计算，A 的交易成本实际上是零，因为对于 A 来说整个 100 元损失都只是收入转移，并没有浪费掉。这样计算出来的总的交易成本就是 20 元，这和之前用社会成本方法计算的结果一致。

在决策分析中，可能用非生产性成本这个简单的概念来表达交易中的个人价值损失或者收入转移更为合适。这样的话，当所有的相关的非生产性成本被从法律收入中减去之后，剩下的净价值就是安全收入。用这种方式,我们还可以保留交易成本这个概念用来表示纯价值损失。对于失去收入给他人的人来说,非生产性成本可以是他的收入转移额加上他承担的交易成本部分。对于获取他的收入的人来说,非生产性成本就是转移给他的收入减去他所承担的交易成本。如果这个差异是正的,那么这个所谓的成本其实是一种收益。总的非生产性成本就等于总的交易成本,因为在交易过程中转移的收入,当加总时,被抵消掉了。用之前的例子来阐明,A 的非生产性成本就是 100＋0＝100 元(这是一种成本),而 B 的非生产性成本就是 100－20 ＝ 80 元 (这实际上是一种收益)。总的非生产性成本就是 100 ＋ 0－(100－20) ＝ 20 元,这就等于总的交易成本,也就是总的价值损失。

有些非生产性成本是自然生成的,比如交通成本,但其他一些可能是人工生成的,比如打劫别人就是一种以自己的低成本(如果没有有效的法律行动来制裁犯罪者的话)创造成本给他人的行为。同样的,受害者为保护自己而产生的自我防卫行为则会以自己的一个成本创造成本给这个犯罪人。这样的行动和应对可以来来回回持续下去直到他们被一个临界点所挡住,而过了这个临界点他们的成本就可能要超过可能的收益。

下面的例子可以用来阐释上面的讨论。如果 A 和 B 每人都有 10 元在手,此时 A 对于自己的收入不满足所以从 B 那里抢了 5 元钱,A 做这件事情的成本是 1 元(假设的是 A 先行动),那么在第一轮打劫之后,A 有 9＋5＝14 元而 B 只有 5 元。也就是说,A 以 1 元的成本制造了一个 5 元的非生产性成本给 B。此时总的收入转移是从 B 转移 5 元给 A,而总的租值损耗是 1 元,这是用来促成这收入转移的成本。但 B 并不会任由 A 抢夺,他也有能力以 1 元的成本从 A 那里抢回 5 元。所以 B 会报复。那么在第二轮抢劫之后(B 报复之后),B 有 4＋5＝9 元而 A 也有 9 元。此时没有净的收入转移,但双方各花了 1 元钱用于制造成本给别人。如果他们继续这么下去每次都可以以 1 元钱的成本抢夺对方 5 元钱的话,那么这来来回回的行为可以不停进行下去,直到所有的最初的 20 元都被花掉用于制造成本。最后,虽然没有收入转移,但是会有一个完全的租值损耗,就是说所有收入都被损耗掉了。从技术上说,如果双方都能预期到这最后的结果,而且双方都是老实人的话,那么没有人会启动这个无聊的打劫的过程。但是因为机会主义者是一定存在的,所以产生一个完全的损耗的结果的可能性就会不低。

如果制造成本的成本上升的话,比如双方都做好了准备来防止对方抢夺的话,那么抢 5 元钱的成本可能会上升,这样的话新的临界条件就会在产生完全损耗之前阻止对方进一步行动。比如,在第一轮之后,第二轮的打劫的成本升到了超过 5 元。此时如果 A 还想抢劫 B 的 5 元钱,那么他需要付出超过 5 元的成本,这就会使得打劫无利可图,于是他就会放弃这种行为。同样的情况对 B 也成立。这样的话,在第一轮之后双方都会停止而每人都会剩下 9 元钱在手。这时对于每人来说都还会各有 1 元钱的租值损耗,但这损耗并不大而且也没有收入转移。当然,为了防卫所做的准备也是有成本的,所以实际上每人手里剩下的净收入应该是小于 9 元的。这样的一个防卫机制可以是个人自己建立的,也可以是外部机构建立的,比如阻止犯罪的法律也可以建立这种机制。

如果这机制是个人自己建立的,这样的防卫机制可能不是对称的。比如,在没有法律的保护的时候,如果 A 比 B 更强壮,他可以以 1 元钱的成本从 B 那里抢走 5 元钱,而 B 比较瘦弱,从 A 手里抢 5 元钱自己需要花费 6 元钱。那么当 A 抢劫 B 时,B 是无力回应的。这样的话就会有 5 元钱从 B 转移到了 A 手中,而 A 会有 1 元的损耗用于创造成本。最后,A 有 9+5=14 元,而 B 只剩下 5 元。当然,A 可以继续抢劫 B,连 B 剩下的 5 元钱也不放过,这样的话最后的结果对 B 来说就是很悲剧的,A 有 8+10=18 元而 B 剩下 0 元在手。这时候 A 也遇到了临界点,他会停止抢劫,因为没什么可抢了

（抢劫的成本，也就是1元，超过了剩下的可抢的金额，也就是0元）。这样一个假设性的弱肉强食的结果在逻辑上是合理的，但在现实中可能难以见到，因为人跟人的差距其实不大，所以在很多时候实际上B应该还会有更加防守性的办法，这会使得上述的讨论更加复杂。所以，上述的讨论提供的只是简化的关于制造成本的阐释。

到现在为止，说的都是完全转移。也就是说，从别人手中掠夺的收益会完全地转移到这个掠夺者的手中。在实际中，并不是总会这样，在掠夺过程中通常会有一些额外的损失。比如，受害者可能会受伤，所以他的总损失会大于5元，在这里只有5元被转移了，所以他的伤痛会是额外的损耗，但没有被转移。在这种情况下，犯罪者以1元钱的成本为受害者创造的成本就会超过5元，其中5元被转移了，而剩下的额外金额则白白浪费了。

我们可以用一个简单的例子来说明上面讨论的"部分转移"的情况（图8.1）。在某些超市，为了引导顾客花更多的时间在店内逗留，于是相应的消费更多，有些超市店主会将他们的扶手电梯设计成这样的方式：即运送顾客上楼的电梯会远离运送顾客下楼的电梯。这样顾客一旦上了楼就必须走过整个楼层的很大的一部分才能找到下楼的电梯。用这样一种设计，店家实际上设置了一种特殊的成本环境用来约束更多的顾客，这会使得他们被迫在店内逗留更久也就会相应地消费更多。这样的做法会使得消费者剩余的一部分被转移给店家。但这并不是一个完全的转移。因为顾客必须走过更远的距离，花掉更多的身体能量，而这本是他们不愿意做的。所以这样的一个花费了店家一定成本（是一种价值损失）建立起来的结构是会转移一些顾客的消费者剩余给店家，同时这也会消耗掉顾客一些额外的能量用来走遍商店（这也是一种价值损失），但后者不会被转移。所以这里的收入转移不是完全的，因为消费者的损失并不是完全被转移给了店家，其中的一部分在转移过程中损耗掉了。

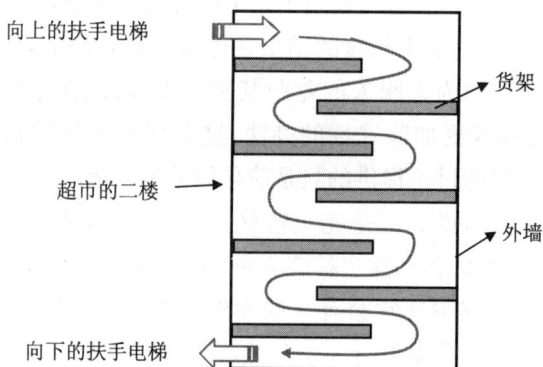

图 8.1　一些超市的扶手电梯的设计图示

第二节　关于经济过程和经济结果的论断

上述的关于 100 元钱的讨论只能算是一个简化的阐释。在真实世界，整个过程会更加复杂。如果 A 预计到会有被抢的风险，他会想出别的办法来保卫他自己的财富，比如将这 100 元钱放在一个保险柜里又或者用一些别的工具甚至是用武器来保卫产权。如果这样的办法能够以 A 的小成本创造一个大成本给 B 来承受，那么这样的办法就会很有效果。比如，如果花 20 元钱可以买一个保险柜，A 将这 100 元藏在这个保险柜里，B 就可能需要花多于 100 元的成本去抢夺 A 的这 100 元，这样除非 B 拿到保险柜的钥匙并且知道密码，否则 B 就会放弃抢夺，因为这实在是不划算。这样的话 A 就可以保留一个 80 元的净收入。如果这保险柜是可以重复使用的，也就是说其成本可以分摊到更多的安全收入上去，那么 A 这次的 100 元收入就等于是能保留超过 80 元的部分。在一个有法律来保护私有产权的社会里，A 也可以寻求法律帮助，这也是除使用保险柜之外的另一个可行的办法，法律的震慑力也可能以 A 的小成本来制造一个大成本给 B。A 具体可能选择的保护财产的办法取决于不同的选项在约束 B 的时候的成本和效果。在理想情况下，A 其实是还可以付给 B 一个小费用然后劝说 B 接受这个费用不要再来抢夺了。但因为 B 可能就是一个爱抢别人的机会主义者（抢劫给他带来快乐）而且很难被改造，那么此时 A 付费给 B 来寻求平安这种办法就可能会使得 A 最后什么也剩不下来，因为此时只有当 A 被抢光之后 B 才会满意。

到目前为止已经列出了 A 和 B 的几个选项。表 8.1 总结了这些选项的成本和收益。

表 8.1　100 元这个案例中的 A 和 B 的各种可能的行为的成本和收益

A			B		
行动	成本	净价值剩余	行动	成本	获得的净价值
什么也不做	$\geqslant 100$	$\leqslant 0$	什么也不做	0	0
	0	0	抢劫	20	80
反击	每次 20	$(100 \text{ or } 0)$ $-20n$	抢劫	每次 20	$(100 \text{ or } 0)$ $-20n$
买保险柜	20	80	什么也不做	0	0
			抢劫	>100	<0
防守	20	80	什么也不做	0	0
			抢劫	>100	<0
寻求法律帮助	10	90	什么也不做	0	0
			抢劫	>100	<0

从表中可以看出，A 可以从五个选项中选择：1）什么都不做（do nothing），2）反击（fight back），3）买保险柜（buy a safe），4）防守（defend），和 5）寻求法律帮助（seek legal help）。对于 A 的某些选项，B 有两个选项可选，这两个选项是什么都不做（do nothing）或者

是抢夺(rob)。"反击"这个选项是 A 对于 B 的"抢夺"这个选项的回应,所以在这个情况下,B 只有"抢夺"这一个选项。如果 A 选择什么也不做,那么 B 有两个选项,即他可以选择什么都不做或者他可以选择抢夺。如果 B 选择什么都不做时,他的净收益为零。如果他选择抢夺,他的净收益为 80 元。此时很自然能得到结论,即 B 在这时候会选择抢夺,而此时要使得 B 完不成任务,A 的成本很大可能会超过 100 元。

　　如果 A 选择反击的话,每次反击他需要花费 20 元。B 可以选择报复而他的成本也是 20 元每次。如果 A 最后保留了这 100 元,他剩下的净收入其实是 $100-20n$,其中 20 是他每次反击的成本而 n 是 A 反击的次数。如果 B 最后得到了这 100 元,那么 A 的净收入就是 $0-20n$。对于 B 的净收益也可以做类似的计算。如果 A 选择买个保险柜、防守又或者是寻求法律帮助,那么假设他可能需要分别花费 20、20 和 10 元(这些只是假设的数额),那么 A 剩下的净收入就是 80、80 和 90 元。对于 A 的这三个选项,B 都可以选择抢夺,但是因为表中列出的 B 的假设成本很高(假设的数额是基于 A 已经做好了准备,所以 B 很难得手而设计的),所以 B 通过抢夺能获得的净收益要小于什么都不做,这就是说此时 B 不会抢夺。这时候,A 的 5 个选项的最大安全收入分别为什么都不做的 0 元、反击的 $100-20n$ 或者 $0-20n$ 元、买保险柜或者防守的 80 元,以及寻求法律帮助的 90 元。因为对于反击这个选项,n 即反击次数这个值可以很大,而反击所带来的暴力效果可以消耗掉最初的 100 元财富的很大一部分,那么即使 A 最终成功地夺回这 100 元,他的净收益可能也会很小,所以这个选项很难成为最有效的选项。这时最后的结果就很清楚,即 A 会选择能够最大化他的净收益的选项,也就是寻求法律帮助。

　　对于 B 来说,如果 A 选择什么也不做,那么抢夺这个选项能带给 B 最大的净收益 80 元。但如果 A 选择其他选项,依据表中假定的数据,B 想要约束 A 的成本就会极大。考虑到这样的成本,最后抢夺这个选项可能会给 B 带来负的安全收入,此时抢夺这个选项就不如什么都不做这个选项,因为后者保证的是一个相对更大的安全收入。

当然,真实世界的实际环境变量以及输入变量和上述表中列出的是不同的,但不管如何,只要这些都可以很好地度量,那么上表中的假定的数字都可以用真实数字替代。不变的则是决策的原则,这就是说不管是 A 还是 B 都会选择能最大化他们的安全收入的选项。所以我们得到下面的论断 1。

论断 1:在任何交易成本不为零的市场环境下,利益相关人可以选择最大化他们的安全收入的选项。

论断 1 阐释的基本上是利益相关人的一般动机。它和第七章里面提到的规则 1 实际上是等效的。它和 Barzel 的说法也是类似的。Barzel 所说的是个人会最大化他们的资产带来的净收入("maximize the NET income of their asset", Barzel, 1989, p.6)。和假设交易成本为零的新古典经济学不同,论断 1 说的是利益相关人在做出最大化财富的努力的时候会考虑交易成本的影响。这个论断当然也适用于交易成本为零的情况。在一个不真实的交易成本为零的世界,安全收入和法律意义上的收入实际上是重叠的和一致的。此时,每个利益相关人就会很简单地只是最大化他的法律收入,因为这等同于安全收入。此时经济结果就能用新古典经济学加上科斯的不变定理来预测(Coase, 1960)。

当然,交易成本会随着选项的变化而变化。从这个意义上来说,一个交易成本为零的环境不代表说其中所有选项的交易成本都为零。比如,如果一个利益相关人放弃了他的一些权利给别人,对于他来说这时候这一选项的交易成本就是零。但他放弃权利给别人的原因可能是因为他的其他选项的高额交易成本。当然,这也不是说对于这个选项他没有成本,因为他的转移给他人的权利,实际上对他来说构成了他不得不承受的非生产性成本。

与此同时,我们从上面的例子(表 8.1)可以看到,最后的结果里损耗的租值和其他选项组合比较起来是最小的。总的损耗只是 10 元同时也并没有收入转移。这就是说可以预见的是对于每个想达成一个交易的利益相关人来说,最后的结果都必须是所有人的最佳。因为对于每个利益相关人来说,最后选中的都是最小成本的选项(最小非生产性成本),所以最后的结果的总成本(每个人的非生产性成本之和)也必然是最小的。之前在第一节讨论过,非生产性成本之和等于交易成本之和,这就是说不论最后的结果是哪一个,它都一定是总的交易成本(损耗的租值)最小的那一个,因为其他选项必然花费更多。所以我们可以得出下面的第二个论断。

> 论断 2:在任何交易成本不为零的市场环境下,当利益相关人最大化他们的安全收入的时候,如果一个合约要能达成,利益相关人所选取的选项必然会收敛(converge)为所有人的最佳选项,也就是说在这个选项中,总的损耗的租值和其他选项比是最小[1]。

论断 2 所说的是给定一套已有的成本约束,要达成一个合约,

---

[1] 选项的收敛指的是要达成一个合约,这个合约必须是代表所有人的最佳选项。损耗的租值会在所有合约组合的对比中被最小化,但因为在选项中一些利益相关人制造了一些成本,所以这样的最小化并不意味着理想的最优化。这就是说,这样的结果和有合适的制度存在的时候对比并不见得是最优。换句话说,如果可能的话,这里花掉的成本还可以被进一步降低。如果有外部或者制度干预来促成交易,通过改变利益相关人的成本,使得结果尽量接近最初的法律产权所定义的结果的话,那么成本就可以进一步降低。如果选项并不收敛,交易就无法达成,而交易可能带来的租值就会被损耗掉或者会被替换为另一个交易所带来的更低的值。

合约本身必须是所有利益相关人的最佳选项（等效于第七章里谈到的规则2）。当然，在任何利益相关人的最佳选项有所互相矛盾的情况下，各自选择的选项可能不会收敛所以交易无法达成。在这种时候，要想还能达成交易，就需要付出额外的交易成本。此时其中某人必须能成功地制造一个约束条件用来使得大家的最佳选项能被被动地调整（被约束）。或者别人可能会选择其他选项，这就使得这个想要约束别人的人的成本很高。这样的话这个交易也就不会是这个人的最优，因为考虑了约束他人的成本之后，这个选项就可能比自己的其他某些选项要差。如果这样的话，另一个不同的交易可能会达成。当考虑了所有成本之后，这个要被达成的替代交易还是必须是所有人的最佳选项，只是另有额外的损失已经被包含在交易之中。这意味着对于某人来说如果想要达成合约，考虑别人手头的选项也是很重要的，因为他们的最佳选项如果和自己的不同，就会给自己带来额外的成本，而这成本如果太高就会使得当前的交易变得不可行。

需要重点提及的是论断2中提到的选项，不仅是限定于那些和直接相关的利益相关人之间进行互动的选项，也可以包含一些外部选项。用之前表8.1里提到的例子来阐释，就是说除了什么都不做这个选项，B还有一些可能影响均衡的外部选项，比如如果抢劫能给B带来净的收益，但如果存在一个更好的外部选项即他其实可以去找一份会给他带来更多净收益的体面的白领工作的话，那么他就可能不去做抢劫这份低收入高风险的工作。如果B去做白领了，那么A的保护成本就会大大降低而经济结果就可能会截然不同。

根据之前讨论的关于租值损耗的内容，我们可以知道收入转移在很多时候是难以避免的。用同样的例子来阐释，如果什么也不做是A的最佳选项也承担最少的租耗，那么就会有一个收入从A转移到B手中。A总是有改变这现象（避免收入转移）的动机，但是对于特定的受到特定的交易成本约束的环境来说，A面对的选择是有限的，所以收入转移，至少可以说是一段时期内的收入转移在很多时候都是难以避免的。所以这里有下面的论断3。

> 论断3：在任何交易成本不为零的市场环境里，很可能会发生收入转移、租值耗散，或者两者都有。

论断3讲述的就是如果一个利益相关人在约束他人方面居于绝对的统治地位，那么他就可能能够将他人的收入转为自己所有，因为这时候放弃收入可能是他人的最佳选项。如果这样的话就有可能出现一个所谓的纯收入转移的情况。但如果所有的利益相关人在约束他人方面都具有平等的权利和能力，那么结果就是不会产生收入转移，而会是一个纯租值耗散。如果没有人居于统治地位，但是利益相关人的权力和能力有差别，那么结果就可能是既有收入转移也有租值耗散。

尽管从理论上来说，在交易成本不为零的情况下，利益相关人还是有可能会尊重他人的法律收入也就是说大家都不抢夺别人的，那么这时候就会出现理想的情况，即既没有收入转移也没有租值耗散。但这样的情况可能不会发生，因为这会非常不现实。第一、要维护这样一个制度或者或者说是道德的环境成本是很高的。政府需要持续不间断地对大家进行法律或者道德教育，这样才能阻止机会主义者犯规越界。而要提供这样的教育需要一定的投入，所以并不是免费的。同时，还需要建立和维护一些制度来惩罚犯规者。而要建立和维护这样的制度也不是免费的，也需要一定的投入。第二、即使在某些情况下自然环境能建立特殊的成本约束条件，而这约束条件可以有效地约束别人使得他们不去追逐别人的收入，这样这些原本不安全的收入就变得安全，不过，这样的环境也无法保证使某些具备特殊能力的个人无法突破这成本约束。

比如说，如果第一节里提到的B虽然可以抢夺A的不安全的

100元钱,但是出于某种成本原因,B没有这么做,那么就不会有收入转移或者是租值损耗。B没这么做的原因可能是自然性的,比如B那天身体不舒服,那么在身体不舒服的情况下还出去打劫对于他自己来说就成本太高不划算。B没打劫的原因也可能是市场性的,比如B得到了一份更好的工作,这份工作可以付他更多钱,那么他就无须再去做劫匪所以A就不会被抢。这样的特殊的理由在真实世界是可能发生的,但却很难说是普遍情况,因为我们不能排除总是有其他人在当时是没有受到健康状态的约束或者是受到市场的约束的,这些没受到约束的其他人是愿意去打劫的。如果所有人都被不需要人工维护的自然成本环境所约束而不会去侵犯他人的话,那么我们几乎可以断定这是个对于产权所有人来说没有交易成本的世界,其实在这样的世界里对于那些企图侵犯他人获取别人的财富的人来说还是有交易成本的。当然,即使存在,这样的例子也是极为罕见的,这就是说这样的反例并不会明显地影响到论断3的一般预测力。即使所有的打劫者因为成本大于收益的缘故都不再打劫,比如可能的受害者实在是太强壮,那么就不会有收入转移,但是这个强壮者还是需要花费额外的成本去锻炼和保养自己的肌肉以震慑他人的,而这其实也是一种租值损耗。

到目前为止,我们基本能肯定在阻止收入转移的过程中,总会有正的交易成本发生(价值损失)。但如果这不安全的收入实在是太小,比如走在街上掉了1角钱,那么可能绝大部分人都不会去浪费体力去捡起来,因为今时今日弯腰捡钱所花费的体力其价值可能还大于1角钱的价值。这样的话,第二天你经过原地的时候你会发现这1角钱还在。这样的特殊例子确实是存在的,但如果真是有,那么第二天你经过的时候连你都不会去捡。从这个意义上来说,这1角钱就会被转移到了公共领域而其价值就会被损耗掉。这样,尽管我们不能完全排除例外,但是对于随机抽取的人群样本来说,论断3的预测一般是对的,或者说,这预测是对的可能性一般是足够大的。

上述的三个论断可以用现实世界观察来佐证。所有用到的概念,包括安全收入、租值损耗以及收入转移,都是可以观察到和可以度量的。所以,我们可以通过举例来粗略地佐证这些论断。在这里先回顾之前详细讨论过的城中村的例子,而之后作为进一步的佐证再讨论其他的一些例子。

第三节　回顾之前的城中村分析对于上述论断的佐证

第四章和第五章分析了城中村中的建筑密度以及建筑寿命的问题。第六章解释了沙井的特例。而第七章则用一个整体框架来描述和解释了城中村发展的四个场景下的各种经济结果。

在第七章的多利益相关人成本收益分析里用到的两个规则基本上可以等同于本章第二节中讨论的前两个论断。所以可以说城中村的发展,对于第二节的这两个论断的实证支持已经在第七章讨论过了。

这里简要地回顾一下第七章里关于这两个论断的实际观察。这些观察基本上是支持这两个论断的。具体来说对于城中村的三种类型的土地,因为成本和收益的差异,观察到的是不同的结果。如同之前讨论过的,对于村民的农地来说,接受征地合约是村民的最佳选择,因为这会最大化村民的安全收入。同时,出于同样的原因,征收农地对于政府和开发商来说也是最佳选项,因为这会最大化他们的安全收入。所以观察到的结果就是城中村的农地通常是被政府征收并且通过合法途径开发的。当然,也不排除有时能看到农地被转换为保留地或者非法开发的特殊情况。在这些特例中,成本和收益的值可能和其他普通例子有差别,所以结果才会有差别。而对于那些由于特殊的因子取值产生的特例,结果仍然应该是所有人的最优选项。所以从这个意义上来说,这些特例可能不应该是作为反例来理解,而应该是被理解为佐证上述论断的特别例证。

对于保留地来说,因为村民有合法开发的权利,即他们可以在这些土地上合法建造工商业建筑,那么对于政府和开发商来说直接征收这些土地就不再是他们的最佳选项。此时此刻,在这些土地上建工商业建筑则可能是村民的最佳选项。所以最后观察到的结果就是保留地通常是被村民们合法开发为工商业用途,这代表了所有相关人的最佳选项。当然,这只是对于早期阶段来说。在近些年,有些保留地被村民非法改造成了低密度的住宅小区。但这样的结果,如之前所述,体现的只是成本收益因子的取值的多样性,而其本身,如同第六章和第七章里具体分析的,仍然代表的是所有人的最佳选项。也正是因为不同的成本收益值会产生不同的结果,其他两种可能的结果,也就是村民继续建造更高强度的工商业建筑以及将土地卖给政府这两个选项,在各因子取值导向它们的情况下,仍然是有可能实现的,只要它们代表的是所有人的最佳选项。

对于宅基地,在早期的时候,成本环境并不允许政府对其进行征收。换句话说,在早期,暂时容忍村民的违建对于政府来说是最佳选项,因为和预期的收益相比,征地所涉及的各项成本之和太高。与此同时,建造违建则是村民的最佳选项,因为这选项带来的收益很高而附带的法律成本很低。结果就是,在那时,绝大部分的村民都会违法建设。不仅如此,村民之间的高额协商成本以及缺少建筑规管和控制则会使得他们以很高的建筑密度来建造,这会带来过度发展的问题,也会带来租值损耗。但后面这个悲剧性的结果,却仍然是村民们的最佳选项。最后总结起来就是说在早期阶段,城中村都是非法建设的,而且都是过度建设的。

但在近些年,对于宅基地来说,因为市场需求的增加以及执法成本的相对降低,政府的最佳选项变化了。现在对于政府来说征收土地才是其最佳选项。相应的,村民如果继续违建所需要承担的法律成本则增加了,这使得他们别无选择只能接受政府征地。观察到的结果，也就是在近些年很多城中村都被列入了拆迁计划，而且其中有很多已经被政府拆除，这个结果代表的仍然也是所有利益相关人的最佳选项。

这里也总结一下城中村的例子为第二节中的论断 3 所带来的佐证。在早期的农地征收过程中，如果政府付给了村民合理的补偿，那么就不会有收入转移的情况。但因为这种征地过程总是多少涉及一些冲突，而政府需要花费一些力气进行强制执行，那么这些花费都可以算是一种租值损耗。对于保留地来说，在早期，产权很清晰，所以村民会在这些土地上建造工商业建筑。对于这种情况，就不会观察到收入转移，而租值损耗也是基本没有的。这个结果相对来说是比较好的。但这并不是说在这种情况下就完全没有租值损耗，因为村民之间的协商以及自我保护措施还是需要的，这些都会带来成本。而在近些年，当保留地被发展成为强度更高的工商业用途之后，情况虽然和之前类似，但出于投资增加而需要村民投入更多资金，那么村民之间的协商成本是加大了，也就是说损耗的绝对值加大了。再看特殊情况，在近些年保留地被某些特殊的地区的村民发展成为非法的低密度住宅小区时（如深圳市沙井观察到的现象），尽管租耗是很小的，但是其非法性质导致原本属于政府的一部分土地权利被非法转移给了村民、小产权房的买家，甚至小产权房的租客身上。而当这些保留地在未来被政府征收之后（如果征收是可能的），那么就不会再有收入转移，但征收过程中的协商和执行则必然会浪费一些成本，也就是说会有一些租值损耗。

对于宅基地来说，当村民在早期非法建设的时候，很显然是有一部分属于政府的权利被转移给了村民，也就是说，是有收入转移的。而因为村民往往是过度建设的，那么租值损耗也是有的。在近些年，当政府征收并拆迁重建这些城中村的时候，双方都要花费一些精力来协商，而政府往往还需要花费一些执行成本。因为这些建筑的超建部分（大约是三层以上的部分）是非法的，所以当政府补偿村民这些超建部分的时候,就会有收入转移。对于那些村民仍然继续升级违建的特殊案例,情况和早期就差不多。也就是说,一些属于政府的收入被转移给了村民,而同时新建的高建筑密度建筑则也会损耗租值。

　　总结起来,上述的讨论说明城中村的各种观察结果可以佐证第二节中的三个论断。而在下节的分析中则会讨论更多的例子。

第四节　更多的例子以及结论

　　到现在为止,上面讨论的城中村的例子并没有否定第二节中的三个论断。但其实还有很多可以为这三个论断提供支持的例子。下面就再多讨论一些。

　　第一个例子是一个关于人们购物的体验的例子。在任何市场中,假货或者是劣质产品都是存在的。这些假冒伪劣产品,如果能够很好地被消费者从正品中辨别出来的话,是卖不出正常货品的价格的(卖不出正常价),它们的价格应该比正常价要低才会有人买。但是有一些无良商家可能会钻空子以正常价格销售假冒伪劣产品,因为他们认为消费者缺乏辨别能力,即使事后辨别出来也不会个个都来索赔。在一个交易成本为零的市场里,消费者如果以正常价格买到了假冒伪劣产品,是一定会索赔。但在真实世界里,在任何市场都无法做到交易成本为零。比如,交通成本总是正的,又比如,要回去索赔所花费的时间成本也必然是正的。所以,如果一个商家以正常价格销售了假冒伪劣产品,比如这些假冒伪劣产品的实际价值要比正常价低 1 块钱一件,而正常价格是 10 元一件,那么消费者如果之后发现了这是假冒伪劣产品,而且同时他要求退货的总成本(包括交通成本和时间成本等)之和是小于 1 块钱的话,那么他就很有可能返回商店要求退货或者换货。但如果他要求退货的总成本是大于 1 块钱的话,那么这消费者可能就会放弃索赔,因为索赔会带给他负的净收益。

在第一种情况里,消费者的两个选项能带来的安全收入分别为"放弃"这个选项的 9 块钱,以及要求退货这个选项的大于 9 块钱但小于 10 块钱。在第二种情况里,相应的两个选项的安全收入是"放弃"这个选项的 9 块钱,以及要求退货这个选项的小于 9 块钱。不管最后出现的是哪种情况,消费者都会选择最大化自己的安全收入的选项。而如果消费者回来索赔,那么对于卖家来说很难拒绝,因为消费者可能达不到目的就会待在店里不走,这样会影响生意。所以卖家也会选择最大化他自己的安全收入的选项。也就是说,他是不是会以正常价格销售假冒伪劣商品给消费者,就取决于消费者获得退货的成本。如果对于消费者来说过来退货的成本很低,那么卖家就不会卖假冒伪劣产品给他们。而如果对于消费者来说过来退货的成本太高,那么卖家就会销售假冒伪劣产品给他们。不管选择的是哪一个选项,选中的选项的组合都应该是对于卖家和买家双方来说最优的。

在第一种情况下(退货成本小于 1 块钱),退货的成本并不是太高,所以消费者会选择退货,所以这种情况是没有收入转移的。但获得退货的过程会导致租值耗散。当然卖家可以预期到买家会来退货,那么他就不会卖给这个人太过于假冒伪劣的产品。也就是说,假设买家过来退货的成本是 5 角钱,那么卖家就会就会以 10 元的正常价卖给消费者一个价值略低于正常价的产品,比如低 4 角 9 分钱。这时候消费者就不会回来要求退货了,那么此时就不会有租值耗散,但是却会有一个每件 4 角 9 分钱的收入转移。

在第二种情况下(退货成本大于 1 块钱),退货的成本相对很高,那么消费者不会选择退货所以没有租值耗散发生。但此时会有一个从消费者到卖家的 1 块钱的收入转移。实际的结果取决于退货成本的概率分布,就是说对于不同顾客退货成本都是不同的。卖家如果知道各种买家的退货成本的概率分布的话,那么他会选择一个能够最大化他的总体的安全收入的定价。比如，超额定价的部分可能就是 5 角钱。这样的话有些退货成本低的顾客会选择回来退换货，而那些住得很远退货成本很高的顾客就不会回来。最后的结果就是一个混合，即既有收入转移也有租值耗散。

上述的预测是得到现实数据支持的。我们可以看到，在很多城市里，在旅游区域买到假冒伪劣产品的可能性都会比较大。这一现象就可以用上面的讨论来解释。对于游客来说，退货成本是很高的，因为他们的交通成本和时间成本高，所以他们买到假货之后一旦回了家，再回到这个旅游点来退货从交通成本和时间成本上来看都是不划算的。所以游客一般都不会为了假冒伪劣产品的退货而专门返回某个特定旅游景点。这就是说，当一个消费者面临高额的交易成本，比如为了退换货所需要付出的交通和时间成本时，他会放弃退货的念头，因为放弃才是给他带来最高安全收入的选项。同样的，在这种情况下，商家就会觉得销售假冒伪劣产品是安全的，因为这会给他带来最大的安全收入。

第二个例子来自于在一些主题公园观察到的较高的用餐价格的现象。大家通常都能看到在一些主题公园里用餐的价格都标得很高，或者可以说是就食物本身而言这样的价格是带有一定溢价的（overpriced）。考虑到这些公园的高额的门票费用，以及这些公园的较为偏僻的位置（这些公园通常都离市区很远，附近很难找到其他饭店），很多消费者一旦入园就没有办法，就只能在这些公园里吃饭，所以他们不得不忍受高额溢价。但当然有些游客可能会选择在公园里不吃饭等到他们离开公园后去别处吃饭。如果游客选择在公园吃饭，那么就没有租值损耗，但是会有一个收入转移（溢价部分从游客转给了公园里的饭店）。但如果游客选择不在公园吃饭，那么他需要忍饥挨饿一段时间这样就会有一个消费者价值的损失（当然他也可以自备一些干粮，有些公园允许自带干粮，但吃干粮带来的消费者剩余可能会比吃饭带来的要小）。此时一部分因为吃饭所能带给顾客的消费者剩余（食物对于顾客的价值减去顾客正常所需要付出的价格）就被损耗掉了。在现实中，很多去游园的游客有很高的消费者剩余，而这剩余所值的金额可能会超出溢价的部分，那么对于他们来说，最大化他们的安全收入的选项当然是在公园吃饭，因为这样在即使付出了一个更高的价格之后，他们还能够保留一个正的消费者剩余的残值，这会好过不在公园吃饭，因为后者带来的消费者剩余为零。但那些消费者剩余较低的顾客就不会选择在公园吃饭，因为选择在公园吃饭所获得的消费者剩余不足以支付用餐的溢价部分。不管是哪一种游客，他们选择的都是能给他们自己带来最大的安全收入的选项。而对于公园里的饭店来说，因为要区分两种顾客并分别定价并不容易，所以饭店经理往往会选择将用餐价格定在一个高于正常价的最优水平，这个最优价格会使得一部分顾客会选择在公园吃饭，而另一部分则不会，这时用价格乘以人数再减去成本得到的净收益会最大，所以这样的定价可以最大化饭店的总的安全收入。

第三个例子讲的是在某些地区可以看到的住宅预售市场的超额定价问题。Choy（2007）作了一个和香港住宅预售市场的信息不对称相关的实证分析。他观察到开发商在预售某个新楼盘的时候刻意隐瞒了附近将要修建一条高速公路这一负面信息。因为隐瞒了这个负面信息的缘故，开发商在售楼的时候定的价格比附近有高速公路的实际非正常价格要高（因为购房者不知道这负面信息），但是比没高速公路的正常市场价要低（可能开发商心虚）。这个例子也对第二节的三个论断提供了证据。从开发商的角度看，如果楼盘以正常市场价格售出，那么此时在新房市场通行的卖家负责的规则（"caveat venditor"）的约束下，开发商需要承担的法律成本可能会很高。一旦负面信息被公开，那么买房者可以告开发商并要求退房或者退款，所以开发商必须以低于市场价将楼盘售出（这样买到房的消费者可能会迅速在二手市场再卖出获得一个差价，而当进入二手市场后,因为二手市场没有完善的保护买家的保障条款,所以开发商的法律成本就会减小了)。当然,在负面信息公开之后,买家如果去告开发商,他们付出的诉讼成本也不会是零。而且由于信息不对称的缘故,买家并不一定马上能得知这负面信息,而在负面信息揭晓之前可能有很多这样的买家已经将房子在二手市场上卖掉了。正因为这些原因,虽然开发商需要以低于市场价来销售,但他们的定价还是可以比之前提到的有高速公路公开信息的非正常价格要高一点,也就是说存在一个溢价空间,但不是完全溢价。正因为双方都要最大化自己的安全收入,最终的定价就在中间,即比有高速公路公开信息的非正常价高但是低于正常市场价。这样即使买家和开发商之间有可能之后有冲突,但是可以肯定的是有一部分溢价是被转移到了开发商的口袋中。当然后来会有一些冲突(有些买家来不及在负面信息揭晓之前将房子在二手市场卖掉,就会回来找开发商理论),这样的冲突还会导致一些租值损耗。

　　Choy(2007)也观察到在二手市场,负面信息揭晓之前,这些房子是以正常市场价格出售的。他的分析是这样的。在二手市场,因为没有卖家负责这个规则的保护,在负面信息揭晓之前,卖家都是可以以正常市场价格出售房子的。因为二手市场是买家负责,即买家在发现负面信息之后想要状告卖家是很难的,成本很高,所以卖家以正常价销售的法律成本是很小的。如果交易是在负面信息出来之前就达成的,那么溢价的部分(正常市场价格减去卖家从一手市场买到的买价)都是属于卖家的安全收入。二手市场上的买家,如果是在负面信息之前买的,就会受到损失,但这其实也是他们的最佳选项,因为他无法预计到这负面信息,或者说他要预计到负面信息的成本是很高的。这样的一个溢价的可能会使得一部分收入从二手市场的买家手中转移到了二手市场的卖家手中。同时,如果之后有冲突,那么还会有正的租值损耗。如果消费者有经验比如已经从别的例子中得到了类似的教训的话,他们有可能就不愿意在二手市场买房(如果没有这样的溢价问题的话他们其实是愿意在二手市场购房的,因为可能二手市场上的房子的位置和户型选择性更好更符合他们的要求)。在这样的情况下,他们的选择还是给他们带来了最大的安全收入的。当然,如果是最后一种情况,即只买新房的话,其实是有租值损耗的,因为原本对双方都有益的交易就变得无法达成了。

上面的三个例子为第二节的三个论断提供了一定的支持,但它们展示的只是交易成本的负面影响。这里再举个例子来展示交易成本可能带来的正面影响。比如说,一个有着很结实的城墙的堡垒可以用来抵御敌人的入侵,原因是这城堡以城中居民修建城堡的相对较低的成本(建设成本)来为敌人制造了一个很大的进攻成本。如果这样的一个城堡是有效的,那么敌人可能会选择不再进攻这个城市,因为进攻的成本太高而回报太低就不划算。这样的话,城中居民的最佳选择就是修建城堡,而敌人的最佳选项就是放弃进攻,自我约束。在冷兵器时代城堡是非常有效的一个防守工具,所以我们可以看到不光是在我国,在全世界范围内人们都建了很多城堡。虽然建设城墙还是会损耗一部分租值,但是在这个例子中,城堡可以有效地阻止收入转移。

不难看到的是,其实制度也有类似于上面城堡的作用。尽管有时候会被滥用,但不可否认的是,建立制度的最初目的是为了以较低的社会成本为特定的利益相关人设定约束成本,设置这些成本的好处是可以使得最后社会的总的安全收入会尽可能地接近法律收入。产权是作为法律收入的指导,这样我们才能使用法律工具来保护资产的全部或者最大可能被保护的价值。用城中村的例子来阐释,如果设定规划规管的成本是足够低的,那么在城市中建筑密度规管就会被执行,这会制造一个法律成本使得各方面的安全收入可以被更好的最大化。类似的,花 3 万块一个月请一个警察虽然很贵,但是这可以为罪犯制造一个高额的法律成本,这就可以降低犯罪率。而犯罪率如果不降低的话,社会动乱需要付出的成本可能只会比请警察的成本更高,而且很多时候会是一个收入转移和租值耗散并存的结果。所以只要是交易涉及的直接或间接的成本并不是小到可以忽略(和建立制度的成本相比不是太小),那么用制度来约束大家都是一个可能的选项。换句话说,如果某个交易涉及的成本真的是非常小,小到可以忽略,那么我们也可以认为这结果其实是已经很接近最优了。

其实还有很多例子值得讨论,但这里的逻辑其实已经很清楚了。看起来第二节中提出的三个论断是很难被推翻的。城中村的例子,出于其复杂性,可能不是用来阐释这几个论断的最好例证,但城中村的例子也并不否定这些论断。之后举出的一些例子则进一步阐释和佐证了这些论断。当然,这并不是说这些论断就高枕无忧了,只是说这些论断可能会对我们分析和判断经济过程和结果有一定意义。这就是说,尽管还需要更多的论证,其实现在可以合理地断定的是,这几个论断一定是对我们更好地理解真实世界提供了一些有用的线索的。

第五节　和博弈论的比较

当然,用博弈论也可以解释上面的案例,所以博弈论可能也很有用,但是因为几个原因,上面的分析可能比博弈论更普适。第一,博弈论并不提供详细计算成本收益的方法。所以博弈论中描述的囚徒困境的问题看上去似乎都指向同一个结果,即所谓的均衡,其实不同的成本收益的因子取值是会带来不同的结果的,所以博弈论过于强调均衡是有违常理的。如果用制度分析的办法,博弈论中提到的最后的均衡其实可以更好地用交易成本来解释,这就是说,所谓的均衡只是一个经济结果,而当成本因子变动的时候,这个经济结果也会变动,这显然是比博弈论更加宽容的一种分析。而博弈论缺乏解释结果多样性的能力。

第二,博弈论中的环境是被当作是一个固定的黑盒子来对待的,所以参与博弈者并没有改变或者利用环境变量的自由。但在现实中,参与博弈者也可以是博弈规则制定者。这就是说有些博弈者可以以自己的小成本来为他人制造大成本。在博弈论中,一个虚拟的博弈游戏是不考虑博弈者的多重身份的,所以这样的游戏是不真实的。在现实中,游戏博弈者的身份也可以是不对称的,那些可以改变环境的博弈者可以侵犯他人的利益,这会使得依赖固定框架的博弈论无所适从。比如,如果囚徒 A 非常害怕囚徒 B,那么他就不会背叛 B。这样的恐惧可以是源于 B 之前对于 A 施加的成本导致的。换句话说,博弈论缺乏参与者改变博弈环境的灵活性。

第三,博弈论并没有提供关于制度或者是规管者的作用的信息。比如,在经典的囚徒困境的问题中,尽管两个囚徒都选择招供,但在特殊的环境下他们也可能不招供。如果两个囚徒都是受到过严格的黑道家法的训练(一种制度规管),那么他们可能就不会招供。换句话说,制度可以是一个用来避免不希望看到的结果的有效的工具,而这一点在博弈论中无法体现。

最后,博弈论强调的是分类,也就是说博弈论所做的工作是将现实分为很多种类的博弈然后导出均衡,这使得博弈论缺乏理论应具有的一般性和简洁性。

总结起来,博弈论的重点是研究博弈本身,在博弈论中成本和结果都是固定的。也就是说,博弈论的目标是总结一些定式,而不是去探讨一般性的规律并将这些规律抽象为理论。在现实中,成本变化的时候,结果很多时候都是变化的,所以只研究定式而不分析成本是不合适的。所以,博弈论只是一个有用的方法,但却不是一个一般性理论,尽管它有时候对于特定案例的分析会很快,但是它解释变化的一般性却不够。这当然并不是说博弈论是无用的,而只是说,和制度理论对比,后者具备更多的实质性内容也更具有一般性,所以,在制度理论可以更有效地解释更多现实结果的时候,博弈论可能就是冗余的。

第六节 制度的作用

之前的讨论说明的是,一般来说,当交易成本不是零的时候,总是会有一定程度的扭曲。如果只有产权而没有其他辅助政策或者规管的话,那么利益相关人会努力以他人的成本来最大化自己的安全收入。尽管这时的结果在既定参数条件下必然也是最小化价值损失的,但却不见得是宏观意义上的最佳选择,因为这时存在调整宏观参数的可能,而这种调整可能会带来改善。这样的话,当和有合适制度参与的情况比较时,之前的结果有时甚至可以被称之为悲剧。在缺乏合适和有效的制度约束的时候,整个宏观环境会变得较差,而此时会有更多的人工成本被制造出来,人们出于个人利益制造出这些成本然后施加到他人的成本收益函数中为自己谋利,这时候的经济结果也会较差。这就是说,如果有合适的制度,经济结果就会有提升的空间。

举例来说,交易成本分析派的企业理论提到说垂直整合是一种内部化企业之间的交易成本的方式(Williamson,1973),但垂直整合却不能解决有些时候收入从雇主转移到雇员又或者从雇员转移到雇主的问题,这个问题不仅涉及收入转移,也往往涉及租值损耗。而且垂直整合也不能解决整合之后出现的大组织和大组织之间还存在的跨组织协商和价值损失。这样的跨组织协商的问题是必然存在的,因为整合不能无限进行(如果无限进行,那么整个社会就会整合成为一个大的组织,此时市场和价格信号就会完全消失了),所以总会有组织之间的问题。不仅如此,整合本身也是有成本的。比如,之前讨论的城中村改造的例子里就提到过在城中村改造过程中,协商成本是很大的。

　　这并不是说自行安排就不可能。在一些例子中,各个利益相关人都很强势,而占他人便宜的期望收益就会比相关成本小。如果这样的话,那么就可能在不同的利益相关人之间存在平等的安排。但要维持这样的安排的成本还是有的,而且这成本可能很大。比如,长城就是一个很好的例子。尽管长城具有维持和平并促进古代中国和其北方游牧部落之间的合作的作用,但建造长城的成本其实是非常高的,而且长城也并不是时时都有效(长城经常有被突破的时候)。一个例外的例子是核均衡。核均衡对于维护合作环境来说比长城更有效成本也更低。但这样一个低成本高效率的特例是很罕见的,而且其中蕴含的风险也很大,即核均衡的风险也很大,尤其是如果有核武器遗失或者落入恐怖分子手中的时候。

　　上面讲了这么多,其实要说的是制度的作用。也就是说尽管不是对于所有场合成立,但一般来说一个公正的规管经济的制度可能在很多时候是比其他选项更加有成本效率的。第四章提到如果规划管制本身的成本不高的话,那么它可能会在提升整体效率上有很明显的作用。这就是说如果能以低成本设定合适的制度参数的话,整体的成本环境可以获得一定的提升从而可以更好地阻止收入转移并且减小租值损耗。如果制度是长期的,那么特定时期所分摊的制度成本就更小了。当然,North (1990)提到如果考虑到信仰、道德以及利他主义的作用的话,也许规管不是必需的,因为此时人们可以通过自愿合作的方式达成一致。不仅如此,如果人们还睿智到能考虑长期的成本收益的话,那么集体行动就更容易了。

　　North 所说的虽然有道理,但他的分析并不一定就排斥宏观规管的作用。实际上,并不是所有人都将道德或者信仰当作自己的约束条件,很多人是没有道德也没有坚定的信仰的,即使有在面对自己的利益时这样的约束对于他们来说也可能是脆弱的。所以最后的结果其实取决于有多少比例的人有这样的道德和信仰的底线。在正常合作环境下,很少量的具备自私的基因的坏人(the "bad" guys)可能会引发一系列连锁反应。所以,除非所有的人都是更加亲近社会的好人(the "good" guys),合作都很难被保证。而所有人都是好人的可能性是很罕见的。在有坏人存在的合作环境下,即使是好人有时也不得不做"坏"事,因为他们也需要保护自己。从这个意义上来说,好人也会被自私的基因所影响。在城中村的案例中,尽管所有城中村都是一定存在"好"人的,但因为"坏"人引发的连锁反应,好人也没有选择,只能是跟从。当然,进化论说到即使自私的人也必须为他人着想,因为他人构成了这些自私的人所赖以生存的环境(Dawkins, 1989)。这就是说自然选择是会更"照顾"这些为他人着想的自私的人的,因为损坏自己赖以生存的环境,从长期来看对那些不为他人着想的人来说也是不利的。

但即使不提及罕见的情况,即有些个体会携带有非常例外的超级自私的基因("ultra selfish" genes),上述关于自然选择的论述也是值得商榷的,这是因为要使得这论点成立,有两个必须满足的前提。第一,要使得自私的人为他人(也就是自己生存的环境)考虑,这些人需要是和这环境紧密联系在一起并且息息相关的。如果他们可以在毁掉当前的环境之后轻松地跳跃到其他环境之中,那么他们可能就完全不会去顾及这本地环境的维护。比如说,一个杀死宿主的病毒可以逃到另外一个宿主那里去,所以它就不会为当前宿主着想。此时很难说自然选择不会更有利于此类病毒基因,因为它们的脱离环境的能力很强。换句话说,自然选择会淘汰掉被毁掉的环境并且代之以新的,但却并不见得会淘汰掉这毁掉这环境的基因,除非说这基因被捆在这环境上无处可逃。除此之外,当环境坍塌时,并不能排除这样的基因会有更强的生存和生殖能力来使得它们还能在新环境中生存。这就是说它们生存与否并不一定是和它们之前做过什么相联系的(即并非是恶有恶报这样的理性情况)。比如,一个病毒通常会有坚硬的外壳和一层核蛋白包裹以保护里面的蛋白质遗传物质,这就给了它一个很强的生存能力,使得即使环境坍塌它也可以生存。这就是说自然选择是多方面的，一个自私的基因，即使不为他人考虑，最后却仍然可能逃脱和生存，只要它有别的地方可以逃逸，又或者它具备有特殊的生存技能，或者它具备有其他任何对它的生存有利的属性。

第二，就算是那些会为他人着想的自私的人也需要有足够的智慧来预判环境可能返还的负面影响。这有两层意思。第一，他们必须是足够聪明。第二，他们必须是很有学问也很有经验。当然，自然选择会有利于聪明的人，但是很难说多聪明才是足够聪明。一个并不是很聪明的人也可以是自然选择的结果，因为他其实是比那些被淘汰的人更聪明的。类似的，一个没有任何经验和学识的年轻人可能会更自私地处事而不为他人着想，但这并不意味着他应该被自然选择所淘汰，因为没有谁是一出生就有学识和有经验的。换句话说，所有人在年轻和未受教育的时候，都有可能是机会主义者。即使年龄和知识并不起作用，自私的行为也有可能来自个人成长过程中所产生的心理上的问题，即个人成长过程受到环境影响形成的各种情节（Freud，1910），而这就不能用基因选择理论来直接解释了。所以，这里的结论是，看上去坏人（携带坏基因的人，受到后天负面因素影响的人，以及年轻不更事的人）和好人（携带好的基因的人，未受到后天负面影响的人，以及有经验和学识的人）是共同存在的，这就使得合作变得困难。所以如果可行，用公正的规管者来规管社会，可能是一个值得考虑的选项。

当然，以产权作为前提的各种制度（包括规管、政策以及道德、习俗、约定以及宗教等特殊规管）应该是一种公平的制度，也就是说它们应该是为大众建立的，而不应该是为特殊人群所建。所以制度可能只有在其是公平的时候才能提高社会效率。但是公平的制度很少见。制度通常是被制度制定者控制的，而制度制定者会有个人利益，这些个人利益可能和社会利益相背。即使制度是被一个单一的帝王所控制，而这个帝王从技术上来说是拥有整个国家的，也就是说他的动机应该是和社会利益重叠的,那么也还是有可能存在相悖的情况,即这个帝王的个人日程会负面影响其他人的利益的,这可能是因为尽管这个帝王在概念上是拥有这个国家的,但是实际上他其实是没有可能真实地从物理意义上来拥有整个国家的。如果这个帝王不能够真实感受到他的人民的痛苦(这是很常见的),那么他就不可能真正地把他们的痛苦当成自己的。同样的,如果他不能真实感受到他的人民的喜悦,那么他也就不会把他们的喜悦当成自己的。这样的话他其实还是没有真正地拥有这个国家,而他和这个国家也并非是休戚与共的。一个民主社会也会有这方面的问题。一个民主当选的官员可能只是代表选他的人的利益,所以一旦他当选,他施行的政策可能就会导致收入从反对他的人手中转移到支持他的人手中。

　　除此之外,一个机构也有其自身的利益,所以机构本身也可以在同一个时间既当运动员又当裁判,而这两种身份是互相矛盾的。比如,在城中村拆迁改造的例子中,尽管从技术上说地方政府应该更重视社会利益,但不可否认的是政府在这样的例子中是有自身的土地利益的。这样的动机的问题并不容易解决,因为政府也需要积累足够的财富才能有效地执法和规管。换句话说,完全禁止政府在经济活动中为自己谋利不但很难,也不合理。而唯一可行的只是适当控制政府自身参与经济的程度,而这种程度其实很难度量[1]。这个问题通常是被描述为引起政府失灵的一个重要因素之一。Webster and Lai(2003)详细讨论过这个问题。不管怎样,这样的问题是存在的,但这并不能排除可能的公正的规管者存在的可能性。如同之前讨论过的,有社会责任感的人是存在的[2],这和人格、信仰、

---

① 这也是一个政府为了保持运作平衡自己的成本收益的先决条件。

② 如果他们没有自然孕育的社会责任感,那么他们就必须是和这本地环境息息相关,荣辱与共才行。

道德感以及利他主义有关。同时社会上也确实存在很多有智慧的人，这和长期成本收益分析以及进化竞争有关（只有最有效的社会才能长期生存）。

不管这些有社会责任感同时也有智慧的人在当政之后如何施政才能解决政府失灵的问题，他们首先需要解决的问题是需要有足够的能力去获得规管者这个位置。这场好人坏人竞争的最后结果可能是很难预测的。如果坏人得志，制度可能会被扭曲，所以经济结果也会被扭曲。但如果好人得胜，那么制度可能会被调整到合适的状态，而相应的经济结果也可能会更好。

这场竞争的结果的不确定性可能是导致规管理论里面关于规管者到底是代表公共利益还是私人利益的长期争论的原因之一（参阅 Stigler，1971，McGee，1958，Johnson，1958，Stigler-Friedland，1962，Brozen，1962，Demsetz，1968 以及很多其他没有在这里列出的文献），因为这个问题其实是没有确定的答案的。但可以想到的是，如果没有制度或者没有规管性的制度，那么结果就或者是坏人总是赢，又或者是大家都输。不管如何，不能否定的是，如果我们相信被公正的规管者建立的公正的制度是确实存在的话，那么从技术上说，这样的制度应该是能为社会带来正的收益的。同时，如果这样的规管者能够给坏人设置很难被打破的障碍的话，那么即使之后坏人们能够获得权力，他们对社会能造成的负面影响也可以被约束到一定的有限的范围。这样的话，之前设定好的好的制度对于经济和社会的正面影响就可以延续很长时间。但是同样的，如果坏人先夺得权力，那么他们也可以做同样的事，如果这样的话坏的制度对于经济和社会的负面影响也可能会延续很长时间。

正如同 North 所说的（North，1989），制度可以是导致生产力提升的（"induce productivity increase"），也可以是阻碍生产力发展的（"reduce productivity"）。这可能是因为制度不仅受到微观层面的个人和组织之间的合作的影响，也受到宏观层面的规管者（不一定是公正的规管者)的施政的影响。换句话说,制度是可以被扭曲的。最后可能只有一个结果是确定的,那就是不管制度是通过内部合作还是通过权力竞争形成的,从长远目光来看,尽管不是没有成本,但只有那些能产生更好的经济结果的制度能够在国与国之间的竞争中生存[1]。

如果从进化论的角度来看,这个结果可以被称为是制度的自然竞争法则[2]。当然这并不是说经济表现是自然竞争的唯一维度。比如,军事能力也会对自然竞争的结果带来影响,经济实力差但是军事能力强在冷兵器时代并不罕见。从一个很长的时间范围来看,因为军事能力和经济表现也有一定的正相关性,所以从一般意义上来说,经济选择的法则可能是居于主导地位的。但不管如何,如果其他的维度的条件都相同,那么经济表现可能会在影响自然选择的过程和结果中起到决定性的和本质性的作用。

进一步来说,产权是一种特殊的制度设定。产权可以促进交换,因为它在利益相关人身上施加了成本以减少争议。但产权需要和其他设定合在一起才能顺利地起作用。沙井的例子就是一个很好的例子。沙井的例子说明即使产权定义不清晰,在其他设定的共同影响下最优结果还是可能实现的,当然要注意在这个例子中是有收入转移的。

---

[1] 需要提及的是这个结论并不意味着说那些为了更好的制度努力的人就一定会生存到最后,因为生存与否其实是取决于个人的生存技巧的。

[2] 城中村改造的例子提供了关于经济选择的一个很好的阐释。城中村通常是被外部开发商拆迁改造的,这些外部开发商的设计能力会更专业。重获的租值差异是政府和开发商的利润,这就给了他们参与的动力。制度的自然选择就类似这样。如同城中村改造的过程不是零成本一样,制度的自然选择也不是零成本的,所以取决于实际的选择过程是怎样的,在变化之后,负面影响即使不是每次都这样也很多时候会长期伴随。Nunn(2008)做了一个类似的研究,他展示了之前的扭曲在制度改变之后还可能会有长期影响。不管如何,最后从长远角度来看,我们可能还是能得出这样的结论,就是说只有最合适的制度才能最后生存。

　　当前的研究也可能为我们决定何种制度应该被采纳提供了线索。也就是说，理论上来说一个最优的制度应该建立一个合适的成本环境，以很小的成本定义和维护产权并阻止收入转移和租值耗散。这并不是在强调哪种方式（如自我协商，自我进化，或者自上而下的管治），从一般意义而言在建立最优制度方面更有效，因为不管选择的是哪种方式，这都是约束条件下的必然结果，这个结果在不同场合会有差异，但当输入变量和参数都已知的时候是可以预测的。这里的目标仅仅只是将这种一般机制总结成为知识，而最后的能够普适而且可以预测的一般结果则是如之前所述是长期进化的结果（也就是之前提到的自然竞争法则）①。

　　当然，表现更好的组织或者国家也可以从自然选择中获得即时的收益。这就是说，通过取代对方，表现更好的可以从表现差的组织或者国家那里重新回收之前处于损耗状态的租值。如果这样的外部收益是有保障的，而且又能够在这个表现好的组织或者国家内部公平分配的话，那么当这收益大到超过从这些组织或者国家内部能获得的最大期望收益的时候，这种收益就真的有可能刺激并且促进表现更好的组织或者国家的内部的合作。

第七节　最后的结论

　　最后的结论其实是很简单的。上面的分析说明所有的制度设定，包括作为一种特殊制度设定的产权，都合在一起建立了一种成本环境用来约束大家的行为。如果可行，人们可以往这环境里添加成本，他们这么做的目的是为了最大化他们自己的安全收益。他们最后选择的选项必然是会收敛并达成为一个交易，而这个交易的结

---

　　① 这样的预测和诺斯理论的预测也不同（North，1990），在诺斯理论中，制度转变是很困难的事情，而且是受到内部觉醒驱动的一个缓慢和渐进的过程。

果必然是所有可能的选项中成本最小的那个。

在合适的制度的支持下,经济结果可以得到提升。如果存在公平的规管者来设计、制定和执行公平的制度和政策,那么制度环境可以获得提升,而这可以防止收入转移并减小租值损耗。如果提升环境的成本小于没有提升时系统所需承担的成本,那么就可以预期会得到一个更好的经济结果。但这不是说这种提升的努力总是成本更低的。因为经济的复杂性,制定合适的规管的成本也可以很高。而规管是否能够被作为最佳选项来实施则取决于具体案例和具体时点。尽管我们可以很乐观地认为从长期来看自然选择的法则会对那些效率高的组织有利,但是在短期,公平的规管者能否当政其实是没有保障的。这可能是环境的原因,也可能取决于可能的公平的规管者的自然禀赋的情况,而后者在短期可能是随机的。所以,在考虑了人性的异质性,考虑了作为实质性度量元素的各种函数中的成本和收益之后,并在以最大化安全收入作为驱动人们行动和应对的决定性因素之后,最后的达成的交易必须是所有人的受约束情况下的最佳选项。而制度的作用则是当其成效显著时去约束利益相关人,从而更好地促进对社会有益的交易的达成。这么说来,微观上的交易成本分析,和宏观上的制度分析其实是可以联系得很紧密的。

参考文献

Alchian, A. & Allen, W. (1964). *University Economics*, Prentice-Hall International.

Akerlof, G.A. (1970).The market for "lemons": Quality uncertainty and the market mechanism, The Quarterly Journal of Economics, 84, 488 – 500.

Arrow, K.J. (1969). The organization of economic activity: issues pertinent to the choice of market versus non-market allocation, in *The analysis and evaluation of public expenditures: the PBB-system*, Joint economic committee, 91st Congress, 1st session, 1, Washington D.C: Government Printing Office.

百度百科. (2012). 南山区简介,

http://baike.baidu.com/view/9702586.htm.

宝安日报. (2012). 宝安区治安工作改进,

http://gafj. baoan. gov. cn/article/detail/8ae3814c331b3cff 01355c3fe216113f.html.

Barzel, Y. (1982). Measurement cost and the organization of

markets. *Journal of Law and Economics*, 25, 27 - 48.

Barzel, Y. (1989). *Economic analysis of property rights.* Cambridge University Press, Cambridge.

Barzel, Y. (1992). *Economic analysis of property rights, second edition.* Cambridge University Press, Cambridge.

Benham, A. & Benham, L. (2001). The costs of exchange. Ronald Coase Institute Working Papers, Number 1.

Bian, Y. J. (1997). Bring the strong ties back in: indirect ties, network bridges, and job searches in China. *American Sociological Review*, 62, 366 - 385.

Bottomley, A. (1963). The Effect of the Common Ownership of Land upon Resource Allocation in Tripolitania, *Land Economics*, 39(1), 91 - 95.

Brozen, Y. (1962). Minimum Wage Rates and Household Workers, *Journal of Law and Economics*, 5, 103 - 110.

Chan, R.C. et al. (2003). Self-help housing strategy for temporary population in Guangzhou, China. *Habitat International*, 27, 19 - 35.

Cheung, S. N. S. (1969). *The theory of share tenancy.* The University of Chicago Press, Chicago.

Cheung, S.N.S.(1974). A theory of price control. *Journal of Law and Economics*, 17, 53 - 71.

Cheung, S.N.S.(1975). Roofs or stars: the stated intents and actual effects of a rents ordinance. *Economic Inquiry*, 13, 1 - 21.

Cheung, S. N. S. (1977). Why are better seats underpriced. *Economic Inquiry*, 15, 513 - 522.

Cheung, S.N.S.(1979). Rent control and housing reconstruction: The postwar experience of prewar premises in Hong Kong.

Journal of Law and Economics, 22, 27 - 53.

Cheung, S. N. S. (1983). The contractual nature of the firm. *Journal of Law and Economics*, 26, 1 - 22.

Cheung, S.N.S. (2009). The economic system of China. Arcadia Press, Hong Kong.

中国共产党中央委员会. (1982). 全国农村工作会议纪要.

Choy, L. H. T. (2007). *Pricing under information asymmetry: an analysis of the housing presale market from the new institutional economics perspective*, Phd thesis, The University of Hong Kong.

Coase, R.H. (1937). The nature of the firm. *Economic Inquiry*, v4 issue 16, 386 - 405.

Coase, R. H. (1960). The problem of social cost. *Journal of Law and Economics*, 3, 1 - 44.

Coase, R. H. (1991). The Nobel Prize lecture. *www. nobelprize.org.*

当代中国丛书编委会. (1994). 当代中国. 当代中国出版社.

Dawkins, R. (1989). *The selfish gene*, Oxford University Press, Oxford.

Demsetz, H. (1968). Why regulate utilities, *Journal of Law and Economics*, 11, 55 - 66.

Eggertsson, T. (1990). *Economic behavior and institutions*, Cambridge University Press, Cambridge.

Flood, M.M. (1958). Some experimental games. *Management Science*, 5, 5 - 26.

Freud, S. (1910). *Leonardo da Vinci and a memory of his childhood*, Reprinted in 2003 by The Barnes and Noble Publishing, Inc.

Gordon，H. S. (1954). The economic theory of a common-property resource：the fishery. *The Journal of Political Economy*，62，124 - 142.

Granovetter，M.S. (1973). The strength of weak ties.*American Journal of Sociology*，78，1360 - 1380.

古日新,邹东. (2002). 城中村改造中的社会成本问题. *中外建筑*，3，115 - 117.

广州市人大. (2009). 关于加快三旧改造工作的意见.

广州市人大. (2011). 城中村改造成本核算指引.

Hardin，G. (1968). The tragedy of the commons. *Science*，162，1243 - 1248.

Hardin，R. (1982).*Collective action*. The Johns Hopkins University Press，Baltimore.

He，S. Liu，Y. Wu，F. & Webster，C. (2010). Social groups and housing differentiation in China's urban villages：an institutional interpretation. *Housing Studies*，25，671 - 691.

Hotelling，H. (1929). Stability in competition，*The Economic Journal*，39，41 - 57.

姜崇洲,王彤. (2002). 试论促进产权明晰的规划管制改革——兼论"城中村"的改造. 城市规划，26，33 - 39.

Johnson，D.G. (1958). Government and agriculture：is agriculture a special case? *Journal of Law and Economics*，1，122 - 136.

Knight，F. H. (1924). Some fallacies in the interpretation of social cost. *The Quarterly Journal of Economics*，38，582 - 606.

蓝宇蕴. (2003).都市里的村庄. 中国社会科学院博士论文（同名著作由三联出版社于 2005 年出版）.

李俊夫,孟昊. (2004). 从"二元"到"一元"的转制——城中村改造中的土地制度突破及其意义. *中国土地*，10，25 - 27.

梁春阁，蔡克光.（2009）. "城中村"改造创新模式研究. *建筑经济*，9，85 - 87

Libecap，G.（1989）. *Contracting for property rights*. Cambridge University Press，Cambridge.

Margolis，H.（1982）. *Selfishness，altruism and rationality: a theory of social choice*. Cambridge University Press，Cambridge.

McGee，J.S.（1958）. Predatory Price Cutting: The Standard Oil（N. J.）Case，*Journal of Law and Economics*，1，137 - 169.

Menard，C.& Shirley，M.（2010）. The contribution of Douglas North to New Institutional Economics，manuscript.

Nash，J.（1951）. Non-cooperative games. *The Annals of Mathematics*，54，286 - 295.

North，D.（1968）. Sources of Productivity Change in Ocean Shipping，1600 - 1850. *Journal of Political Economy*，76，953 - 970.

North，D.（1990）. *Institutions，institutional change，and economic performance*，Cambridge University Press，Cambridge.

Nunn，N.（2008）. The long-term effects of Africa's slave trades，The Quarterly Journal of Economics，123，139 - 176.

Pigou，C.（1920）. The economics of welfare. The third edition reprinted by Transaction Publishers in 2009，New Brunswick，New Jersey.

Popper，Karl.（1987）. *The Logic of Scientific Discovery*，Thirteen Impression，Hutchison.

Reichenbach，Hans.（1936）. "Induction and Probability". *Philosophy of Science*，3，124 - 126.

沙井镇政府.（2012）. 沙井镇简介.

http://www.shajing.gov.cn/xxgk_14947/ywxx/sjgk/bmdt/201112/t20111223_471390.html.

陕西省统计局.(2011).陕西省统计年鉴.

沈莹.(2003).城中村居住形态的现状和演变——以西安市为例.西安建筑科技大学硕士论文.

深圳市城中村改造整体规划工作组.(2004).深圳市城中村改造总体规划大纲,出租屋初步调查报告.政府报告.

深圳市福田区政府.(2012).福田区2012年预算.
http://www.sz.gov.cn/zdxxgkzt/zjxx/gqczyjs/201204/t20120424_1845253.htm

深圳市规划和国土委员会.(1997,2004,&2007).深圳市规划标准和规定.

深圳市规划和国土委员会.(2006).2006年度城中村(旧村)改造年度计划.

深圳市规划和国土委员会.(2007).2007年度全市城中村(旧村)改造年度计划.

深圳市罗湖区政府.(2012).罗湖区简介.
http://www.szlh.gov.cn/icatalog/99/ggfw/mdml/ga/157849.shtml.

深圳市统计局.(2011).深圳市统计年鉴.

深圳市政府.(1986).关于进一步加强深圳特区内农村规划工作的通知.深圳市政府文件1986年第411号.

深圳市政府.(1993).深圳市宝安、龙岗区规划国土管理暂行办法.深圳市政府文件1993年第283号.

深圳市人大.(2001).深圳经济特区处理历史遗留违法私房若干规定.深圳市人大文件2001年第33号,于2001年10月在11届3次会议通过.

深圳市人大.(2006).深圳市城中村(旧村)改造总体规划纲要

(2005 - 2010).

Stigler, G.J. & Friedland, C. (1962).What can regulators regulate? The case of electricity, *Journal of Law and Economics*, 5, 1 - 16.

Stigler, G.J. (1971). The theory of economic regulation. *The Bell Journal of Economics and Management Science*, 2, 3 - 21.

Taylor, M. (1982). *Community, anarchy and liberty*. Cambridge University Press, Cambridge.

Taylor, M. (1987). *The possibility of cooperation*. Cambridge University Press, Cambridge.

Umbeck, J. (1980). Shipping the Good Apples Out: Some Ambiguities in the Interpretation of "Fixed Charge". *The Journal of Political Economy*, 88, 199 - 208.

United Nations. (2011). Population and development indicators for Asia and the Pacific 2011.

http://www. unescap. org/sdd/publications/datasheet - 2011/ Datasheet - 2011 - full.pdf.

王月辉, 任兆昌. (2009). 城中村改造的诺斯悖论——基于公共利益视角的思考. *学理论*, 19, 137 - 138.

Wang, Y.P. (2009). Urbanization and informal development in China: urban villages in Shenzhen.*International Journal of Urban and Regional Research*, 33, 957 - 973.

Wang, Y.P.et al. (2010). Housing migrant workers in rapidly urbanizing regions: a study of the Chinese model in Shenzhen. *Housing Studies*, 25, 83 - 100.

Webster, C. & Lai, L. (2003). Property rights, planning and markets: managing spontaneous cities. Edward Elgar: Cheltenham, UK and Northampton, USA.

Williamson，O. E.（1973）. *Markets and Hierarchies：Some Elementary Considerations*. The American Economic Review，63，316‐325.

西安市政府.（2007）. 西安市城中村改造管理办法.

西安市人大.（2009）. 城中村改造方案批复.

永兴县政府新闻.（2013）. 赴深圳市龙岗区考察报告.
http：//www. czyxga. gov. cn/Article/ShowArticle. asp？ ArticleID＝650.

周新宏.（2007）. 城中村问题：形成、存续和改造的经济学分析. 复旦大学博士论文.

图书在版编目(CIP)数据

城中村发展的经济分析/聂致钢著.—南京：南京大学出版社，2016.12
ISBN 978-7-305-18014-9

Ⅰ.①城… Ⅱ.①聂… Ⅲ.①农村－城市化－研究－中国 Ⅳ.①F299.21

中国版本图书馆 CIP 数据核字(2016)第 302993 号

出版发行　南京大学出版社
社　　址　南京市汉口路 22 号　　　　邮　编 210093
网　　址　http://www.NjupCo.com
出 版 人　金鑫荣

书　　名 城中村发展的经济分析
著　　者 聂致钢
责任编辑 田　雁　　　　　　　编辑热线　025-83596027

照　　排　南京紫藤制版印务中心
印　　刷　南通印刷总厂有限公司
开　　本　890×1240　1/32　印张 8　字数 200 千
版　　次　2016 年 12 月第 1 版　2016 年 12 月第 1 次印刷
ISBN　978-7-305-18014-9
定　　价　32.00 元

网　　址　http://www.njupco.com
官方微博　http://weibo.com/njupco
官方微信　njupress
销售咨询　(025)83594756